版权贸易经略

姜汉忠 著

BANQUAN MAOYI JINGLUE

知识产权出版社
全国百佳图书出版单位

图书在版编目（CIP）数据

版权贸易经略/姜汉忠著. —北京：知识产权出版社，2018.1
ISBN 978-7-5130-5342-6

Ⅰ.①版… Ⅱ.①姜… Ⅲ.①版权—贸易—研究 Ⅳ.①F746.18

中国版本图书馆 CIP 数据核字（2017）第 313504 号

内容提要

本书基于作者二十余年版权贸易工作的经验，提出了与之密切相关的独到理念，揭示了这个领域诸多藏而又显的规律，而这种理念与规律正是通过大量案例与信息得到了充分的提炼与阐释。本书对从事版权贸易实践的人有很强的指导作用，因为其不仅涉及版权贸易本身，也对决定着版权买卖效果的选题策划与市场营销提出了符合实际的见解。

读者对象：本书不仅适合广大版权经理、版权编辑、版权代理人以及高校相关专业师生阅读、参考，也是出版社编辑从事图书选题策划与市场营销的百宝箱。

责任编辑：卢海鹰　可　为	责任校对：王　岩
版式设计：SUN 工作室	责任出版：刘译文

版权贸易经略

姜汉忠　著

出版发行	知识产权出版社 有限责任公司	网　　址	http://www.ipph.cn
社　　址	北京市海淀区气象路 50 号院	邮　　编	100081
责编电话	010-82000860 转 8335	责编邮箱	kewei@cnipr.com
发行电话	010-82000860 转 8101/8102	发行传真	010-82000893/82005070/82000270
印　　刷	北京科信印刷有限公司	经　　销	各大网上书店、新华书店及相关专业书店
开　　本	720mm×1000mm　1/16	印　　张	21.5
版　　次	2018 年 1 月第 1 版	印　　次	2018 年 1 月第 1 次印刷
字　　数	324 千字	定　　价	78.00 元

ISBN 978-7-5130-5342-6

出版权专有　侵权必究
如有印装质量问题，本社负责调换。

此书献给我的妻子石青基和女儿姜琛

2017 年版自序

本书问世虽然只有五六年的时间，可是"经历"却颇为丰富。最早见书于 2011 年 1 月，书名为《版权贸易十一讲》。两年左右，首印 2 000 册售罄，可是出版社却不准备重印。我只好为这本书另谋生路。机缘巧合，世界图书出版公司北京分公司的郭力总编辑看上了本书，于是经过修改增订，本书以《版权洽谈完全手册》为名重新出版。

本书更名出版后广受欢迎，在亚马逊图书总排行榜的百万图书中最好名次是第 2 233 名。一本版权领域的专业书在网店销售中能取得如此骄人的名次，至少是出乎我的意料的。

本书是我国版权贸易领域唯一一本由版权贸易操作人员撰写的有关版权贸易经验的著作。此前出版的版权贸易专著多为研究性或者教材性著作，理论性较强而实务指导较少，所以本书出版后一直为高等院校编辑出版专业师生欢迎与厚爱，甚至成为部分学校的版权贸易教材。当然，本书的更大作用是指导出版机构的版权编辑和版权经理开展业务，故而对出版业内的相关人士很有吸引力。与此同时，本书对出版以外的其他文化行业的规律亦有描述，对相关行业从业人员和领导开展业务也会有所帮助。

本书出版后，我发现书中尚有表述不当之处，编辑错讹也偶尔映入眼帘。就在这时，世界图书出版公司北京分公司告诉我，这本书拟不重印，看来这本书真是命运多舛——没办法，我只好为其寻找新的出版者。

不过任何事情都有两面性。本书不再重印固然令人沮丧，可是我却可借机对全书审核一遍，订正所发现的错讹，修改有问题的表述，顺便更新一些数据，添加若干案例。就在一切安排妥当、为其另觅出版机构之时，知识产权出版社知识产权编辑室主任卢海鹰女士对我这本书表现出极大的兴趣。于是，就像没娘的孩子找到娘一样，这本书遇到了重生的机会。

值本书新版孕育之际，我决定将原书中的《中华人民共和国著作权法》《中华人民共和国著作权法实施条例》《最高人民法院关于审理著作权民事纠纷案件适用法律若干问题的解释》《北京市高级人民法院关于确定著作权侵权损害赔偿责任的指导意见》四个法规类附录拿掉。这样做，一方面是考虑到知识产权出版社的品牌与市场特点，另一方面是为读者减少经济负担，即便是瓜子儿不饱，那也是仁心呀。

在本书编辑过程中，经与编辑协商确定，再次更名，最新名称为《版权贸易经略》。如此更名，只有一个目的，那就是让该书的针对性更鲜明，读者对象更明确，更符合市场需求。

姜汉忠
2017 年 6 月 29 日

2014年版自序

2011年，在各方面的关照下，我的《版权贸易十一讲》问世，不久便得到出版业同行、高等院校编辑出版专业师生以及很多朋友的好评。随着该书影响力的增加，一些出版机构、高等院校和培训中心陆续邀请我去举办讲座，介绍我的版权贸易经验。有一些高等院校编辑出版专业组织本校学生购买该书，用于课堂教学。也有一些出版机构的国际合作部购买该书用于新人培训。在这期间，有不少朋友对该书提出建议和意见，希望将来新版问世时内容更丰富，更适合版权编辑、版权经理、版权代理人、高等院校相关专业师生以及其他对版权贸易有兴趣的人员使用。

三年过去了，我国的图书版权贸易日趋红火，交易数量不断攀升，涉足这个领域的人员越来越多。行业在发展，可是从事这个行业的人普遍感觉对版权贸易了解有限、经验不足，做起交易来常有力不从心之感。我也发现，很多从事这个行业的人进入这个领域之前对图书出版一无所知，更不用说有编辑出版经验。缺少出版经验的人干起版权贸易工作确实有诸多不便。当然，若是你坚持要干，也未尝不可，恐怕你只能围着这个行当干点程序性的事情，若要在版权贸易领域取得显著成绩，则几乎是不可能的。没有编辑工作经验，对出版行业缺乏了解，相关领域又无人脉，你很难涉及版权贸易的前提——市场调查。不了解市场，便不能对准备买卖的图书版权市场有个基本判断，更不可能对其未来的营销提出真知灼见。参与图书选题策划以及市场营销是版权编辑、版权经理、版权代理人不可或缺的条件。就在思考如何将最新经验体会收入新版书稿之际，我前往英国参加了一年一度的伦敦国际书展，而我在书展期间与一些著名版权代理人的会晤使我萌生了将选题策划这个内容纳入本书新版之中的想法。

今年4月7日，也就是伦敦书展开幕前一天，我去托笔·伊迪文学代理联合有限公司，拜会了驰名世界的版权代理人托笔·伊迪先生。他给我看经其努力在英国出版的一些外国作品，其中不少销售量达到几十万册，也有不少书的版权经其推荐卖到几十个国家和地区。其实我去伦敦之前已从他妻子和助手那里获知，他每天要与作者或者译者讨论很多问题，这其中最重要的便是作品在目标市场的适应性问题。这种适应性不仅包括语言表达的调整，也有文化传统和情感的交融。只有作品在上述几个乃至更多方面很讨巧，很适应目标市场，版权贸易才有意义。这是因为版权贸易绝非仅仅为了贸易，如果贸易之后在目标市场出版的作品默默无闻，只卖几千本，影响甚微，这桩生意就是失败的。书展期间，我还与英国另一位有着三十年编辑经验的版权代理人彼得·巴克曼以及英国沃克尔出版社的策划编辑共进午餐，席间我们也谈到了版权贸易过程中选题谋划问题。他们表示，若是对版权贸易中的图书缺少选题研究与营销筹划，交易出去的图书在异国他乡出版很难达到预期效果。

回国以后，我开始对这个问题进行思考，准备在本书新版中增加一些有关选题策划的内容，同时更换原有的一些表述，使本书论述重心向选题策划与市场营销方面移动一些。当然，这毕竟是一本已经出版了三年的图书，在原书基础上修改出版新版，肯定不如另起炉灶重新撰写来得彻底。鉴于时间有限难以安排，加之市场需要甚急，该书新版撰写只能朝着版权图书选题策划与交易兼顾的方向进行。

读者现在看到的该书新版便是在这样的背景下诞生的。新版较之原版增加了一个章节，专门讨论版权书的选题策划问题。与此同时，还对其他各章的顺序进行了调整，使之内在联系更为紧密。有关书中的一些表述，为了适应新版重心的调整，也进行了大量必要的修改或者增删。当然，经过这几年的使用，又有一些新的经验积累，修改时特地增加了与之相关的案例，特别是最新的案例，以使相关问题的讨论更有说服力、更有时代感，从而满足更多读者的需要。另外，原书存在一些错误与不当的表述，只要发现，这次也一并修改之。最后想说的是，新版出版的书名更改为《版权洽谈完全手册》。我想新书名不仅体现了新版的面貌，也会引发业内外有识之士对版权贸易一些理念和操作规则进行更多的探讨，进而使我们的版权贸易做得更好、更巧、更有成效。

本书虽然经过调整、补充、删改，不尽人意或者表述不准之处恐怕依然存在，敬请各位阅读之后不吝赐教，提出批评指正亦受欢迎。

姜汉忠

2014 年 7 月 23 日

目 录

第一章	写在前面的话	/ 001
第二章	名词解释	/ 008
第三章	版权代理人	/ 015
第一节	版权贸易的特殊性	/ 017
第二节	专业素质	/ 022
第三节	通用素质	/ 029
第四章	海外市场	/ 041
第一节	日　本	/ 043
第二节	韩　国	/ 046
第三节	越　南	/ 051
第四节	泰　国	/ 052
第五节	其他亚洲国家	/ 053
第六节	欧　美	/ 054
第七节	俄罗斯	/ 055
第五章	积累资源	/ 057
第一节	代理公司不可少	/ 058

第二节　互联网是法宝　　　　　　　　　　/ 061

第三节　人脉广出奇效　　　　　　　　　　/ 065

第四节　微博帮大忙　　　　　　　　　　　/ 068

第五节　印象出资源　　　　　　　　　　　/ 071

第六节　耐心留资源　　　　　　　　　　　/ 074

第六章　选题策划　　　　　　　　　　　　/ 078

第一节　细分市场　　　　　　　　　　　　/ 079

第二节　量体裁衣　　　　　　　　　　　　/ 081

第三节　确定作者　　　　　　　　　　　　/ 083

第四节　妥当编排　　　　　　　　　　　　/ 085

第五节　起名思路　　　　　　　　　　　　/ 089

第六节　装帧设计　　　　　　　　　　　　/ 092

第七节　营销计划　　　　　　　　　　　　/ 095

第七章　版权推广　　　　　　　　　　　　/ 101

第一节　国际书展　　　　　　　　　　　　/ 103

第二节　图书目录　　　　　　　　　　　　/ 108

第三节　间接推广　　　　　　　　　　　　/ 112

第八章　洽谈条件　　　　　　　　　　　　/ 117

第一节　搜集信息　　　　　　　　　　　　/ 118

第二节　报价策略　　　　　　　　　　　　/ 122

第三节　还价技巧　　　　　　　　　　　　/ 132

第四节　控制节奏　　　　　　　　　　　　/ 143

第五节　成功在书外　　　　　　　　　　　/ 149

第九章　技术细节　　　　　　　　　　　　/ 153

第一节　无权代理　　　　　　　　　　　　/ 154

第二节	税务陷阱	/ 157
第三节	算清账目	/ 160
第四节	明确售价	/ 164
第五节	选择货币	/ 167
第六节	邮寄样书	/ 169

第十章　订立合同　　　　　　　　　　　　　　　　／ 172

第一节	做好准备	/ 173
第二节	慎用范本合同	/ 177
第三节	切忌笼统	/ 181
第四节	信息网络传播权	/ 188
第五节	其他事项	/ 190

第十一章　细说合同　　　　　　　　　　　　　　　／ 195

第一节	名称与目的	/ 196
第二节	主体资格	/ 198
第三节	合理注意义务	/ 200
第四节	第三者"插足"	/ 203
第五节	合法授权不能少	/ 206
第六节	仔细认真很重要	/ 208
第七节	订了合同还"协商"？	/ 211
第八节	表达精而准	/ 213
第九节	如何行使解除权	/ 216
第十节	如何确定争议管辖地	/ 219

第十二章　博学多知　　　　　　　　　　　　　　　／ 223

第一节	展台安排	/ 224
第二节	广告策略	/ 226

第三节　经济走向　　　　　　　　　　／229
　　第四节　语言问题　　　　　　　　　　／232
　　第五节　法律研究　　　　　　　　　　／234

版权评论　　　　　　　　　　　　　　　／239

附录一　营销计划书样本　　　　　　　　／297

附录二　版权购买合同汉语版样本　　　　／300

附录三　版权购买合同英语版样本　　　　／303

附录四　版权销售合同汉语版样本　　　　／306

附录五　版权销售合同英语版样本　　　　／310

附录六　买方代理协议汉语版样本　　　　／315

附录七　买方代理协议英语版样本　　　　／316

附录八　卖方代理协议汉语版样本　　　　／318

附录九　卖方代理协议英语版样本　　　　／319

索　引　　　　　　　　　　　　　　　　／321

参考书　　　　　　　　　　　　　　　　／325

后　记　　　　　　　　　　　　　　　　／327

第一章

写在前面的话

新加坡联邦出版社出版过一本名为《趣味汉字》(What's in a Chinese Character) 的书。该书是一位在报馆供职的美术编辑撰写的，看着非常好玩。虽然作者不是研究汉字的专门人员，可是他撰写的这本书却广受欢迎，在新加坡畅销几十年。据我了解，直到今天，这本书还在新加坡销售。我供职的出版社（下称"我社"）于20世纪末从新加坡联邦出版社购买了这本书的版权，在我国出版了汉语简体版。没想到，这么一本非专业人士撰写的汉语学习用书在我国也大受欢迎，开始几年，差不多每半年时间就销售5 000册。五年的合同期很快到了，可是该书的市场容量远未达到饱和状态。于是我们与对方续签了合同。在第二个五年合同期中，该书虽然年销售量比第一个五年合同期有所减少，但是结果还是令人满意的。第二个五年合同到期后，双方又订立了第三个五年合同。在我国，一本书从外国引进之后能够连续销售十五年，恐怕是闻所未闻。

凡是从事版权贸易的人都知道，续签合同一般都比第一个合同条件高。比如我们曾经与英国麦克米伦儿童图书公司（Macmillan Children's Books）订立了一本叫作《天蓝色彼岸》(The Great Blue Yonder) 的图书的引进合同，第一次引进的时候版税预付款只有几百美元，由于该书销售做得好，经济效益高，续签合同时预付款就由几百美元上升到数千美元。然而情形并非总是如此。与前文所说的新加坡那家出版社第一次续约时，版税率就由第一个合同的10%降低到8%，当然预付款也随之降了下来。第二次续约时首印数比前两次少，预付款再次跟着降低。不过，要达到这个目的并非易事，需要你与对方好好周旋，需要掌握一些知识与技巧并对其进行综合运用，更需要你提前对该书未来五年的市场容量以及拓展市场方法进行研究，进而做到有备而去。本书正是通过实际案例介绍图书版权贸易中应该掌握而且必须掌握的一些条件，其中包括交易人员的选题策划、市场判断与交易接洽能力。原因很简单，没有这些条件或者能力，你的工作无论如何是达不到预期效果的。

本书的读者对象包括出版机构的版权编辑、代理机构的业务人员、律师事务所的律师以及大专院校编辑出版、知识产权等相关专业的学生。当然，如果你是出版社编辑且对版权贸易有一定兴趣，我相信阅读本书将会给你带来不少益处，有助于你策划出更符合市场需要的图书。如果你刚刚进入编辑领域，对编辑以及出版工作知之甚少，毫无经验，也可以阅读本书——本书虽然不能以"一竿子插到底"的方式告诉你更多编辑要领、选题策划和市场营销知识，但是字里行间体现的一些观念、思维对你熟悉编辑工作乃至在编辑领域干得游刃有余还是大有裨益的。

本书由十二章组成。第一章是"写在前面的话"，介绍各章内容与写作目的。第二章是"名词解释"。很多读者看到以"名词解释"开篇一定觉得很奇怪。不过，你若是看完前四章，也许你对这种安排就不会有奇怪之感了。要知道，版权贸易是一个专业性很强的领域，涉及很多方面，其中有选题策划、编辑加工、市场营销、法律法规、贸易操作、心理博弈，等等。不仅如此，我们国家对版权贸易理论的研究还不多，对版权书选题策划探讨也有限，因而人们对一些概念的了解、运用经常与实际情形不同，甚至带有极大的偏差。当然，并非所有重要名词术语都放在这里解释一番，毕竟阅读本书的读者对编辑出版和版权贸易行业或多或少都有些了解，很多人还有实际操作经验。本书要解释的是一些理解上容易产生偏差或者行内理解常多有不当的名词术语，目的是让本书读者在一些重要场合的表达上"口径统一"，以免让阅读效果出现折扣。

第三章是"版权代理人"。所谓"版权代理人"指的不仅是代理机构的业务人员，也包括出版社的版权编辑、版权经理、版权主任等相关人员。如果你是一名编辑，直接参与版权购买或者销售，那你就是"版权代理人"。一句话，这一章说的是，如果要从事这个行当，你应该具备什么样的条件，也就是人们常说的入职门槛。经常有一些出版机构的人员跟我说，他对版权贸易很有兴趣，希望将来从事这个职业。可是若问他对这个职业有哪些了解，对从业人员有哪些要求，他却说不出个子丑寅卯，甚至是一问三不知。正如前文所说，版权贸易是一个专业性很强的领域。不过这话仅说对了一半。版权贸易不光专业性很强，而且还横跨多个领域，比如选题策划、编辑加工。实际上，光有这些依然不够，还要善于表达，更要懂得社会交往。如果你不懂外语，总是希望跟贸易伙伴讲汉语，那你无论如何是做不好版权贸易的。让所有的外商学会汉语本身就不现实，况且精通外语的妙处不仅仅能让语言沟通顺利，更能对外方的思维习惯乃至行为方式有深入了解，这样才有助于工作的开展。再比如，有的人不爱说话，也不喜欢交往，这恐怕是一个版权专业人员最忌讳的东西。版权贸易是人与人之间的贸易，不是书与书或者人与书之间的贸易。既然是人与人之间的贸易，就需要思想沟通，不会沟通，不善交往，那你在这个领域恐怕是难有作为的。

　　第四章与第五章，内容涉及对象基本上都是"准备"方面的。首先要了解市场。了解国内市场，我们有现成条件，相对容易，了解海外市场就困难一些。本书专门设立第四章，讨论海外市场。当然，本章介绍的海外市场并非所有图书的所有海外市场，而是一部分图书的一部分海外市场。所谓一部分，仅仅说的是大众通俗类图书的一部分海外市场。这部分市场情况描述也是基于观察得来的，并没有第一手调查材料与翔实数据加以佐证。对海外进行广泛市场调查似乎不太现实，翔实数据也非我辈所能搞到手。我能做的便是基于海外业务合作伙伴提供的信息以及多年版权贸易的经验进行总结。还有，海外市场并非一成不变，就像我们国内的图书市场一样；我们要随时关注海外市场的变化，根据市场变化制订销售策略、方法和手段。讨论海外市场的根本目的不是反馈多少信息，更不是以此为根据去开展业务，而是给出一个参照系，提供一个了解外海市场的思路和方向，为读者自己最终了解海外市场打下基础。第五章"积累资源"，这是另一种"准备"。现代社会，做任何事情都需要资源，没有资源，做事便无从谈起。对版权策划与贸易人员来讲，资源是生命，是粮食，是你赖以生存的基础。资源不是一个早晨就能拥有的，相反是年复一年积累下来的。也正是这个原因，积累资源需要相当的耐心。当然，积累资源除了耐心，也需要一些巧妙的方法和手段。本章就介绍了我在这方面梳理出的一些经验。不过有一点需要强调，积累资源的过程是一个广泛交往与多方学习的过程。如果你对这个过程的每一个细节很关注且均有研究，我相信你的资源积累成果就会非常明显。当然，我在书中介绍的一些方法对你也许不适用——实际上我介绍这些方法也不是为了让你照猫画虎去模仿；如果你能从中得到启发，研究出适合自己的套路，我相信那才是有意义的。

第六章是"选题策划"。做跨境图书版权贸易，选题策划是版权图书出版成败的关键。选题策划大体等于市场调查与过往经验之和，而选题策划的最大前提便是市场调查。对国内外市场一旦了如指掌，选题策划便完成了一大半。就像医生给病人看病，病因找到了，开药便是相对容易得多的事情了。本章着重介绍版权买卖之前如何进行选题构思或者策划，使之将市场细分出来。仅仅将市场细分出来还不够，还要设计一套办法，让"藏"在暗处的读者跳出来，这样你策划的图书——不论是你从海外购买进来的版权还是卖给海外的版权，才会有预期的读者和销量。

第七章"版权推广"针对的是版权销售。这一章的作用与第四章的"海外市场"有异曲同工之妙。之所以特地设立一章介绍版权推广，只因海外推广相对于国内推广，论及较少，也不易掌握。对外版权推广方式多种多样，不过本书更关注的是实际效果比较好的方法。有的出版社——实际上多数出版社都是如此，喜欢通过寄送书目推广本社图书的版权，这种老一套办法经过多年的实践证明毫无巧妙可言，少有效果可讲，一个理由就是买卖双方远隔千山万水，我们在不了解人家的情况下给人家提供信息，那肯定是没有针对性的。莫说躲在万水千山之外的海外客户，就是我们国内不同省份之间，也很难说我们对人家的情况就一清二楚。主动出击效果不好，那么怎么做才能取得预期效果呢？本书会提出与众不同的看法与对策。

第八章至第十章是本书有关版权交易的核心部分，也是很多读者最不熟悉、也最想了解的部分。第八章"洽谈条件"介绍的是搜集信息、报价还价和控制节奏等问题，这些是你跨境版权买卖能否做好的基础。这里有一点需要指出，报价意味着你与对方洽谈的大幕拉开，"斗争"从此开始。既然是"斗争"，就要有策略，就会有虚有实，正所谓假话绝不讲，真话不全说。不论是报价还是还价都要给自己留有余地，这是当前阶段最要紧的问题。一旦进退失据，接下来便会处于被动之中。除了报价之外，节奏控制也是不能小觑的。节奏控制说到底是一种心理博弈，一旦你在心理博弈中占了上风，谈判成功也就有了希望。第九章"技术细节"讲的是洽谈过程中一些经常为人所忽视的东西。这些细节不仅有谈判中容易掉进的陷阱，也有售价、账目等问题。书中讲的这些多半是有"血"的教训的，是我永远不会忘记的——忘了过去，就会重蹈覆辙。第十章是"订立合同"。有人可能会说，协议达成了，订立合同还会有问题吗？主要条件谈妥了并不能说明就大功告成了，因为后面还有细致的合同条款。有的时候我们会看到这样的情景，双方因为在付款方式上达不成一致而导致生意流产。还有的时候，双方达成了协议，可是由于其中一方对某个条款研究不够，签约之后"反悔"，履行合同过程中出现争议。一旦这种情况发生，轻则合作双方争吵不休，重则对簿公堂或者合作夭折。有几个问题在阅读的时候需要打起十二分的精神，一个是对范本要认真对待，一个是对条款表述不清楚没把握的地方要仔细琢磨，万万不可让不准确、不精确、不明晰的东西留在合同当中。对我国版权选题策划与销售人员而言，国外提供的范本常常把我们吓倒，如果对方说"这是我们公司起草、适合全世界使用的合同"，我们绝对不能相信。任何合同都是可以谈判的，这是永恒的真理——除非你不想谈，除非你愿意订立城下之盟。另外，约定含糊是导致合同出现纠纷的另一个因素，这一点一定要尽力杜绝。本章还对附属权利，特别是信息网络传播权的特殊授权方式进行了简单的论述，以便满足新形势下版权合同订立的需要。

  第十一章"细说合同"是对前面有关合同论述的补充。做版权贸易如果仅仅了解版权贸易合同还是不够的，还要对与图书出版有关的一切合同问题进行研究，唯此我们才能在工作中不断发现问题、不断完善合同起草与订立过程。比如，现在很多出版社都与民营公司合作，如果你不研究出版社与民营公司订立的合同，说不定你在销售版权的时候就会遇到问题，甚至会出现没有权利可以销售的局面。为保证版权买卖的顺利进行，你势必要介入出版社与民营公司订立合同的过程；如果介入其中而不研究相关问题，介入将是毫无意义的。本章从十个方面论述合同常见的细节问题，就像墙砌好了，没有水泥勾缝，墙还是不牢固。了解这十个方面的问题并构思出应对之道，你的版权贸易就会做得更严谨，更有成效。

第十二章"博学多知"。做任何事情都要研究问题，不仅要研究工作范围以内的问题，还要研究工作范围以外且与工作或多或少有联系的问题，这样可以让自己博学多知。比如美国法律，这本身不是我们工作范围之内的事情，可是我们从美国购买版权的合同中经常出现一些条款，规定合同解释适用美国某州法律。如果对相关法律一无所知便订立合同，不出问题则已，一旦出现纠纷，不了解相关法律的一方就要承担较大风险。再比如，我们的推广方法问题，是不是可以借鉴广告学当中的一些理论和实践？如果我们对历史上一些广告大师的经典案例进行研究，说不定会得到很多意想不到的启发。

接下来是"版权评论"部分。这部分内容收录的是我近些年撰写的与版权有关的评论。这些评论乍看起来与版权贸易没有直接关系，可是实际上关系不小呢。版权评论大部分涉及的是版权保护问题，其中对侵权问题的评论很多。通过这些评论，读者会对相关法律有进一步了解，其版权贸易水平也会有更大的提高。当然评论中也有若干文章与对外图书选题策划、营销以及出版国际化有关，这些文章可作为本书相关章节所涉不足的补充。

为使读者全面掌握相关知识和规定、方便读者随时翻阅参考，本书还将我使用多年的营销计划书、合同置于书后作为附录。另外，本书最后还有索引和参考书目录，为读者阅读与使用本书提供更多方便。

了解了本书的结构与内容，接下来你就可以根据自己的需要，既可以从头到尾通读，也可以有选择地翻阅。如果本书对读者了解、研究版权贸易，进而做好自己本职工作有所帮助，我将深感欣慰。

第二章

名词解释

第二章 名词解释

本书的读者或多或少都跟版权有关系,那么版权是什么就不需要我从盘古开天地起详细叙述了,也不需要我援引一些理论加以说明了。尽管如此,我还是想把一些常用且易于混淆的概念乃至与商业利益的关系说清楚。否则读者阅读后面章节的时候有可能含混不清,甚至如堕五里雾中。

策划,以往叫组稿,英语中叫 Acquire 或者 Acquisition。由于"组稿"这个说法让组稿过程显得过于直白,一些人便借用颇具神秘色彩的"策划"指代编辑的组稿过程。实际上,不论是"组稿"还是"策划",其本质都是一样的,那就是根据以往积累的经验与对市场的调查了解确定某一本或者某一类书的细分市场和读者定位,以此为基础对内容选择、编排设计以及营销方法和策略等方面进行构思。与"策划"紧密相连的是"策划编辑",英语通常叫 Acquiring Editor、Acquisitions Editor 或者 Commissioning Editor。

版权,这个词大家都很熟悉,英语叫 Copyright,直译成汉语是"复制权"。它指作者依法对自己创作的作品享有的某些专有权利。在我们国家,作者的权利称著作权,有时也称版权。《著作权法》第 57 条规定,"本法所称的著作权即版权。"据我了解,"版权"这个术语用的场合多,国家版权最高管理机关——国家版权局就用"版权"。使用"著作权"的也不少,比如《著作权法》以及一些集体管理组织。究竟是用"版权"还是"著作权",可谓众说纷纭。有的论者说,"版权"这个术语历史悠久,内涵外延已很清楚,就像如今的"火车",没人会将其误解为依然用火烧着走的车。另外,"版权"涵盖面更广,不仅包括文字作品、绘画作品,还涉及摄影、雕塑,甚至涂鸦。如果采用"著作权"会引起很多非法律人士的误解。❶ 坚持使用"著作权"的人士则提出一个理由，著作即作品之意，著作权法以其客体命名，其核心就是保护著作持有人的权利。❷ 不管用哪一个，意思都是一样，法律上早已有了明确界定。

允许，这个术语可以指两种情况下的授权，一种是一部作品的部分章节的授权，另一种是整部作品的授权。不过为了工作方便起见，我将部分章节的授权使用称为"允许"，与其对应的英语术语是 Permission。虽然英语词典上明确说明这个词是不可数名词，没有复数，可是在实际操作中，这个词经常出现复数形式。可以看看很多英美出版商，他们通常设有一个部门，名称就是 Copyrights and Permissions Department，其中 Permissions 指的就是部分章节的"允许"，比如英国的培生教育集团。当你与国外联系整本书版权的授权事宜时，一定别找错了部门。要注意，要求免费允许使用的例子很多，我就经常收到欧美大学的教授、学术机构或者出版社的来信，要求在其出版的作品中免费使用我们作品的一张照片或者若干页文字。不论是免费使用还是收费使用，合同中的这种标的通常指的是一种买卖关系。下面提到的"授权""转让"等更是一种买卖关系。正因如此，版权贸易当事人也就经常被称为买主（买受人）和卖主（出卖人）。

授权，这个术语在英语中如果是指授权合同，通常用 License，如果指权利，则是 Copyrights 或者 Rights。当然，"授权"一个人或者一个出版机构出版一部作品，用 License 也没问题。不过，请记住，在这种情况下，洽谈双方通常讲的都是整部作品的使用。"授权"通常是有条件的，比如期限、区域、版本以及付款条件。"授权"与上面的"允许"最大不同有二，一个是部分与整体，另一个就是免费与收费。不过，如果你愿意允许买主免费使用整部作品，那也是你的自由，别人无权干涉。

转让，英语叫 Assign，也是版权贸易中的一个常用术语，但是却成了一个经常被用错场合的术语。我们看到人们在谈论版权购买的时候情不自禁地用起了

---

❶ 李响. 美国版权法：原则、案例及材料［M］. 北京：中国政法大学出版社，2004.
❷ 陶然，君华. 中华人民共和国著作权法实务问答［M］. 北京：法律出版社，2002.

"转让"这个说法,有的合同中则直接用了"转让"这个术语。实际上,多数场合使用的"转让"都是上面说的"授权"。之所以这样讲是因为合同中的一些约定完全是有限使用,与"授权"使用的特征毫无二致。

那么什么是"转让"呢?"转让"就是将权利转给他人,既可以收取价款,也可以无偿转让。从法律角度看,这种过程涉及的当事人有两方,一方称出让人,另一方称受让人。比如一部作品是张三创作的,转让给李四之后,虽然作品署名不变,但是作品的财产权已归李四所有。当然,这种"转让"可以是部分转让,也可以是全部转让。一经转让,出让人对转让出去的财产就再也没有处分的权利了。

上面提到的"允许""授权"与"转让"三个概念听起来可能有点令人糊涂,可是一旦跟获得利益大小联系起来考虑就非常清楚。允许他人部分使用自己的作品代价最低,因而获益最小;授权他人在一定条件下使用自己的整部作品代价显著提高,获益增大;将自己的作品转让给他人代价最大,因而获益也最大。说得通俗一点,你付出的越多,得到的就越多。当然,任何时候都有例外,一个人采用何种方式处置自己作品的财产权都是可以的——你的事情你做主!

买断,尽管这个术语在国际版权贸易中闻所未闻,但是在中国的版权贸易当中却时时出现。据我了解,改革开放初期有"买断工龄"的说法;到网络上去查,证券领域有"买断式回购"的说法。查 2013 年出版的《现代汉语词典》第六版,"买断"的解释是"买下交易对象的全部占有权,卖主跟该对象有关的经济关系全部终止"。实际上,根据我的观察,很多合同中的"买断"不过是一次性付款的同义语而已。谓予不信,可以把这类合同拿来看看,其中除了付款方式有点不同之外,买主在授权作品的语言、版本、区域、期限等方面还是要受限制的,一旦合同有效期届满,所授予的权利还是要回到版权持有人手中的。从这个角度看其与一般的授权没有本质区别,根本不是词典中解释的那个意思。

翻译权,英语叫 Translating Right,顾名思义就是允许他人翻译你作品的权利,一旦你授权人家翻译你的作品,那就意味着人家可以按照合同出版经你授权且翻译成另一种语言的版本。虽然这个权利没什么复杂的地方,有些读者对此理解还是存在偏差,认为要想出书,获得翻译权还不够,还要获得版权,这是一种误解。取得一部作品的翻译权就是要将其从一种文字转换成另一种文字,然后在市场上出版以获取经济利益。将翻译权授予他人并非仅仅让人家翻译了事,不让人家将翻译本投放市场,这种翻译权的获得岂不成了自我欣赏权?

相关权,英语是 Neighboring Right,又称邻接权或者作品传播者权。作品传播往往离不开创造性劳动的参与,这种参与产生的成果就是创造者应该享有且受法律保护的权利。在我国,相关权包括出版者享有的权利,表演者享有的权利,录像制品制作者享有的权利,录音制品制作者享有的权利,广播电台、电视台对其播放的广播、电视节目享有的权利。不论是购买版权还是销售版权,相关权应该作为一并考虑的因素比较妥当。

信息网络传播权,英语叫 Making Available Right,根据我国《著作权法》,版权持有者享有以有线或无线方式向公众提供作品使公众可以在其个人选定的时间和地点获得作品的权利。这个权利如今越来越为人们所关注,因为网络发达,没有信息网络传播权,作品的传播将会受到很大影响。如果购买外国图书版权的同时获得了信息网络传播权,那你将取得事半功倍的效果。不过,从国际版权贸易的实践来看,产生于信息网络传播权的电子书版权通常属于附属权利,就像电影、电视、戏剧等版权一样。

报价,也叫发盘,英语叫 Offer。报价指交易的一方向另一方提出各种交易条件并且愿意按照这些条件做成交易的一种表示,这在法律上称为要约。在要约发出的有效期内,一旦另一方无条件接受,合同即告成立。版权贸易中,报价不仅包含预付款数额,还应该有版税率、首印册数、出版区域、合同有效期。报价可以由卖主准备,也可以由买主提出。如果一方不同意另一方的交易条件或者提出修改或者变更意见,称为还价或者还盘,英语是 Counter Offer,法律上称为反要约。当然,也有人将买主报价称为出价,意思相同。

预付款,英语叫 Advance Payment,也就是我国《合同法》中的"定金"。很多人对预付款或者定金与后面的结算是什么关系搞不清楚，因而影响商业利益的获得。给付预付款是遵守约定的一种表示，也是作为债权的一种担保。债务人履行债务之后，预付款应当抵付价款或者收回。在国际版权贸易中，预付款抵付价款的比较多，较少听说收回的。比如买主付给卖主的价款是1 000美元，应付价款不足1 000美元的时候，买主没有义务给付任何价款；应付价款超过1 000美元，买主应该向卖主给付超出的部分。预付款可以是应付价款的一部分，也可以是全部，一切由交易双方约定。

约定预付款的时候要注意，给付预付款的一方不履行债务的，预付款不退还，这与我国合同法的规定是一致的。有读者会问，收受预付款一方，也就是卖主不履行债务该怎么办呢？坦率地讲，这种情况在国际版权贸易中非常罕见，鲜有先例可循。不过按照我国《合同法》的规定，收受定金的一方不履行债务的，要双倍返还定金。

版税，英语叫Royalty。我开始从事版权贸易工作那天就知道有"版税"这个说法，应该讲这个说法颇有历史了。不过，这个说法时常让人产生错误的联想，因为这个名词当中有个"税"字。税是根据收入、财产、商品数量向国家缴纳的货币。之所以将"税"字用在给付版权持有者的报酬上，是因为它们存在共性，那就是都按一定比例缴纳或者给付。实际上，版税就是购买版权时应付的价款，就像购买机器要花钱一样，购买版权也要付费。由于这个术语沿用已久，为使读者阅读方便，本书正文涉及购买版权应付价款的时候依然沿用"版税"一语。

预提税，即预提所得税，英语叫Withdrawing Tax，这才是向国家缴纳的税款。不论是购买版权还是出售版权，取得收入都要向收入来源国缴纳税款。在版权贸易实际操作中，有些外国版权持有者不愿意缴纳这笔税款，就提出由中国的版权买主代为缴纳，中国买主生怕买不到对方的版权，于是就答应了对方的要求。无形之中，中国版权买主多给付了一笔价款。也正是这个原因，我在向海外出售版权的时候，也时常向海外出版商提出这种要求，从而提高了版权出售的收入。一般而言，在收入来源国缴纳预提税，回到自己国内还要缴纳一笔所得税，除非两个国家订有避免双重征税的协定。

结算，英语是 Settlement，就是算账。在版权贸易中通常要在合同中约定结算方式。按照中国出版界的说法，除了"买断"或者一次性付款以外，大多根据账期和实际销售数量计算应付价款，也就是版税，其中有一年计算一次的，也有半年计算一次的。如上所述，计算应付价款的时候，要扣除已经给付的预付款。如果应付价款低于预付款，这个账期就没有应付价款；如果高于预付款，则按照合同约定期限向卖主，也就是版权持有者给付价款。

标的，这是中国特有的术语，英语似乎可以翻译成 Subject Matter，是合同当事人双方权利和义务所共同指向的对象。标的是合同成立不可缺少的要件，是一切合同的必备条款。合同标的通常有四类，其中包括有形财产、无形财产、劳务以及工作成果。在版权贸易合同当中，标的指签约双方进行交易的版权。

码洋，英语是 Total Price，图书发行部门用来指图书定价的总和，是中国出版行业特有的术语。

意思自治，英语是 Party Autonomy，其本质是合同自由原则，这是广为世界各国接受的一种原则。参加民事活动的当事人在法律允许范围内按照自己的意志与另一方缔结合同关系，任何人或者机关不得干涉。然而在现实交易中，很多合同订立的时候并非是所有缔约当事人意志的体现，比如从国外引进版权，外商要求使用他们起草的合同，而且还不能修改。还有一种情况是"不战而屈人之兵"，结果买主乖乖放弃合同法赋予的缔约权。还有的人图省事，主动找一些所谓的范本合同，这样对待合同有可能使本方利益处于危险境地。不能体现自己意思的合同终究是要损害本方利益的，因而也是无法履行完毕的。

要约，是希望与他人订立合同的意思表示，这种意思表示要符合两个要求，一个是内容具体确定，另一个是表明经受要约人承诺，要约人即受该意思表示约束。提出要约的一方叫要约人，接受要约的一方叫受要约人。承诺则是受要约人同意要约的意思表示。

第三章 版权代理人

版/权/贸/易/经/略

版权代理人通常指的是经买主或者受让人委托且代表买主或者受让人与另一方进行版权交易的人员。本书所称的版权代理人并非仅限于版权代理公司的版权代理人，也包括版权经纪人和出版单位的版权经理、版权编辑以及其他行使类似职能的人员。

版权代理人这个职业与其他行业有共同之处，比如与一般推销员一样，都有向潜在买主推销自己商品的任务。对版权代理人来讲，要做的不仅只是代表委托人与另一方做版权交易，而且还要参与对委托人作品的包装、翻译以及市场定位。当然，版权代理人也可以代表委托人购买版权，此时他做的事情就不是我们前面说的"推广"，而是购买。以前，中国的版权买主不接受聘请专业人士代理自己购买版权的做法。由于买方市场较大，传统版权代理人代表卖主的利益，买主的利益常常得不到保证，于是有越来越多的买主开始聘请代理人与卖主的代理人交涉版权贸易，有的买主甚至委托代理人帮助策划选题，然后向海外出版商提出选题方案。不过，在西方国家，为买主了解市场、物色版权的人员叫Literary Scout，汉语叫"书探"。西方国家出版社负责购买版权的人员通常是编辑。也有版权代理人的功能更像广告代理人，只起着居间撮合的作用，交易双方达成一致，版权代理人要从买卖双方收取"好处费"，我们称之为佣金（Commission）。

与其他职业相比，版权代理人特殊之处非常明显：不仅工作环境特殊，要求也很多；不仅要懂得图书选题策划、市场营销，还要精通外语，擅长与有异国文化传统的人交涉。正是因为这个原因，我才将"版权代理人"这一章放在其他内容之前介绍。看了这一章，后面的内容理解起来也就容易得多。

第一节 版权贸易的特殊性

要说版权代理人的特殊性，先说版权贸易工作的特殊性。

版权贸易与其他行业最大的不同就是"隔山买老牛"。我的意思是，版权贸易双方通常是远隔千山万水，真是"相见时难"。见不到人，沟通交往就成了大问题。好在如今通信工具发达，可以网上交流。倒退三十年，平时交谈少，全靠仅有的一两次书展互通情况，有的出版社版权人员甚至不参加书展。要知道，不同国家之间或者不同地区之间进行版权贸易，相互了解以及相互信任是不可缺少的前提条件；交流与交往是增加了解、建立信任的关键所在。交流与交往靠什么进行呢？

交易双方见了面，语言不通，肢体语言还能解决一点问题，可是相距十万八千里，肢体语言就用不上了，唯一可行的恐怕只有书面或者口头语言了。这就要求，或是你精通对方的语言，或是对方擅长你的语言。没有语言充当彼此沟通的桥梁，不论谁的作品都不会远涉重洋在另一个国度找到读者。

除了上述这两个特点外，版权贸易还有一些其他行业所不能相比的东西，比如业务范畴的综合性。做过版权贸易的人都知道，版权贸易不光涉及图书编辑、市场营销与买卖技巧，还与法律规范、银行汇兑、海关通行、税务规则等有关系。要说其他行业也可能与上面提到的这些领域有关，然而版权贸易与上述领域的关系则是非同寻常。从事这项业务的人首先要了解目标市场。如果是销售版权，你必须了解境外市场；如果是购买版权，你必须了解中国市场。其次要掌握前文提到的一些知识和规范，接下来还要对贸易伙伴的相关领域略知一二，甚至有过深入的研究。如果我们不知道越南的所得税税率，我们就不会知道我们卖到越南的版权收益是多少。举一个详细的案例，看看不同国家的不同金融规范对版权贸易双方有着怎样的影响。

2008年,我帮助一出版社购买美国一位小学教师的图书版权《好父母胜过好老师》(Parents Are Teachers, Too),双方合作很顺利,唯独在版税给付方式上出了问题。我们要求对方提供银行账号,对方根据银行的建议坚决不给——因为担心银行信息泄露。对方要求我们给其挂号邮寄支票,可是购买版权这家出版社没有外汇账号,开不出美元支票。于是双方在汇款方式上就卡壳了。美国方面认为,我们不够通情达理,要人家的银行资料不够厚道,可是我们也有委屈,我们给你汇款却有钱送不出。此时此刻,摆在面前的方法似乎有两个,那就是由本人到中国来一趟,我们亲手将现金交给她,或者委托她正好在中国的美国朋友回国时带给她。这两个方法可行吗?可行性微乎其微。不过,我们最后总算找到了解决办法,那就是由对方在银行新开一个账户,我们将版税汇入这个账户,收到汇款后作者立刻取现并将这个账户注销。版权贸易不容易,版权贸易做成了,汇款还挺难的!

我还碰到这样的事情,听起来似乎有点啼笑皆非。

某个国家出版社购买了中国小说版权,给付价款时不仅跟我们要形式发票(Invoice),发票还要一次一更换——不同银行对发票有不同要求。只要版权持有者提供的发票不符合他们要求,他们就不给汇款。不仅如此,有的国家的银行还要版权持有者提供原版图书的封面。一般而言,购入的图书版权都是出版过纸版书的作品,提供封面很方便。可是有些情况下,买来的作品在作者所在国没有出版过纸版书,封面也就无从谈起。尽管我们进行了解释,可是有的国家的银行没有封面备案就是不同意给我们汇款。无奈之下,我只好让作者找人设计了一个封面,如此才算解决了问题。

既然版权贸易涉及两个不同国家或者地区,交易时就要对相关国家或者地区的经济发展程度、物价水平以及当地读者的购买力有所了解，否则报价就会无的放矢——这是对市场的另一种了解，也是市场营销的一个组成部分。太低了，图书的价值受损害；太高了，把潜在客户吓跑。不论我们的合作伙伴来自哪个国家，哪个地区，让我们坐在家里通过网络就能掌握对方市场的情况恐怕比登天还难。后面论及版权推广的时候将有更为详细的说明。

还有一点不能不指出，版权贸易，特别是图书的版权贸易不仅涉及面广，而且还很麻烦。最能体现麻烦的就是谈判有时候会旷日持久，即便是花费了很大功夫，有时候也未必能如愿以偿。

2007年，我代表已故著名记者伊斯雷尔·爱波斯坦（Israel Epstein）的夫人跟美国洛杉矶一家律师事务所洽谈授权美国一家影视公司将《宋庆龄传》[Woman in World History: Soong Ching Ling (Madame Sun Yatsen)] 改编成电影剧本的事宜，整个过程持续了一年多。就在双方对合同文本达成一致准备订立合同之际，美国律师来信，她的委托人突然不干了，而且原因不明。

这就是版权贸易。经常有这种情况，合同标的额不过1 000美元，有的时候连1 000美元还不到，可是周旋时间却不少。谈妥了之后，还要订立合同，等双方都把合同签署完毕，一般要持续好几个月。如果加上此前的洽谈时间，能在半年之内收到预付款就算不错了，有时候从开始洽谈到拿到版税要一年多的时间。如果再把出版时间加上，两年左右也是司空见惯的。

有人会问，是不是工作效率太低了？是不是投入产出比太不相称了？图书版权贸易预付款很多情况下虽然只有几千美元，可是麻雀虽小，五脏俱全，哪个环节都不能少，哪个程序都不能缺；一旦缺少了某个程序，即便不是你的责任，也会前功尽弃。我就碰到过这样的情况，谈判用了几个月时间，好不容易谈妥了，权利人却说权利有瑕疵，此前所有努力统统付诸东流。

就算订立了合同，收到了预付款，有时候也有麻烦。

2012年9月，一家越南出版社（下称"我的越南客户"）请我协助购买《经理四书》的越南语版权。经过不懈努力，我联系上作者，双方开始洽谈条件。条件很快谈妥，合同订立也很顺利。可是就在我方将合同与样书寄到越南以后，我的越南客户说，他们看到《经理四书》上面列有《领导四书》的书名，决定退掉《经理四书》，改买《领导四书》。这一换不要紧，此前做过的事情全都作废。经过多轮洽谈，双方终于就《领导四书》的越南语版权授权达成一致。2013年1月，双方确认了合同，2013年2月，我收到越南方面汇来的版税预付款，很快将其付给作者。2013年9月下旬，我的越南客户来信说，就在其购买了版权的《领导四书》即将面世的时候，越南语版《领导四书》由另一家越南出版社出版了。我跟作者联系，作者正在外埠讲课，答应询问一下汉语版本的出版社（下称"汉语版出版社"）是否曾经授权。经过了解，作者回复，汉语版出版社几年前曾经授权越南某个出版社出版过越南语版的《领导四书》，不过合同已经到期。这个时候我的越南客户来信说，他们已经与出新版的越南出版社（下称"新版出版社"）进行了交涉，新版出版社说，他们与汉语版出版社有长期合作，可以先出书，后订合同，而且说合同很快就要到达越南。这一下我糊涂了。我马上联系作者，询问到底是怎么回事。事情还没有解决，我便出发去参加法兰克福图书博览会（下称"法兰克福书展"）。在书展上，我又接到作者回复，作者已经请汉语版出版社向曾经获得其越南语版授权的出版社出具公函，要求停止发行该书的越南语版。汉语版出版社还将公函转发给我，要我转给我的越南客户。我的越南客户接到公函之后与那家新版出版社交涉，可惜还是没有结果。第二天，我的越南客户说，这次因为有出版社捷足先登，他们出版社损失很大，提出索赔，索赔金额是六千美元，不仅如此，还要将已经给付的版税和代理费退还。这件事越想越蹊跷，我就问我的越南客户到底是怎么回事，跟新版出版社交涉为什么没有结果。又过了几天，我的越南客户来信，他们终于搞明白了。事情原来是这样：《领导四书》多年以前确实通过汉语版出版社授权过越南某出版社出版越南语版。后来合同到期了，那家越南出版社就再也没有重印过。与汉语版出版社合作过的越南出版社没有违规，可是那本书的越南语译者多年后却私自将译稿交给另一家越南出版社出版该书。这便是2013年越南图书市场上出现的那个新版本。由于是擅自印刷，新版出版社自然拿不出合同。这个新版应视为盗版。我的越南客户拿着我们之间的合同、作者重新出具的授权书以及汉语版出版社出具的公函与出盗版书的越南出版社交涉去了，结果如何，我不得而知。事情搞清楚了，我心里一块石头落了地。

从这个案例可以看出，好不容谈妥一本书的版权，版税预付款还没收到，对方就换书。换了书，合同订好了，版税预付款也收到了，就等着越南语版出版了，可是盗版的事情又出来了。试想一下，如果授权上真有瑕疵，麻烦可就大了。

版权贸易，当然是图书的版权贸易，其根本目的不在贸易，也就是不在于获得多少经济效益。这是因为图书版权贸易通常在经济发展水平差距较大的区域之间进行，而这种差距使得版权贸易中的一方在经济效益上注定不划算。美国卖给中国版权，按照美国的购买力标准，中国买主给付的版税远远达不到美国版权持有者的要求；越南出版商购买中国图书版权，所开出的价格也常常令中国版权持有者摇头。实际上，版权贸易的根本宗旨不在赚钱，而在扩大作者和原著出版商在另一区域的影响。换言之，图书版权贸易不在赚回多少真金白银，而在提高知名度，仅此而已。实际上，并非所有图书版权贸易都不赚钱或者赚小钱，赚大钱的也有，不过只有极少数畅销书才能做到。

经常有版权贸易从业人员以及希望从事这一行业或者在校编辑出版、法律等专业的大学生问我，从事版权贸易工作需要什么素质。实际上，我在前文介绍版权贸易特殊性的时候已经或多或少涉及一些版权代理人所需的专业素质，为使读者有个清晰的概念，我下面再简单介绍一下。

第二节　专业素质

说到版权代理人的专业素质，有几个方面是非常重要的。

一、相当的图书编辑经验

现实情况是，很多版权代理人并没有图书编辑经验，也不从事选题策划工作。我就听一位代理人说，她对图书一窍不通。在我看来，没有图书编辑工作经历，不懂图书选题策划，是版权代理人的先天不足。针对这一看法，有人可能会说："我没当过编辑，没策划过选题，可是我的代理工作做得并不差呀。"也许你的确感觉不差，可是有一句话不知各位是否记得："山外有山，天外有天。"世界上，职位相同，干法各异，结果也就会有天壤之别。打个比方，世界上当父母的人有的是，只要能生孩子，就能当父母。可是不同的父母有不同的当法，结果不同家庭的孩子也就有不同的成长过程，乃至不同的结果。当过编辑，特别是当过策划编辑的人，会对图书题材很敏感：什么样的书适合推荐给自己的潜在客户，什么样的书适合推荐给甲客户而不推荐给乙客户；甲书的卖点在哪里，乙书的卖点在何处；潜在目标读者在哪里，潜在市场容量有多大，等等。他们之所以能这样做，很大程度上取决于他们在图书编辑方面积累的经验，也跟他们对海内外图书市场的了解有关。不过我也经常看到这样的情景：每当有新书出来的时候，一些版权代理人就给我发信息，有的时候一天发十几本书的信息，这样的推荐就跟没推荐差不多。如果你在出版社担任版权经理，如此这般给编辑推荐版权信息，我相信你的推荐是很没有效率的。

有一位韩国代理人，她向中国出版社推荐图书的时候很讲究。如果她判断一本书的潜在市场是 2 万册，她一般会将这本书推荐给市场营销能力在2万册或者25 000册的出版商，尽管有的时候有的出版商报价更高，只要这家出版商的营销能力达不到这个要求，她就不会把那本书授权给这家出版社出版。

如果一个代理商对图书不了解，就不会作出如此细致的市场分析。可以这样说，有过编辑经验的代理人推荐图书，不仅能让作品找到恰如其分的买主，还能提高推广版权的效率。

有个台湾的出版社委托其版权中心从大陆购买七本英语学习用书版权，买回去交给编辑。等编辑加工时发现，这些花了上万美元买回的书根本不符合台湾市场的需要，差错率太高，在质量上也不符合他们的标准。结果是，上万美元打了水漂。

如果版权中心的工作人员有图书选题策划经验，我想这个损失是可以避免的。

二、与合同有关的知识储备越多越好

1. 做版权贸易第一天就可能与合同打交道，如果对合同的起草以及涉及的法律知识了解甚少，合同订立起来就很有风险。如果能够提前学一些相关的法律法规，比如著作权法、合同法，那最好不过，因为我们与客户订立的合同中反映最多的还是这两部法律。平时多读、多研究这两部法律，结合案例写点心得会有很大帮助。如果遇到不太清楚的地方，可以向经验多的人咨询或者找一两本介绍法律法规的书来读。研究他人经验与读书学习双管齐下，日久天长你就会成为这两部法律的专家，继而将你的涉猎范围扩大至其他可能涉及的法律乃至国外的相关法律。对此，我将在后面的部分加以介绍。

2. 待你有了相当的经验，要求就要提高：不仅能看懂用汉语写成的合同而且深明其义，还要看懂用外语写成的合同而且理解不走样，常见的是英语合同。我曾经看过一个版权引进合同及其汉语翻译稿，其中有一条是"信贷余额，乙方自行抵消",如此翻译让人丈二和尚摸不着头脑。对照英语原件一看才明白,人家说的是"根据其他合同的某些条款,甲方应付给乙方的款项不能用根据这个合同条款乙方应付给甲方的款项抵扣",也就是收支两条线。多亏这不是最要紧的条款,如果真是一个关系付款或者其核心利益的约定,后果可想而知。所以说,准确理解英语合同是版权代理人必备的素质。

3. 再经过一段时间,不仅要能看英语写成的合同,还要会用英语的法言法语起草合同。这样一来,合同你熟悉了,英语的合同语言你也能运用了,包括第二章提到的一些术语,也知道如何用英语表达了——这是因为用英语写合同是避免不了的。

2009年,我收到美国哈珀柯林斯出版公司(Harper Collins Publishers)寄来的有关国务院新闻办公室前主任赵启正与世界著名未来学家约翰·奈斯比特和多丽丝·奈斯比特夫妇(John and Doris Naisbitt)合著一本书的合同草案。仔细看过发现,这个合同草案完全不符合我们的要求,于是我就用英语起草了一份合同发给对方。

如果我对英语合同一无所知,就会提出若干修改意见让对方修改,其结果会怎么样?谁起草的合同谁占优,在此基础上不论怎么修改,都改变不了合同的框架。要争取主动,只有自己起草才有可能产生对自己有利的合同。现在有不少人图省事,喜欢让别人提供范本,殊不知这样做正好将照管自己利益的权利和责任委托给交易对手。你觉得这样做是不是很可笑呀?

三、对外贸易的常识

版权贸易虽然不是货物贸易,但是毕竟是一种贸易。货物贸易与版权贸易均涉及不同的国家或者不同的地区,也都与不同文化产生的不同社会制度有关,更少不了海关、银行、货币参与其中。

1. 版权贸易与货物贸易最大的不同就是它没有标准价格。中国图书一般在封底标有定价,欧美图书有的标有定价,比如小说,一般标在封面上端。可是相当一部分图书不标定价。确定价格的原则有两个，一个是基于对直接成本和间接成本的核算，另一个就是按照印张数计算，后者较之前者简便快捷，准确性却要差一些。通常情况下，只要知道一本书的开本和面数就能知道这本书有多少印张，也就知道定价应该是多少。到了版权贸易中就不同了，还是这本书，授权使用的价格是多少？财产权变现又该是多少？没人说得出来。我经常听到一些年轻同行问我一本书的预付款是多少。之所以提出这样的问题，原因在于提问题的人总是想找出"标准答案"来，这样容易把握。还有，附在图书后面的光盘授权使用该收多少钱？我专职从事版权贸易最初两年多次向同行们请教这个问题，结果没有一个人能回答。原因何在？不论是图书还是光盘，我们这里说的都是一种权利，一种对智力劳动的尊重，所以说不出到底值多少钱。在这种情况下，确定价格的唯一标准就是你对这本书或者这个光盘市场价值的预期，预期越高，报价就越高。买主能否接受，取决于同一个因素，即他对图书或者光盘价值的预期。两个预期恰巧吻合，你的价格就被对方接受了；不吻合，就要接着谈。总之，不论是买进版权还是卖出版权，只要对你产品的目标市场预期估计适当，这个生意就差不多做成了。一旦你熟悉了这些决定价格的因素及其变化规律，你提出的价格既不会吃亏，也不会把对方吓跑。

2. 货币是版权贸易中的另一个不可忽略的问题。以前汇率稳定，采用美元结账问题不是很大。从 1994 年 1 月至 2011 年 3 月，人民币的有效汇率升值 50.9%。人民币升值对我国出版机构购买国外版权非常划算，但是对销售版权却非常不利。如果我们继续用美元结算，就会蒙受很大损失；如果提高价格，我们就有可能失去一次出售版权的机会。在这种情况下，版权代理人需要结合汇率变化研究对策。不过，光研究已经发生的变化还不够，还要有前瞻性。这是因为汇率每天都在变动，而我们洽谈条件或者合同有时候要花费很长时间，拖上一年也是常有之事，一旦汇率波动厉害，版权收入就会大幅缩水。

3. 预提税也是一个版权贸易中不可忽略的因素。我在第二章中提到过预提税这个术语。我们对外国的预提税了解不多，对那些与我们版权贸易较少的国家和地区，我们可以说是一无所知。即便是经常有贸易的国家或者地区，由于我们缺少实地考察，常常在这方面让对手钻空子。遇到这种情况，我们可以多咨询当地人士；如果当地没有可信赖的对象，就向与之有过交易的版权代理人咨询。不要小看这笔税款，有的时候要高达百分之十几，一旦算计不到，会让我们损失多多。即便洽谈结果必须缴纳预提税，也不要忘了索要纳税凭单。

4. 银行汇款与银行手续费。这个问题需要格外留意。但凡做过版权销售的人近来都会发现，我们国家一方面外汇储备居高不下，另一方面又担心海外热钱大规模涌入，对从海外汇来的外汇管理很严，对合同、汇款人名称、汇款金额等都有明确的要求。只要是从境外汇入美元，汇款单上的英语名称一定要与合同上的一致，否则托收极为困难。生意做成了，版税一时收不进来也是可能的。

我在2009年碰到过这样一笔生意，对方是韩国的一家出版社，联系起来非常困难。合同是用汉语订立的，可是汇款人名称却用英语写成，银行就是不给托收。经过两三个月的纠缠，对方总算寄来一个汇款单的复印件以及单位的英语名称和地址，如此才把问题解决掉。

2010年，我国台湾的一家公司给我社付款，银行不给托收，原来是汇款单上的汇款人名称与合同上签约人的名称不一样。发信询问才知道，是版权购买者委托一家公司代为汇款。为让银行托收汇款，又是要证明，又是要协议，忙了一个月才解决。

同是在2010年，捷克一个出版社给我社汇款，可是由于其在银行留的名称与合同上的名称不同，中国的银行不给托收。捷克这家出版社就像上面说的韩国出版一样社，联系一次很难。几个月过去了，直到我怒气冲冲写了一封信，对方才由另一个人出面解决。对方银行给我社银行发了通知，我们的银行不认识，耽搁了好几天。经过再三催促，汇款才到了我们的账户上。

我还碰到一个情况，尽管很少出现，但是一旦出现，就会影响我们的收入。

2011年，我通过代理商将我社一本书授权给越南某出版社出版越南语版。过了很久，经再三催问，代理人说买主到银行汇款了。2012年3月23日，我收到了代理人发来的汇款凭证。一看汇款凭证才发现，汇款日期是当年的2月13日。对比上面填写的我社银行信息，没有一个地方有误，可是直到5月底，我们还是没有收到那笔汇款。跟对方交涉，对方根本不去当地银行查询，跟我方银行交涉，我方银行回答收款银行不能倒查。再与对方联系，要求对方重新汇款，对方回答款已汇出，不能重汇。越南方面的意思是，款汇出了，收到收不到，汇款人不承担责任。我当时就提醒自己，以后再签合同可要注意，合同上仅仅标明汇款日期和金额还不够，还要加上诸如"版权买主保证给付价款进入卖主的银行账号"和"版权持有人收不到版权买主应付款项，合同不能生效"之类的条款，否则对方不付款也能合法出版我们的作品，因为他们有合同。

就在2015年我即将退休之际，收到我社开户行的一个境外汇款通知，仔细一看，大吃一惊——原来就是四年前那笔应该收到的款项。我问财务人员为何现在才收到这个通知，财务人员也说不出准确原因。据其推测，大概是银行相关经手人收到汇款电报后随手一丢，事后又没想起来。结果"这一丢"就是好几年，直到大规模清理才发现这笔"迟到"的汇款。到了这个时候，这件事只好由我的继任者处理了。

另外，银行手续费也要小心。有些国家与我国不能直接汇兑，必须经由中间行才能将版税汇到我们的银行账户上。洽谈报价的时候，一定要把这些情况询问清楚，一旦生米煮成熟饭，就不好解决了。有时候就是合同上注明了银行手续费的处理方式，有些外国出版商也不一定按照约定办理。所以，如果能让对方承诺给付我们的价款是净收入最好，白纸黑字写清楚总会好得多，不仅有助于提醒对方准确、足额汇款，出现问题时还握有维护本方权益的确凿证据。

四、对相关的法律法规要有所了解与研究

掌握了法律武器不仅能在外商面前维护自己的权益，还能避免不必要的损失。版权代理人要掌握的最重要法律当属《著作权法》《合同法》以及相关实施条例和司法解释。另外，《民法通则》《商标法》《信托法》《物权法》《侵权责任法》等也要比较了解，因为其中有部分内容与版权有关。

一些出版机构出版海外作家的作品因为联系不上作家，无法取得作家本人、受托人或者继承人的授权。可是这并不影响某些人使用那些作家的作品，因为在他们看来"联系不到权利人，可以找别的办法"。换句话说，这些人铁定要出那些作家的作品，联系不到权利人没有授权也要出。我就遇到过这样的问题，海外作家发现自己的作品被中国出版商使用，之后委托相关人员向我国有关政府部门提出侵权指控。多亏我与这些部门素有沟通，否则赔偿起来就比较麻烦。

我还听到过一件事，一个出版单位的书中准备使用某些海外作品的某些段落，编辑可能觉得版权问题解决起来比较困难，去请示领导，领导说"使用是肯定的，让版权部门联系联系看"。其实，根据我国《著作权法》，未经他人允许使用他人作品的行为属于侵权行为，即便你在图书的后面或者媒体上刊登声明，说将版税留存等待领取，那也无济于事。

再举一个付款方面的案例，这与合同条款有着密切的关系。

有个出版社跟外方订立了版权购买合同，等到给付预付款时才发现要给付的预付款金额高于首印版税的总和，甚至是首印版税的两倍多。于是出版社领导就让版权部门与海外代理商协商，是否可以减半给付。海外代理商来信，回答十分客气："还是按照合同办理吧。"

实际上，按照我国《合同法》，我们也应该按照合同给付人家预付款，这是因为如果没有证据显示要求减半给付预付款的一方在订立合同时对合同相关条款存在重大误解或者有失公允，即便到了法院，变更或者撤销合同的诉讼请求也不

会得到支持。

出版机构如果销售侵犯注册商标专用权的图书，根据我国《商标法》的规定属于侵犯注册商标专用权的行为。

若干年前，我国发生过震惊出版界的"彼得兔不侵权"案。这起案件经过工商部门行政处罚、一审法院维持行政处罚到中外双方上诉到北京市高级人民法院耗时将近三年。很多问题最终还是悬而未决，谁也没拿到一个"说法"。

尽管如此，官司本身还是给我国的出版机构敲响了警钟，那就是光研究著作权法还不够，还要研究商标法以及一切有可能与图书出版相联系的法律。虽然这不是一起版权贸易官司，但却是一起与海外出版商密切相关的案件，版权代理人应对这类问题予以足够的重视。

物权法对著作权的质押有规范，因为版权贸易标的就是著作权中的财产权，而财产权处置的一个重要方式就是质押。至于信托法，我国的出版机构研究得不多，可是外国出版机构对这类法律却多有心得而且运用自如，使自己的利益最大化。这个问题将在后文详细论述。

第三节　通用素质

版权代理人的专业素质问题讲了这么多，到此可以告一段落。如果你希望进一步拓宽专业知识，那是值得鼓励的事情，正所谓"艺不压身"。

专业知识多当然是好事，不过如果一味地增加专业知识，让其武装到牙齿，那你可就没有时间或者精力改进通用素质了。坦率地说，通用素质在某种程度上是你版权工作能否做到位乃至能否取得巨大成功的关键所在。为什么这样讲呢？版权贸易是跟活生生的人打交道，不论是中国人还是外国人，都是有想法、有意识、有习惯、有背景的，只要跟人打交道，就离不开一个普通人需要的通用素质。我认为，做版权贸易好的人都是通用素质优秀的人；如果一个人连话都说不好，不是词不达意，就是出言不逊，不要说指望他做好版权贸易工作，恐怕连起码的人际关系都很难处理妥当。

一、语言表达

作为版权经代理人，最要紧的素质是表达能力，也就是说话写作能力要超一流。这里说的表达，不仅要会用本国语言表达，还要会用国际通用语言清晰、完整、准确地表达你的思想和意见。外语水平提高了，跟外国人打交道就有了良好条件，就有可能与外国人进行有效的沟通。不过，外语沟通能力提高到一定程度往往会停滞，这个时候就看你汉语口头和书面表达能力如何了。汉语表达能力强，外语沟通能力的提高就有更大的空间。

1. 与刚认识不久的人打交道要尊敬，遣词造句要讲究，多用正式语言。

有一个韩国代理公司的老板跟我很熟，可是想当初我们认识的时候是非常困难的。我几次发信与她联系，都石沉大海，没有任何回信。后来我通过某个渠道知道了她的 MSN 账号，一个偶然的机会让我与她联系上了。这位韩国代理商问我是谁，我说我是中国一家出版社的版权部主任，对方的回答差不多正好是一部中国电视剧的剧名，那就是"不要跟陌生人说话"。闻听此言，我赶紧检讨是不是什么地方说话不够妥帖，仔细想想可能是有些地方多有冒犯。

后来我跟这位韩国代理商交往过几年，也在北京请她吃过饭，但是双方的关系总是一般般，没有任何质的飞跃。

还有一次，我跟另一位版权界的朋友去王府井大饭店会见这位韩国代理商，说起她对中国出版社版权经理的印象时，她对那种说话不讲方式的人非常不满。她刚刚表示对中国某个出版社的图书有兴趣，出版社的版权经理就给她寄来了样书。没等她仔细评估，这位中国版权经理就对她说："你们购买我们的版权要按照税后金额计算"，意思是预提税由韩国出版社负责缴纳。韩国的这位代理商当时就发起飚来："不缴税怎么能行？"结果，成功概率很高的一笔生意让一句话给搅黄了。事后我责备这位中国同行不应如此讲话，可是中国这位年轻的版权经理感觉很委屈，说"韩国出版社购买版权可以由他们来缴纳预提税"是我教给她的。

问题的实质不是谁来缴税，而是说话方式不能为人接受。中国的这位同行与韩国的这位代理商认识时间不长，彼此还没有什么交流，在这种情况下说话如此之"冲"，肯定会让人很不舒服。如果这位中国版权经理表达讲究一些，说不定结果就是另一个样子。说话不注意，不仅眼下做不成生意，还影响以后的交往。我与上面提到的这位年轻人的经历验证了这个道理。

如果是与香港或者台湾出版商打交道，不仅要注意说话，还要懂得如何给这两个地方的人写信。这是因为这两个地方的中国人写信很讲究，抬头是什么，落款是怎样，没有一处马马虎虎。为了适应这种交往，我特地找来了一些介绍浅文言文书信写作的指导书，训练自己用浅文言文写信。这样做不为别的，只为入乡随俗，加深交往。用浅文言文写信最要紧的是抬头与落款。当我给令我尊敬的人写信时，就在抬头处写上"台鉴"，落款处用"敬上"。久而久之，凡是正式一点的信件，我都尽量根据不同对象使用不同的抬头和落款，以示对收信人的尊敬。有时候，收到海外华人用浅文言文发来的信件，我就用掌握的浅文言文给对方回信。这样做不仅交往对等，也让对方觉得我们颇有修养。

2. 跟客户熟悉了，就没必要那么矜持，写信时可以非正式一些。如果是特别熟悉的客户，可以在来往信件中体现一些人情味。

> 我有个越南出版社的朋友，因为家中老父病重没能及时给我回复邮件。知道这个情况后，我就写信安慰对方，让对方腾出时间来好好陪陪生病的父亲，这一问我才知道，这位朋友的父亲患上了不治之症。于

是，我过一段时间就问候对方一次，对方很满意。这位朋友的父亲病逝之后，我还写信表示哀悼。颇具人情味的交往让我们之间建立了深切的友谊。虽然我们两个出版社没有合作成什么项目，可是她却帮我联系了越南另一家出版社而且分文不取充当了代理人的角色，最后我与她推荐的出版社订立了图书授权合同。

3. 与外国客户交往不仅要在一般书信的写作上下功夫，还要学会运用国际通用语言英语与客户摆事实讲道理，最终说服对方接受你的意见。这就需要我们表达上要层次分明、逻辑清楚、论据充足，而且还要尽量言简意赅。

我曾经跟新加坡一家公司洽谈《最新实用英汉拼音词典》（English – Chinese Pinyin Dictionary）增补本的授权问题。词典是在上海印刷，印刷厂都开始印刷了，可是我跟对方还在为合同的一个条款争论。对方说，词典的增补部分是他们给付费用由我们请作者编写的，版权应该归他们。当时新加坡出版公司是按照每一个词条两块钱的标准向我们给付增补部分的约稿费用的。我跟他们据理力争，根据《著作权法》第17条的规定，受委托创作的作品，著作权的归属由委托人和受托人通过合同约定。合同未作明确约定或者没有订立合同的，著作权属于受托人。当时我们还没有订立合同，版权自然归受托人，也就是归我们约请的作者所有。对方想不通，告诉我，在新加坡出版社请画家给图书创作插图，插图的版权就归出版社。我说那可能是新加坡的做法，中国《著作权法》的上述规定不允许。对方打了个比方，比如她到商店花钱买了一条裙子，难道那条裙子不归她吗？我告诉对方，你买我卖，你能得到什么权利，要看你给付多少费用。假如1 000元钱一条的裙子，你只愿意给10元钱，你顶多能试穿两小时；如果你愿意给付500元，你可以穿一个月，但是要留下身份证号码和房产证作抵押；如果你按照卖主提出的价格掏出1 000元，你可以立刻拿走，随意处置，就是用剪刀剪成碎片也没人干涉。是授权使用还是版权转让完全取决于你给付多少费用：费用付得少，权利拿得少；费用付得多，权利就拿得多；如果给付的费用超过卖主报出的价格，人家还会附加一些权利送你也未可知。若不是我与新加坡出版公司"舌战"多个回合，最后订立的合同很可能对我们不利。

语言表达方式有效与否直接影响着中外双方的沟通效果乃至以后的交往结局。与韩国代理商一开始沟通不利，后来无论怎样努力都无法挽回开始阶段留下的不良印象；对新加坡出版商的不合法要求进行有理有据且层次分明的反驳让我们得到了有利的合同。语言表达虽不属于专业能力，可是却决定着生意的成败与效果的优劣。实际上，起着这种至关重要作用的不仅有语言表达，还有很多其他方面。可以这样说，疏漏即便微小，有时候也会让很多付出打了水漂，用中国一句古话就是"千里之堤，溃于蚁穴"。

二、社交心理学

参加社会生活，不学点心理学，不研究整天跟自己打交道的人是一种什么心理状态，想说什么就说什么，想干什么就干什么，你的社会生活肯定好不到哪里去。版权贸易是一项跟人打交道的工作，因而也需要研究外国出版商和版权代理商乃至作者的心理。一旦研究出了心得且运用得当，与外商的合作就巧妙得多，容易得多，长久得多。

前文我谈到韩国的一位版权代理商，性格有些与众不同，我就需要研究她，不仅要研究她的过去，还要研究她的现在，这样才能比较准确掌握对方的心理，以便与之打交道。根据我得到的信息，我前文提到的那位韩国代理商做过电视节目，在台湾留过学，汉语讲得很好。我通过一位台湾朋友了解到，这个韩国代理商能力超群，工作认真，眼光独到，在版权贸易领域建树颇多。然而，对方的一个性格特点却不得不注意，那就是由于工作能力强，对中国出版界情况了如指掌，对同行说话有时候免不了让人有一种"高高在上"的感觉。跟这样的人打交道，我还没有更好的办法，不过我觉得如果把这个韩国人的心理研究好，找出应对之道，一定会有很多很好的合作机会。我就看到这个版权代理商从中国购买一些版权，在韩国出版后销售情况非常可观，版税结算也十分守规矩。如果谁与这样的合作伙伴建立了牢不可破的友谊，他的版权贸易工作就会有显著的成绩。

研究心理学不光是为了找到更多的合作伙伴，更重要的是为了与中外同行或者非同行交往。交往是版权贸易工作发展的第一要务。之所以如此，就是因为不同的人有不同的性格特点，必须区别对待。比如有的同行沉默寡言，那你与之交往的时候就不容易掌握主动，只因无从了解对方内心想法。有人会说，不好合作的人不合作罢了，没必要那么麻烦。我却不这么认为。敢问各位读者，世界上哪个人没有点个性呀？或者说哪个有才华的人会没有个性呢？如果我们对有个性的人都敬而远之，这项工作恐怕就没办法做了。我们可以通过对方的言谈举止了解对方的想法和心态，跟对方打交道的时候避其锋芒，就有可能合作成功。下面再举一个例子，从另一个角度审视社交心理学的重要。

但凡有点或者自我感觉有点实力的出版商都想开发中国市场。每当参加北京国际图书博览会（下称"北京国际书展"）或者法兰克福书展的时候，时不常会有高鼻子外国人来到你的面前——当然有很多人是带着翻译来的。一落座，对方就会急不可耐地告诉你，他们出版社对你们出版的图书有兴趣，听到这里你高兴得不得了，当你拿出你们书目给对方看的时候，对方总是环顾左右而言他。如果你脑筋转得足够快的话，就应该看得出对方是"醉翁之意不在酒"。他们的做法是先获得你的欢心，在你不知不觉中向你兜售他们的版权。这类情况的特点就是：购买版权，他们总是含糊其词；而推广版权，他们则非常具体。接下来，对方不断跟你联系，介绍他们自己的作品，可是对方对中国出版社作品的兴趣却不知道去了什么地方，结果让你空欢喜一场，不仅浪费了你不少感情，还耗费了你很多精力。

很显然外方摸透了我们的心理，因为我们总是迫不及待要把中国图书推出去。倘若来个反客为主，好好研究外国出版商的心理，并将其迫切进入中国市场的心情为我所用，说不定我们还能收到不错的效果呢。

当然，有关交往的问题远远不止这些，更多的问题，我准备留待后面详细论述。对我而言，交往永远是第一位的，交易永远是第七位的。

三、遵守时间

在日常生活和工作中，经常碰到一些不守时的情况。现在工作节奏都很快，如果不守时，轻则让人觉得你做事没诚意，重则使人非常不舒服，甚至很生气。如果你经常做事不守时，恐怕很难有谁愿意跟你交往，因为跟你约定事情太没谱。

有一次，我与一个熟人约好到他的办公楼下等他，我如约到达，对方却杳无踪影。给他打电话，他才说手头有事没处理完，话语中毫无歉意。更有甚者，与一个熟人约会，等我赶到了约会地点，人家就是不露面。没办法，我只好上楼去找，结果办公室同事说她去逛批发市场了，客人来访之事早被忘得一干二净。

说到遵守时间，我印象最深的是一家日本代理公司的代表跟我约会。

有一年，我与那家日本公司的代表约定在法兰克福书展期间见面，我们约定的时间是下午4点半，地点在我们展台。我本身很讲究约会时间，所以距离约会时间还有10分钟就从别的展馆赶回来——我是担心万一遇到什么朋友给耽搁了，就会迟到。我坐在我社的展台上，一边等候一边看表。眼看着4点半就要到了，可是约我的日本代表还没来。正当我低头看表且"以小人之心度君子之腹"时，感觉眼前有人来，一抬头只见是个西方人，就问对方找谁。对方告诉我他就是那家日本代理公司的代表，我一看表正好4点半，一分不早，一分不晚。接下来，相互之间交换名片，对方递过名片，我也给他名片。正在这时，我有个国内同行朋友过来，听说来人是日本公司的，感到很亲切，因为这位朋友曾在日本留学。当这位朋友向对方索要名片的时候，对方两手一摊，说："今天一天七场约会，因而只准备了七张名片，这最后一张是给姜先生的。"

几年后，我应邀去日本访问，与这家代理公司的负责人约会，不巧负责人正好外出不在东京。可是我的行程又不能改变，对方于是另派一人来到东京市中心的一个饭店跟我见面。尽管东京交通很拥堵，可是人家依然是准时到达。虽然没有见到他们的负责人，但是这家公司留给我的印象一直很好，双方交往更加密切。功夫不负有心人，我与这家日本公司终于有了合作。对方发信告诉我，将于某月某日之前给我汇版税，到了那天，对方果然履行承诺，按时把版税汇入我的银行账户。

据前文提到的那位在日本留学多年的同行讲，不论是日本人还是西方人都非常守时，约会的时候既不会早到，更不会迟到。在他们看来，早到之人给人一种谨小慎微的印象，迟到之人则让人感觉靠不住。一旦人家觉得你靠不住，你还能再跟人家交往下去吗？交往不可能，遑论做生意了。约会守时，尽管是第一次，尽管人家对你还没有多少了解，可是人家会发挥想象力，会想到你所在的公司工作井井有条，待人彬彬有礼，一看就是一个认真做事的公司，跟这样的公司打交道让人放心。

做事守时并不等于我们从来不出意外情况，关键是出现意外如何处理。态度是衡量一个人是否有修养的决定性因素。

我有个荷兰朋友，跟我有多年交往。有一次我们约好一天下午在法兰克福书展的三号馆见面，可是她上午就来到六号馆的中国展台找我，我不在，她就留下一张条子。到了下午，她又在约会时间到达之前找我。她告诉我不能按照原定时间与我见面，问我能否改个时间。

从这件事不难看出,人家对自己一旦不能履约是歉意多多。难怪人家的生意那么好,因为人家把遵守约定看得比什么都重要,履行不了约定对自己来说简直是一个不可宽恕的过错。

四、谦虚的态度

我在第一章中说过,版权贸易是人与人之间的贸易。既然是人与人之间的贸易,人的各个方面都可能对贸易效果产生影响,只是程度大小不同,意义深浅有别而已。论到人的各个方面,要说个人品行修养是最重要的,恐怕一点都不为过,诸如诚信、助人、平易以及前文提到的守时,在我看来都是异常重要的。然而,最要紧的修养还是谦虚的态度。态度谦虚,陌生人之间的距离立即缩短;态度谦虚,没机会的生意可能做成。有了谦虚的态度,就不怕出问题,因为有了问题也能妥善解决。

有一年我向越南一家版权代理公司推荐了我国推理作家鬼马星❶的《蓝戒之谜》。此前我与越南这家客户有过多次合作,基本上顺畅。很快,对方所代表的越南出版社决定购买这本书的越南语版权。既然我们此前有过相同题材图书的合作,汉语合同也是现成的,我就请对方根据以往的经验起草合同。合同起草妥当后,经越南出版社认可、盖章,越南代理公司直接将合同快递给了我。我收到合同后也没细看,就换个信封快递给了住在上海的鬼马星。两天后,作者鬼马星给我发信,问合同中两个预付款数字为何不统一。此前的合同为防涂改,汉语数字后面总跟着一个相同的阿拉伯数字放在括号中。这一回是前面的汉语数字出了问题——汉语数字大,阿拉伯数字小,买卖双方商定的版税预付款金额恰恰与括号中的阿拉伯数字相同。我征询越南方面的意见之后告诉作

---

❶ 鬼马星,本名马雨默,在 2000 年"文学新人比赛"中获全国一等奖,2017 年 6 月 12 日因病去世,享年 45 岁。

者，以后面的阿拉伯数字标示的金额为准。很快，作者再次来信，说合同中有问题的地方不止这一处。她对我们这般对待合同非常生气，认为我们做事草率，决定终止合作。见作者这个态度，我有些紧张，赶紧给越南方面写信。与此同时，我赶快给作者写信，就我马虎不认真的态度表示歉意的同时还作了检讨。接下来，我与越南方面磋商，最终决定版税预付款按照汉语数字所示金额支付。越南方面的意见搞定之后，我起草了一份合同。寄给作者之前阅读了五六遍，然后放了一天，直到确认没有问题，我才发出去。作者见我态度诚恳，勇于认错，决定继续合作。

为人谦虚谨慎，有错必认、有错必纠是做事不可缺少的素质，也是做好版权贸易必须具备的基本条件。如果有了问题不是讳疾忌医，就是文过饰非，甚至委过于他人，不仅不会赢得客户的尊敬，还令已有和即将拥有的朋友离你而去。这对做好版权贸易实在是太不利了，因为没有朋友，版权贸易将成为无本之木，无源之水。

五、幽默感

有一位社会学家说过，一个受人欢迎的普通人应该具备三种品质：同情心、社会责任感和幽默感。前两项是取得社会接受、人们认同的基本点，后者是与他人相处的润滑剂。一脸严肃虽比语言乏味、面目可憎之人好一些，但是依然会让人敬而远之。❶ 对版权工作者来说，人家一旦对我们敬而远之，我们将难以开展工作。即便从社会生活角度看，为使自己不被边缘化，也要有一些幽默感。于是，我找来老舍的幽默诗文选，读了一遍又一遍。不仅看书，而且还通过与朋友们交往进行实践。久而久之，幽默感强了，我也比以往更受人欢迎了。

有一年快到年底的一天，吃完晚饭我上网查资料。不一会儿，我发

---

❶ 王学泰. 中国人的幽默［M］. 北京：同心出版社，2005.

现很多同行的MSN还是"灯光闪烁",于是就跟大家聊起来。要知道聊天可是我联系社会、扩大交往的法宝,我无时无刻不在加以利用。我不仅充分利用,而且还很注意时间和场合——人家忙得不可开交之时,我是绝对不会给人家添乱的。不过,话又说回来,这还要看对方的性格特点,不同的朋友,不同的对待。看到有一个出版社同一部门三个同行的"灯"同时亮着,我分别跟他们攀谈起来,问他们为什么不下班。一问才知道,他们都在写工作总结。我就跟其中的一位说,要是这样的话,我恐怕要给你"捣乱"了,否则工作了一天,晚上还加班写总结,身体会吃不消的。这位朋友还不错,知道我的好意,没有生气。我接着问她,这么晚不下班,家人会不会担心。对方回答:"我老公马上接我回家。"我回答:"看来你老公还是很听话的。"对方却说:"家里的大事还是听老公安排。"我于是开玩笑说:"原来你不过是一位名誉主席呀!"对方听了哈哈大笑。

通过有意识的学习和实践,一个人的幽默感会逐步增强。一旦幽默感增强会对不同文化背景者之间的交往大有促进作用,自然对版权贸易工作也有好处。对我来说,客商不论来自何方,不管是讲英语还是讲汉语,认识不过片刻,就可以谈笑风生了。这样谈话不仅可以解除各自紧张的心理,而且还能活跃会见的气氛,从而为今后进一步交往打下良好基础。

有一年,韩国某出版社的一位朋友参加北京国际书展,其间我们要签署合同。他带来了图章,可却忘了印油。灵机一动,他往手上吹哈气。见此情景,我赶快帮他解嘲,"这个印油不错,便携式的,走到哪里都可以用"。闻听此言,周围的同事和朋友们都哈哈大笑,宾主脸上尴尬的表情立即荡然无存。

跟讲汉语的人幽默一回不难,用英语跟西方人幽默也是可能的,只要你用心、放松就行。

一次在法兰克福书展上，我去拜访一位做代理的美国朋友。到了对方的展台，朋友正在接待客人，我便在一旁浏览靠墙书架上摆放的样书，看完样书，又看他们的书目。这家代理公司的名字也许你不知道，但是其代理的一种书大概全国人民都知道，那就是"心灵鸡汤"心理疗法系列丛书。这个品牌1993年问世，后来风靡全世界。有心的出版商不仅推出了"心灵鸡汤"的系列书，还把"心灵鸡汤"注册成了商标。从这个品牌下孵化出来的新作品涵盖了人们生活的方方面面，涉及不同年龄的读者对象。到当时为止，这个品牌大概出了六七十种。等朋友送走客人跟我攀谈的时候，我指着满墙的样书说："您的营养真够丰富的，鸡汤多得都上墙了。"朋友听了哈哈大笑。看准机会幽默一把，不仅会活跃气氛，还能拉近彼此的距离。多年来，我们之间一直保持着良好的关系，即便是私人有事相求，对方也能爽快地答应。

第四章

海外市场

仅仅具备相关素质是不够的，接下来还要尽一切可能用一切手段来了解市场。俗话说，知己知彼，百战不殆。考虑到国内外图书市场的差异，"知己"应该容易一些，"知彼"就难得多了。版权贸易是隔洋跨海的交易，文化背景与语言文字不同尚且不说，对人家的图书市场，我们就是两眼一抹黑。了解海外市场对我们来说，更多情况下是非不为也，是不能也。如果谁说对海外图书市场了如指掌，那他一定是在拿你开玩笑。有人说，你是在危言耸听，经常做版权贸易的人就了解。

要知道，了解市场是一个科学而谨慎的事情，了解所得到的数据是要成为你购买或者销售版权的依据。一旦了解到的数据不准确或者了解到的情况"大概齐"，这种了解就很难派上用场，弄不好还会产生相反的结果。然而，事情还有另外一面，那就是如果我们放弃了解，盲人骑瞎马，如此做版权贸易，效果如何也是可想而知。基于这种考虑，本章根据多年版权贸易的经验，就一部分国家和地区大致的市场情况提供给各位读者。不过，我可是有言在先，我所能提供的仅仅是一个参照系，是一个定格于某个时间点上的东西。面对变化中的市场，变化中的版权贸易市场，要想版权贸易做得有成效，就要不断地了解市场，尽最大可能地掌握市场变化的风向和趋势。可以这样说，了解市场、掌握市场变化、细分出你需要的市场是选题策划的前提，更是版权买卖成功的条件。

由于研究国内市场有许多方便条件，更由于篇幅与主题的限制，本章只介绍海外部分市场的情况，供各位读者参考。

第四章 海外市场

第一节 日　本

　　日本是我们的邻国，按理说相互之间图书版权贸易非常活跃才对。实际情况是，日本向中国出售的版权远比从中国购买的版权要多得多。出现这种情形，不能完全归咎于市场或者图书质量，更多还是与文化背景以及民族特点相关。

　　日本是发达资本主义国家，很多方面先进是显而易见的事情。这种显而易见的原因导致中国从日本购买版权成了常态。从日本购买科学技术图书的情况我不是十分了解，因而没有发言权，不过多年以前的一份报告提到，由于语言障碍，从日本引进科学技术图书比较少；可是非科学技术图书的引进却很多。国家新闻出版广电总局 2015 年 9 月提供的数据显示，2014 年我国从日本引进图书 1 736 种。这当中科学技术图书与非科学技术图书分别占据多少，不得而知。不过，近些年不断有消息说，从日本引进小说需要花费巨资。2009 年业内有传言说，国内一家民营公司从日本引进村上春树小说《1Q84》，版权费近百万美元之巨。由此看来，日本的小说在中国比较疯狂，特别是一些知名作家的作品，拼抢得非常厉害。我曾经拜访过讲谈社北京分公司，据说在日本市场上比较知名的推理侦探小说，大多被中国出版社买走了版权。从上面所说的趋势看，从日本引进图书应该是呈增长态势，其中日本小说的增长将占有很大比例。

　　相形之下，我们卖给日本的版权却少得多。中国新闻出版研究院的一位负责人在 2013 年 7 月举行的中日出版界第二届友好交流会上说，在此前的五年里中国向日本输出图书版权仅有 600 种，平均每年 100 余种。我 2009 年访问日本，访问结果间接验证了这个说法。访问期间，我会见了十几家出版社和版权代理公司，没有一家表示要从中国购买图书版权。中国向日本出售图书版权如此之少，恐怕很难分析出什么样的中国图书在日本有市场。尽管如此，我还是从亲身经历以及看到的资料发现了一些蛛丝马迹。

一、生活题材

多年以前,中国出版过一本《民以何食为天——中国食品安全调查》,讲的是中国的食品安全问题。令人深感意外的是这种题材居然在日本多家出版社当中出现了争夺战。结合其他方面的信息,我感觉出现这种情况也是顺理成章的。

商务部发布数据称,2016年我国对日本出口食品约84亿美元,而海关总署的数据显示,2016年我国向日本出口货物达到1 228亿美元。与这一数字相比,食品出口数量虽然微不足道,但是几十亿美元的东西总要端上日本人的餐桌。既然日本餐桌上有以中国的农产品为原料制成的食品,日本人关注中国的食品安全也就成了自然而然的事情。从这个情况可以看出,与日本人生活密切相关的中国图书会占据一定市场,因而有可能成为潜在的购买题材。

上面讲的是与日本人日常衣食住行有直接关系的题材。除了物质生活,精神生活也不可少。最近几年,日本人的生活压力越来越大,心理调节方面的图书应该会占据一定市场。遗憾的是,在心理学这个领域,日本有符合日本人需要的图书提供,这类图书不仅能满足日本人的需要,还有中国出版商购买版权在中国出版。当然,日本出版社不买中国这类题材图书不光是日本完全可以"自给自足",而是因为同类题材的中国图书在与日本图书竞争时不占优势,很多书缺少经过时间考验又有中国古代哲学特色的理论。

二、名牌效应

有一年,日本一家版权代理公司应英国一家出版社的要求了解中国四川一位少年作者的作品情况。对方表示,如果英国那家出版社决定购买那本书的英语版权,他们就考虑购买其日语版权。结果,英国出版社没购买那本书的英语版权,日本代理公司也就没购买那本书的日语版权。这说明日本出版社或者版权代理公司在购买版权时很受名牌效应的影响。也难怪,日本经济社会发展很多地方是向西方看齐的，阅读价值与阅读取向跟西方人接近也就不足为奇了。其实这种情况不光发生在日本，也发生在许多其他国家。

2005年7月，越南出版了一本美国越战老兵珍藏的越南女军医的日记。据说出版后不到一年便销售了30多万册，远远超过越南图书平均销售2 000册的水平。我的一个越南代理商朋友特地给我寄来那本书的越南语版。我随即打听那本书的汉语简体版的代理权在什么地方，一问才知道由美国兰登书屋旗下的皇冠出版社（The Crown Publishing Group）控制。经过国际知名品牌公司的策划与带动，该书至少翻译成16种语言出版，而且还改编成了电影。

看来，要向日本出售图书版权，尤其是文学作品的版权，采用迂回战略兴许是一个有效的办法。只要你把西方大国出版社"拿下"，日语版的出版恐怕就不是什么太难的事情了。

三、取长补短

其实任何一种题材的图书都会打上一个民族文化的烙印，要让另一个民族或者国家的读者适应是很难的。但是这并不意味着我们在这方面无所作为。就拿日本来说，中日两国在文化背景上有很多共同点，日本图书可以授权中国出版商出版汉语版，中国相同或者类似题材的书也能在日本出版，这就要看我们能否"取长补短"了。

我在日本访问时听日本朋友说，青春小说在日本很流行，不过日本的青春小说与中国大量出版的青春小说有很多不同。由于我没看过日本的青春小说，不太了解中日两国青春小说有何区别。不过，国内已有民营出版公司引进一批日本的青春小说，包括校园青春小说。出版商可以仔细研究一下二者的区别，取其所长，补我所短，这样我们的青春小说不仅在中国有广大读者，在日本也会有很多追随者。

青春小说如此，其他题材的图书是否也有这个问题？

如今全世界有几千万人在学习汉语，每年也有大批的海外学习者参加中国官方组织的考试。可是据业内人士讲，多年以来，日本则是另搞一套。这也正是我们国家出版的汉语学习用书难以进入日本的症结所在。

日本这个国家比较特殊，针对日本市场的挖掘也需要特殊的方法和策略，否则人家的书长驱直入，我们的书被拒之门外，长此以往会对中国图书走向世界产生消极影响。

第二节 韩 国

要了解韩国图书市场先看一下如下信息。我手中只有 2013 年的数据，当年韩国出版新书是 43 000 种，翻译作品占全部图书的 21.6%。在翻译作品中，从日本引进的图书占大部分，3 368 种，接下来是美国，2 811 种，英国大概有 1 000 种，接在后面的是法国、德国、其他欧洲国家和地区、中国，都在 1 000 种以下，具体数字不详。我手中还有一份 2005 年韩国国家图书馆的收藏数据，韩国当年出版新书是 43 585 种，其中 8 937 种是翻译作品。从日本和美国来的翻译图书分别占当年翻译新书的 42% 和 25%，接下来是英国、法国和德国，前五个国家总共占了翻译图书市场的 88%。资料没有提及来自中国的翻译图书所占的比重。我曾看到 2004 年韩国图书发行品种以及根据样本推断出来的相关统计数据。当年出版新书是 35 394 种，其中历史书有 1 128 种，学习用书 1 485 种，哲学书 584 种。关于哲学书，需要指出的是，这里说的哲学书是广义的，既包括哲学家讲的哲学，也包括反映人生哲理的图书。在 6 000 余种文学书当中，韩国文学 4 107 种，英国文学 802 种，日本文学 339 种，德国文学 160 种，法国文学 150 种，中国文学 149 种，统计数据中没有美国文学。

上面这些数据有新有旧，虽然不能反映韩国图书出版的全貌与现实，但是至少能让我们看到一些端倪。根据上面这些数据，加上我个人的经验，有几个方面提请各位读者注意。

一、汉语学习

从 2000 年到 2006 年，韩国大量购买中国汉语学习图书的版权，我社出版的汉语学习用书绝大部分的韩语版权都在这个时期卖出去了。这是因为韩国人学习汉语很热心，据说来北京的外国留学生中，韩国学生占了七成。为什么会出现如此巨大的需求？韩国在华经营的公司需要大量精通汉语的韩国员工，这些韩国企业大多是以中国官方开设的语言考试证书来检验应聘员工的汉语水平的。开始的时候，韩国市场符合要求的教科书不多，于是大量从中国购买汉语教材以及参考书版权。

随着时间的推移，韩国早期到中国留学的一些大学教师可以独立编写汉语教材，对中国汉语学习用书的需要开始减少。与此同时，越来越多的中国出版社，不论是语言专业出版社还是综合出版社，都开始瞄准汉语学习用书，汉语学习用书的买方市场渐渐形成。正在这时，金融危机爆发，加上人民币升值，韩国企业对人才需求量减少，韩国留学生到中国学习费用大增，韩国在中国留学的学生一下子减少了四成。最近几年，韩国学生的比例有所恢复，但还是没有达到鼎盛时期的水平。

2009 年，中国修改了汉语水平考试教学大纲，我与清华大学一位副教授闲谈中说到，新的考试大纲出来了，可否利用考试大纲修改之际推出一套学习用书。我将这个想法告诉了韩国德成女子大学的一位教授，对方很是赞成。于是我们三人在次年春节过后进行了磋商，决定在当年 3 月下旬——韩国第一次汉语水平考试结束之后动手编辑，因为只有考试之后才能看到考题，结合考题编出来的书才有针对性。没想到的是，3 月 31 日那天韩国教授给我来信，说韩国有两个出版社先后出版了按照新大纲编写的汉语水平考试四级至六级用书。韩国既已出版，我们只好放弃这个计划。这件事告诉我们，韩国在汉语学习用书上已经能够完全独立运作了，而且进展神速。

最近一段时间，由于众所周知的原因，两国交往受到一定影响，韩国人学习汉语的人数规模会不会出现波动，需要密切关注。

二、哲学智慧

这里说的"哲学"就是我们前面说的那种广义上的"哲学"，也就是讲人生智慧的图书。韩国读者之所以喜欢这类图书，这与他们在文化上与中国文化一脉相承有一定关系。从 2002 年到 2007 年，韩国对以中国汉代以前先哲思想撰写指导人们生活工作的图书非常有兴趣，诸如《三十六计：说话的智慧与办事的技巧》《成大事的十五套学问》《读史有计谋：5000 年最有价值的阴谋与阳谋》《读经典实验 悟人生哲理》《人生哲理枕边书》，等等。由此衍生出一些用以指导经商的图书也很受欢迎，其中包括《中国商道——从胡雪岩到李嘉诚》《胡雪岩圆融人生的处世智慧》《商道与人道》以及《渔夫与管理学》《细节决定成败》。人们阅读这类图书最终目的是让自己在当今激烈竞争中立于不败之地。

三、心理自助

最近二十年，不论是 20 世纪 90 年代的亚洲金融危机还是前几年的美国金融危机都对韩国经济造成了不小的影响。对个人而言，这种影响主要表现在就业与生活方面，当然也包括人的心理健康。于是一些帮助人们解决心理问题、从容应对各种社会问题的图书开始受到韩国读者的青睐，出版社看准这个机会从中国引进一批与这类题材有关的图书。仅我了解到的就有《你身边的心理学》《生活中的心理战术》《七天读点管理心理学》等。从 2009 年 11 月到 2010 年 4 月，短短几个月的时间里，韩国一家代理公司就从我社购买了四本与心理学有关的图书版权。2009 年我在韩国进行工作访问期间，看到韩国一家代理公司引进图书的书架上摆放着很多从国外引进的心理自助图书。

按说现代心理学是从西方国家发源，中国在这一领域也是向西方国家学习。然而中国有着几千年的文明史，特别是中国一些闻名中外的思想家和哲学家给人们留下了宝贵的财富。如果将中国先哲的伟大思想和现代心理学结合起来，这样的书就很有特色而且很实用。韩国与中国在文化方面有着千丝万缕的联系，接受用中国先哲思想写成的哲学用书不在话下，那么阅读极富中国文化特色的心理自助方面的图书更是有得天独厚的优势。

四、文学作品

做版权这么多年，跟韩国出版商打交道最多，可是文学图书的版权输出却很少，因而对韩国文学图书的市场了解甚少。2004年，我与家人一起去韩国旅行，参观了位于首尔（当时叫"汉城"）钟路区光化门附近的大型书店——教保文库。进门没走多远，就看到了美国前总统克林顿的回忆录。后来又看到了中国作家余华的《许三观卖血记》，后者也摆在非常显著的位置。由于时间关系，我没来得及向店员了解余华作品的销售情况，不过能够摆在卖场的显著位置说明余华的作品是很受读者欢迎的。我有一个作家朋友叫高光，他撰写了一本小说，名叫《孔子》。该书在中国出版不久便将版权卖给了韩国出版社，据称该书韩语版销售情况很好。

余华和高光的作品受欢迎并不代表韩国读者喜欢阅读中国的小说，相反我获得的信息显示，韩国读者对小说的需求量很小，用韩国代理商的话讲就是"一般韩国人很少看小说"，中国读者喜欢的武侠小说在韩国就更没市场。依我之见，韩国小说市场小，因而对小说的要求就高，只有达到韩国读者的需要，中国小说才能进入韩国市场。至于是什么要求，各位读者可以看看余华、高光的作品，从中也许能得到一些启示。

五、罕见题材

如果一种题材的作品多了，读者就会有选择。相反，一种题材从未有人染指，说不定就会引起读者的关注。

2006年，我国出版了一本名为《人类灭绝的十种可能》的书，没有多久该书的韩语版权便给韩国出版社买走了。这本书的韩语版是否出版，到我写作该书的时候还不清楚。2007年中国出版了一本书，名为《货币战争》，该书出版之后影响很大，一年以后出版的韩语版在韩国同样掀起了巨大涟漪。后来该书的作者又出版了《货币战争》的续集《金权天下》。

《人类灭绝的十种可能》与《货币战争》不可同日而语，然而他们却有惊人的相似之处，前者提出了"人类灭绝"这个命题，后者则让国际金融骗局和不为人知的历史真相大白于天下。书中尽是惊人之语，而且与你以及你家人的命运息息相关，你肯定想要先睹为快，于是这类题材的图书便有了巨大市场潜力。

近几年，韩国读者对中国作家的散文表现出一定兴趣。我曾应韩国代理商的请求，接洽了国内一位知名作者的散文集，不幸的是后来因为三方代理无法就代理费标准达成一致，生意没有做成。

当然，韩国图书市场的图书种类还有很多，来自中国的图书也有其他题材。不管怎么说，有一点是确定无疑的，图书版权做到你有人无，人家才可能购买你的版权。

最后，谈一谈韩国的电子书。韩国对中国电子书的需要日益显著，不过他们购买的方式通常是在纸版书销售成功以后再与国内出版社交涉电子书版权。

2010年，赵启正与奈斯比特夫妇合著的《对话：中国模式》（A Dialogue Between East and West: The China Model）纸版的韩语版权授权给韩国一家出版社。由于该书纸版出版后在韩国销售很好，两年后购买纸版版权的那家出版社与我社交涉，购买该书的电子书版权，而且给出的条件还不错。电子书版权之所以容易谈，是因为他们的纸版书卖得好，他们对销售有把握。

韩国的做法与欧美那种一下子将纸版书与其他附属权利都买走的做法有所不同，他们的做法更谨慎。

第三节 越　南

如今有一个国家对中国图书版权的需要达到了顶峰，就像前几年的韩国一样，这个国家就是越南。

2004年11月，越南加入《保护文学和艺术作品伯尔尼公约》（下称《伯尔尼公约》），在那之前越南出版其他国家图书不用授权，包括不少中国作家在内的很多作家的作品在越南出版，其中涉及的中国作家有贾平凹、陈忠实、巴金。

从2005年开始，越南文化信息部加强版权保护力度，打击盗版行为，从而使越南出版机构购买外国版权的过程越来越规范。据了解，越南购买外国版权在越南出版之前要到政府部门登记，经核准才可以出版外国图书，这一点跟我们国家的规定相同。另外，从事版权引进的不光有国营出版社，还有民营公司。从最近几年的版权购买情况看，越南民营公司比国营出版社要积极得多，而且往往也更有"大手笔"。

新浪网援引越南之声广播2016年4月30日的报道说，国际评级机构标准普尔预计，2016年越南人均年收入将达到2 200美元，平均到每个月不到200美元。既然是人均，高于这个水平的大有人在。据越南朋友反映，他们那里有钱人不怎么买书，想买书的人又囊中羞涩。由于销量有限，很多境外图书到了越南，首印只有1 000册，价格一般在4万越南盾左右，按照2017年6月的汇率，4万越南盾约合1.76美元。如果是一本400多页的境外畅销书，定价更是能达到10万越南盾左右，约合4.41美元，所以一般人买不起。据越南客户提供的数据，越南本土作者图书的价格通常是境外图书的一半左右。

所以，越南从其他国家购买版权时，给的价格都不是很高，预付款通常都在四百美元左右。当然也有价格比较高的，能享受这类价格的通常是一些比较畅销的小说和传记，越南人最喜欢看的就是这两类书。

第四节 泰 国

泰国也掀起了阅读中国文学作品的热潮。就这一话题，多年前我参加法兰克福书展时特地与当时的泰国出版商和图书销售商协会主席塔纳差·桑蒂差古交流过信息。他说泰国的读者确实喜欢读中国的小说，但与越南读者不同，泰国人更喜欢时尚的青春小说。桑蒂差古告诉我说，泰国有500多家出版社，是越南的10倍，每年的出书量是1万多种——这个数字是否每年都在增加，我不得而知。不过，主席先生强调，这个出版规模"无法跟中国相比"，但是泰国出版商很愿意与中国的出版社合作，实际上他们已经与北京、上海和广州的出版社进行了合作。他们也希望有中国的出版社去泰国访问，出版商和图书销售商协会将为此提供帮助。

泰国出版商和图书销售商协会主席对泰国图书市场的介绍让我们知道了泰国出版商对中国图书的兴趣点到底在什么地方。事实上，我个人的经历以及我掌握的情况也证实了泰方提供的情况是非常准确的。早在2005年，我就向泰国的出版商销售过我国著名网络文学作者明晓溪的《会有天使替我爱你》和《烈火如歌》。我也曾代理国内一家出版社将校园文学作者杨梅的《光以东暗以西》版权，将其卖给泰国一家专门出青春小说的出版社。另外，我从一位参加过泰国书展的同行那里了解到，青春小说在泰国很流行，我国台湾地区的出版社与泰国出版社在这个题材上的合作非常踊跃。很可惜，我国大陆在这方面与泰国的合作好像还不多，一方面是我国大陆出版社与泰国同行的交流少，另一方面我们的青春小说在很多方面还不能适应泰国读者的需要，这一点与我们在日本碰到的情况极为相似。

据泰国工业联合会人力资源发展促进办事处副主席蓬迪于 2016 年 4 月透露，2015 年泰国中级管理人员平均薪资是 2 000 美元，而行政人员平均薪资大概是几种人员中最低的，只有 496 美元，跟刚毕业的大学生差不多。由此可以看出，泰国读者的购买力应该比越南强得多，泰国出版商购买中国图书版权的时候出价一般要比越南多一些，预付款最低也能达到 1 000 美元左右。不过，至于每个合同预付款能谈成多少，要看具体作品以及谈判的技巧。

第五节　其他亚洲国家

除上述国家外，亚洲其他一些国家对中国图书版权也有感兴趣的，但是市场容量都非常有限。

我跟新加坡出版商打过一些交道，根据我的经验，他们似乎只对中国语言和文化方面的图书有兴趣，这与新加坡的国情有很大关系。2010 年的统计数据告诉我们，新加坡人口中将近四分之三是华人，但是新加坡又是一个深受西方影响的国家。在这样一个背景下，新加坡图书市场便呈现出上面这样一个特点。我社的《最新实用英汉拼音词典》《实用汉语常用成语一千例》和《菜根谭》多年以前便授权给新加坡出版社出版当地版本。

印度尼西亚出版社近些年开始从中国购买版权，也是集中在文化题材方面，这与印度尼西亚有大量华人不无关系。前几年，我社向印度尼西亚出版社出售了《好姓名好人生》《中国人上智》等书的版权。2010 年，我社又向印度尼西亚出版社授权了《论语图典》和《老子图典》两本书在印度尼西亚出版当地版本。印度尼西亚购买中国版权的预付款通常在四五百美元，如果题材比较抢手，也许能达到七八百美元。

我跟印度出版商没有打过交道，不过我从同行那里了解到，印度出版商近年来与中国出版社的版权合作有所增加，不过他们的重点似乎都是在汉语工具书上，其他题材很少听说。

第六节　欧　美

欧美出版社对中国图书版权的需要远比上面那些亚洲国家少得多，这与欧美国家文化大大不同于中国文化有关，更是因为他们在很多方面处于世界领先位置。我这里所说的"欧"不包括俄罗斯。俄罗斯的情况，我将放在下一节中进行讨论。

对很多欧美国家读者而言，中国依然是一个遥远而又陌生的国度。若要他们动力十足地研究中国，那一定要有相当的需要——而且是对他们有利的需要——才可以。即便如此，他们也只会对当代中国以及当代中国人感兴趣。这是他们的价值观所决定的。

多年以前，中国改革开放之初，为了进入中国市场，他们对中国一些政策法规题材的书有兴趣。商业交往带动人员往来，后来他们又对介绍中国各地吃住行的题材兴致勃勃。

不过，有一种题材在我看来是欧美国家读者兴趣经久不衰的，那就是当代中国人，尤其是年轻人的思维方式、价值取向、发展前景以及对西方文化看法变化的题材，比如我社授权给美国兰登书屋旗下皇冠出版社出版的《财富传奇——他们的第一桶金》，讲的是民营企业家成长的故事。2009年，美国著名出版公司西蒙·舒斯特（Simon & Schuster，Inc）推出了我国女作家徐小斌的《羽蛇》。用作家本人的话讲，该书"讲述的是一个庞大的母系家族，包含五代12个女人，兼具不同性格、善恶、美丑"，"把这些角色组合起来，最后决定用血缘来串联。原因是血缘显得神秘，有很强大的亲和力。亲爱之中，又隐藏着仇恨"。另一位在美国产生影响的中国作家是余华。

除了了解当代中国社会发展和变迁，西方国家，特别是欧美的很多读者对中国抱有一定的猎奇心理，出版社有时正是为了满足这种心理而从中国引进一些对中国黑暗面多有描写的图书版权，比如苏童的《妻妾成群》、余华的《兄弟》和周勍的《民以何食为天——中国食品安全调查》。前两本是小说，最后一本是报告文学。其中《妻妾成群》还被改编成了电影《大红灯笼高高挂》。这几本书均有多个西方国家版本出版，由此可以看出，决定选题的不是别的，恰恰是西方国家的价值观以及由此产生的需求。介绍上述情况并不是告诉读者我们应该多出这类题材的作品去迎合销售需要。恰恰相反，要利用西方人的这种心理，出版一些既能说明问题又能展现美好未来的作品，以便让西方人更多地了解真实的中国。

欧美国家出版社购买版权有个习惯，那就是不仅买纸版书版权，也买包括电子书、第一连载权、第二连载权、电影、戏剧等附属权利。如果是儿童书，市场预热慢，需要的授权期要长一些。如果作品授权准备工作复杂，代理人的代理费比例也会超过通常合同标的额的 10%，有的名家代理甚至会按合同标的额的 40% 收取代理费。

第七节　俄罗斯

1991 年以前，苏联出版业在世界上是颇有名气的，一方面是苏联人爱读书，另一方面是政府舍得投入。苏联解体之后，俄罗斯实行市场经济，出版领域开始出现私有资本，出版社的数量急剧增加，曾经达到上万家。经过多年的发展，除了少数几家大型出版社以外，很多中小出版社的日子都不好过。

对中国版权代理人而言，我们最关注的莫过于俄罗斯翻译图书市场。据了解，昔日非常辉煌的翻译图书市场已经让位于本土原创图书市场，包括大众文学作品。尽管如此，翻译作品在俄罗斯出版市场依然令人关注。2004 年，俄罗斯共翻译出版了 1 万余种图书，发行总量为 8 790 万册，其中译自英语的图书 6 984 种，译自法语的图书 746 种，译自德语的图书 555 种。统计资料中没有译自汉语的图书数据，说明俄罗斯从中国购买版权还是有限的。

2006 年，中国一家版权代理公司看中我社一本介绍汉字知识的图书，准备推荐到俄罗斯，事情过了多年，一直没有音信。2007 年，我社与俄罗斯一出版集团下属的出版社订立合同，授权该出版社出版 11 种书的俄语版。这些图书绝大多数是有关汉语学习用书，直到我 2015 年退休之际，也未见俄语版的样书寄过来。看来与俄罗斯出版社的合作真是命运多舛。

中俄资讯网援引俄罗斯联邦统计局公布的数字表明，2016 年上半年俄罗斯居民人均收入为 466 美元，整体水平好像没泰国高，购买力自然差很远，正因如此，俄罗斯出版社出价的水平常常不及泰国出版社的一半。

另外，俄罗斯盗版很厉害，有的时候正规出版社也出盗版书。前文提到，我社有 11 种书曾授权俄罗斯出版社出版俄语版，其中有的书在订立授权合同一年前就出了俄语版。在我们拿到样书与之交涉的时候，对方还以"文责自负"来搪塞，说什么出版社不对作者提供的书稿是否侵权负责。

以上论及的只是一些与我国有交流历史的境外市场，且介绍相当粗略，目的是让各位读者对境外市场有个初步及感性的了解。用通俗一点的话讲，这一章介绍的内容仅仅是给各位一个大致框子，就像篮球赛，告诉你篮球筐在什么地方。至于比赛中什么状态下如何投篮更有效，还要结合你掌握的技术动作以及比赛场上瞬息万变的情况研究适当方法。本书第六章"选题策划"将结合具体案例所涉及市场特点作进一步介绍，以便为选题策划打下坚实可靠的基础。

第五章

积累资源

资源在这个地方有两个含义,一个是版权代理商,另一个是作者。这两个方面构成了版权贸易不可缺少的前提条件。一般而言,如果手里握有相当实力的作者,选题策划与版权贸易也就成了有源之水、有本之木。可是,多数情况下直接联系作者是一件十分困难的事情,毕竟每个版权代理人认识人有限,交往也有限。再者,如今作者或者说作家比比皆是,不知道什么时候就会冒出一位闻所未闻的作家,不论是在中国还是在外国,都是如此。现如今,甭说直接认识每一位著名作家不可能,就是直接认识很多也是痴心妄想。尽管如此,那也没什么可灰心的,诸多方法可以帮你弥补。下面结合案例介绍一些常用的积累资源方法,用以弥补直接资源的不足。

第一节 代理公司不可少

自 1875 年英国出现第一家版权代理公司以来,这个行当在国际上已存在一百多年,可是在中国却只有三十多年。版权代理公司就是因为出版者与版权持有者沟通环节不畅才成立的,也正是有了版权代理公司才有了版权贸易。版权代理这个行业在西方国家非常发达,版权代理公司在某种意义上就是一种版权资源,做版权贸易必须与版权代理公司合作。换句话说,你是版权代理人,如果要成大事,就必须与其他代理人合作。有时候不仅要与一个代理人合作,还要与两个乃至三个代理人合作。也正是这个原因,积累版权资源的第一个捷径就是与有规模的版权代理公司建立有效的关系。

  有一次，我社编辑看中了一套英国某出版公司出版的有关小熊维尼的书。该书汉语繁体版已经在我国台湾出版。我找汉语繁体版的出版社联系，但是很长时间对方没有回音。我通过互联网和出版社查询均未找到作者。此时，互联网的作用就有限了。于是我就给海外几家著名的版权代理公司同时发信。不久，有两家告诉我没有这套书的信息。又过了两天，其中一家告诉我代理权在他们手里。

版权资源问题就这么轻而易举地解决了。不过，有的时候就不那么简单，中间需要相当多的环节才能解决版权资源问题。

  多年前，我在美国畅销书榜上发现一本书，书名叫作《第四只手》(The Fourth Hand)，记得那本书是兰登书屋公司（Random House，Inc）出版的。在我定期将有关版权信息提供给我社编辑部门时，他们对该书很有兴趣，让我赶快联系。于是我跟认识的几家代理公司联系，均无回答。接下来，我到网上搜索，看到了出版社的电子邮箱地址，发电子邮件与其联系。过了好几天，收到了回信。回信说，该书的海外代理权在另外一家公司手中。还好，对方告诉了我那家公司的名字和地址，但是没有那家公司的电话和传真号码。我想总不能写信吧，那样太慢了。我登录互联网，查找那家公司。当我打开那家公司网页时，顿时愣住了。我记得那不是一家建筑公司，就是一家航运公司。我打开公司网站的几个网页，搜索了好长一段时间，才发现该公司旗下还有一家子公司，其中有动产、不动产以及其他财产处置咨询业务。我按照上面提供的邮件地址给对方发了一封信。当时我对此并没抱什么希望。没想到三天之后，《第四只手》作者的助手给我发来了一封电子邮件，说她收到了那家财产咨询公司的邮件，知道我在找《第四只手》的版权持有者。她告诉我，上述图书的美国代理权在这家财产咨询公司，但是其他地区的代理权则归英国一家叫作国际版权代理公司的机构管理,并告诉我其电话和传真号码。我觉得通过电话和传真联系还不够简捷,于是就再次与作者的助手联系。对方告诉我英国这家公司一位小姐的电子邮件地址。我立刻给这家公司发信。过了两天都没有收到回信,于是我给英国这家公司打电话,接电话的小姐告诉我她收到我的信了,但是该书的汉语简体版权代理事宜不归她负责,是由另外一位小姐管。那位小姐暂时不在公司,两天以后回办公室上班。过了两天,我再次给英国这家公司打电话。负责汉语版权代理的小姐告诉我,该书的版权在台湾的一家代理公司手中,绕了一大圈又回到了起初我联系的那家台湾代理公司,真是"踏破铁鞋无觅处"。

若是台湾这家公司能及时给我回信,我也不至于花两个星期的时间联系其他公司。后来由于样书迟迟寄不过来,版权买卖没有做成。尽管如此,我也没有白干,至少学会了如何找版权资源。

2010年3月下旬,我社得到一个消息,世界著名股市投资家沃伦·巴菲特(Warren Buffett)的儿子彼得·巴菲特(Peter Buffett)即将推出新作,领导命我与该书代理公司联系,洽谈版权购买事宜。还真巧,我跟这家公司很熟悉,立刻拨通电话,就此事进行了沟通。当时,该书已有其他出版社竞价。对方很快发来了邮件,告知更为详细的情况。我赶快向领导汇报,准备提出报价。几经研究,提出了我们认为是比较稳妥且富有吸引力的报价,结果我们赢得了机会,最终订立了授权我社出版汉语简体版的合同。

由此看出,平时注意保持与版权代理公司的良好关系是极为重要的,为此我只要有机会就去拜访一些著名的版权代理公司或者通过其他方式与其交流。经常保持良好关系,关键时刻就可以派上用场。由于经常与代理公司沟通,代理公司有了信息也发给我。

2011年，台湾一家代理公司给我发来了世界知名营销管理专家、美国西北大学（Northwestern University）教授菲利普·科特勒（Philip Kotler）与一位西班牙专家合写的一部有关创新的著作，我赶紧向几个出版社和民营公司发信，结果有一家出版社和一家民营公司感兴趣。接到回信，我连夜写出了这本书的介绍以及营销计划，交给对该书感兴趣的出版社和民营公司。这两家出版机构经过研究决定购买这本书的版权。经过两轮谈判，我代理的那家民营公司最终与版权持有者达成协议，将汉语简体版版权买到手。

很多出版社和民营公司拿不到海外优质版权资源，根本原因是与著名版权代理公司合作不多、关系不牢，因而获得信息的渠道就不畅通。信息渠道不畅通，购买有市场潜力的版权书谈何容易！

第二节 互联网是法宝

版权代理公司很重要，能帮助我们解决很多问题，但是他们更多解决的是帮助中国出版机构购买版权，因为在中国设立办事机构的国际著名版权代理公司大多数业务是充当海外版权持有者的代理人。即便如此，他们也不可能将世界上所有有市场潜力的版权书都拿到自己手里。向海外推荐中国版权持有者的作品，他们大多无能为力。还有一点要指出的是，版权代理公司手中的优质资源比较抢手，等你发现了你需要的资源并且与版权代理公司联系的时候，代理公司往往会告诉你"对不起，已经卖掉了"。

2012年5月的一天，山东一家出版社委托我购买一本日本人物传记。我咨询了台湾汉语繁体版的出版商之后发现，该书代理权在一家台湾代理公司手中。我赶忙给这家代理公司发信，当天得到回复，版权已经出售。第二天下午，山东这家出版社又给了我一本有关日本某建筑师图书的信息，希望接洽汉语简体版版权。不过他们只提供了这本书的汉语书名，至于日语书名，山东这家出版社不知道。我当天夜间到互联网上查询，经过几个来回，查到了一本书，对比繁体汉语版的封面设计和封面文字——多亏了我懂一些日语，确认就是同一本书。我赶紧与代理公司联系。过了一天，代理公司来信说，那本建筑师的书版权也卖掉了。

互联网的最大好处就是信息丰富，有时网上的信息是代理公司所没有的，在某种程度上是每一位版权代理人的法宝。通过互联网，不仅可以获取更多资源，而且还能解决很多代理公司解决不了的问题。不过，互联网不会说话，要从互联网上获取资源需要相当的技巧和功夫。下面详细介绍一本书的版权购买过程，看看大家可否从中获取有益的启示。

我在第三章中提到的《好父母胜过好老师》不知读者是否还有印象。接受委托的时候，我根本不认识本书的作者，但是凭借多年的经验，我先跟在中国大陆有业务的代理公司联系，有一家代理公司告诉我可以与林内·拉比诺夫联合代理公司（Lynne Rabinoff Associates）接洽。我很听话，给那家公司发信，结果石沉大海。靠别人不如靠自己，我只好通过互联网来查找相关信息。

还好我很快查到那本书的出版公司——威廉姆森出版公司（Williamson Publishing Co.）的联系方式，在2008年7月16日给那家公司写信，两天后回信的是理想出版公司（Ideals Publications）——我猜想他们可能是一个大公司的两个分公司。对方告诉我，版权已经回到作者手中。我又给对方写信，8月5日理想出版公司的另一位员工给我回信，说已经将我的信件转给作者了，至于作者愿不愿意回应，那是作者的事情，他们不管。我向她索要作者的联系方式，对方说未经特别允许，他们不提供任何作者的联系方式。不过她已经打电话、发传真给作者，这些应该对作者构成了足够的推动力，其弦外之音是"作者回不回答，就看你小子运气如何了！"此时此刻，我能做的只有等待，还真不错，过了二十天，作者给我来信了，经过双方两个回合的沟通，达成授权协议。直接与作者沟通，效率高不说，还花钱少，因为没有了中间环节，效率和费用肯定是不一样的。如今这本书的汉语简体版已经出版。我与作者一直保持着良好的关系，有时候还向她请教英语方面的问题。

从这件事可以看出，查询版权持有人或者权利人有时候不是一帆风顺的，一波三折在所难免。互联网可以提供一些帮助，但是并不能一下子解决全部问题。这就看版权代理人利用互联网搜索功能的功夫如何了。不过互联网有时候提供的帮助并非如此直截了当，以互联网为媒介获得资源也是一种常用方式。比如，博客流行的时候，很多作者在上面开博客，如果我们联系哪个作者，可以在作者博客上留言。

2007年，韩国一家版权代理公司给我来电话，对我们出版的一本书十分感兴趣，问我们可否确认版权。这本书是北京大学一位副教授撰写的，内容涉及这位副教授在韩国讲学期间创作的随笔。我找到该书的编辑，而编辑一时无法与作者直接取得联系，于是我就到互联网上查询，很快找到了作者的博客地址并在上面留了言。作者当晚就给我回了邮件，表示允许我们代理洽谈授权事宜。

如果我们委托他人帮忙联系，还不知道要等待多久，说不定机会就没有了。这件事告诉我，有些情况下互联网提供的信息反而更及时，沟通也更快捷。如今通过微博联系作者也是一个不错的渠道。

2012年5月，我社看中两本书，一本叫《中国八零后调查——社会深刻变革下一代人的七情六欲》，另一本叫《中国力》。我最先使用的方法就是去微博查询，结果没用一个小时，前面那本书的作者便查到了，而且取得了联系。查找《中国力》作者稍微费了一些周折。

先查找作者是哪个单位，然后又找作者是否有微博。通过搜寻发现，作者是春秋研究院的研究员，于是我就查找春秋研究院的网站或者微博，可是没有查到。后来我又查这个研究院的领导及其他研究员联系方式，且分别给他们写了信，不过都没有得到回复。与此同时，我还查到与春秋研究院有关的网站——观察者，在那里留了言。次日上午9点25分，我收到了留言。我根据留言给我提供的电子邮件地址，向《中国力》作者发送了邮件，不久便收到了回复。从收到请求到获得线索总共用了17个小时——进展还算顺利。

当然，很多情况下并非都这么顺利，有的人虽然开了博客或者微博，可是并不经常去更新或者浏览，这样的留言意义就不大。还有的作家没有博客或者微博，通过上面这种方式寻找版权持有者就办不到了。没关系，我还有办法。一般而言，一位作家只要有些知名度，就会有记者去采访，采访的记者有时候会在网上开博客或者微博，找不到作者就找采访过这位作者的记者。

越南的一位出版商联系我，希望我帮忙联系一本跟藏獒有关的作品的作者。我都不知道这位作者叫什么，可是我还是答应了。我采用的还是老办法，去互联网上搜索，结果没有发现作者有博客。我又去搜索所有有关记者的博客，算我幸运，我在一篇博客中发现，有一位青岛的杂志记者采访过这位作家，我在这位记者的博客上留言，希望记者帮我联系作家。没过两天，这位记者给我来信，告诉我作家的电话号码。我即刻给作家发短消息，又通过邮件给作家介绍详细情况。最终，我帮助作家将其作品成功地授权给越南出版公司出版越南语版。后来，我又帮助这位作者向我国台湾书商销售了两本书的版权。

如今，互联网成了我联系作家的桥梁，没有互联网，很多作家我肯定找不到，没有互联网，作家作品"出国"的机会也会减少。

不光销售版权要找互联网，就是购买版权也可以通过互联网查询相关作品的信息，而且这个办法在很多情况下都管用。

2011年3月，一家文化公司的老板对我说，他们要联系一本有关成吉思汗图书的版权，不过他们大概只知道这本书的汉语翻译书名，我"领命"之后用了不到一小时便查到了这本书的全部英语资料，解决了那家公司花了一年工夫都不曾解决的问题。通过我的渠道，联系到了那本书的代理商。尽管那本书的版权早已售出，但是查询相关信息的速度和能力还是让那家公司的老板大吃一惊。

顺便说一句，若要查询有效果，不仅要懂英语等西方国家语言，还要懂我们邻国的语言，哪怕粗通一些，也会让查询效果好得多，所以我一直坚持学习日韩两种语言，虽然说不上多好，应付眼前的查询需要还是可以的。

第三节 人脉广出奇效

人脉广肯定对版权贸易有帮助，可是帮助到底有多大，我此前没有直接感受。下面这件事给我一个启发，那就是建立广泛的人脉不仅对工作有帮助，有的时候还会产生奇妙的效果呢。

这是多年以前的事情了，我了解到一位旅法中国作家的作品很有意思，就试图联系她，可是到网上一看，有关那位作家的介绍只有两句：法国一家电影公司的编导、一家华人刊物的法国主笔。我在互联网上查询了将近100条与该作家和作品有关的信息，只有那两句最具体。接下来，我联系旅法华侨组织、欧洲时报社、中国驻法国大使馆文化处、法国驻中国大使馆文化处，不是不回答，就是提供不出任何有价值的线索。正在此时，我突发奇想，给与我有业务往来的一家法国出版社的先生写信。为保险起见，我又联系台湾在巴黎的一家代理公司，对方回信说，他们公司巴黎分部与中国大陆没有业务往来。到这个时候，能用的手段都用了，能找的人也都找了——慢慢等着吧。

两个月后一个晚上11点多钟，我上网看看有没有什么邮件。突然一封来自法国巴黎的邮件映入眼帘。发送邮件的是一位女士，她说他们从一位法国先生处得知，我在找那位旅法作家，她便是作家的助手。收到这封信，我真是万分激动。我急忙给那位女士回信，第二天，女士回信说，作家正在加拿大拍电影，承诺一回来就给我打电话。果然两天以后的一个下午，我接到了来自巴黎的电话，打电话的正是我要找的作家。我们终于联系上了。不久以后，作家回国，我们见了面，订立了合同，这次寻找过程终于开花结果了。

倘若我不认识那位法国出版社的先生，我大概是不会联系到那位作家的。后来我得知，那位法国先生不在出版社供职，而是一家律师事务所的律师。他是因为应聘帮助处理法国那家出版社合同问题才跟我认识的。我听那位作家说，当地熟悉她的朋友圈内，知道她绰号的多，知道她名字的少，那位法国先生便是这少数中的一个。

广泛的人脉不仅对挖掘作家资源有帮助，对吸引越来越多的海外出版商洽谈版权贸易也大有裨益。试想如果很多海外出版商认识你，就会关注你，因为你不仅在海外有广泛的人脉，在国内也是朋友多多，这样一来他们需要什么不用自己大海捞针，直接找你就全解决了。

联系一家传记文学台湾出版社。别看语言方面没障碍，可是困难依然不小。到网上去搜索这家公司的信息，由于一些台湾的网站无法登录，有效信息查不到，只好动用以往积累的人脉关系。询问几位有过交往的朋友，得到了若干个线索，也拿到了四个电话号码。从第一个号码开始打，一直打到第四个号码，才打通，一问还真是我要联系的出版社。说明来意之后，对方告诉我，他们公司由厦门的一家公司全权代理，有业务可与厦门代理公司接洽。

朋友多，可以及时获得准确的信息。有些时候，即便没能解决问题，也有收获，至少可以让我们另辟蹊径。

为一本书的版权接洽英国一家出版公司。拿到了该公司的电话号码，可是打了两次，打不通。于是我委托一位在英国的代理界朋友帮助打电话，朋友告诉我，电话也打不通。我不甘心，另托一位代理公司的老朋友帮助联系。几天后，这位朋友告诉我，打电话不通，根据他了解到的信息，这家公司大概是被别的公司兼并了。

朋友少，我就不会了解到这样的信息。后来通过其他渠道联系上作者，作者告诉我，那家公司就是被别的公司给兼并了——没有朋友及时反馈，说不定还要在这个英国公司的接洽问题上耗费更多的时间。

由于我比较注意交往，也比较喜欢帮助他人，国内一些同行或者民营公司很愿意把他们的作者资源介绍给我。与此同时，海外的一些出版商和版权代理商也愿意通过我接洽一些中国作者或者出版社，这样一来国内外人脉便能一起发挥作用，结果也就非同寻常了。

最近这几年，我经常收到海外出版商或者代理商的来信，我与他们素无来往，可是人家却主动找上门来，说是朋友介绍来的。就拿越南来说，大概有五六批代理商找我，希望与我合作。也有的代理商合作得不错，向越南介绍出去不少中国作家的作品，其中有的作家已与越南订立多达20部作品的授权合同。不光越南的版权代理商和出版商找我，就连韩国、日本的版权代理公司也要我帮忙联系中国国内作者或者出版社以及在美国的台湾作家。

有一年韩国代理公司来信，希望通过我购买旅美作家刘墉的作品。我不认识刘先生，对很多人而言，本能的反应是婉言谢绝。可是我不这样，不论认识与否，我都先应承下来。领到任务后，我先找业内朋友询问。结果刚问到第三位，就有了明确的线索。我赶紧按照朋友提供的地址给刘墉写信，第二天便收到了刘墉的回复。经过我与韩国代理公司的高效运作，刘先生与韩国出版社很快达成一致，刘墉的《以诈止诈》一书授权给韩国出版社出版韩语版。版税预付款到账后不久，刘墉前来北京录制电视节目。听到这个消息，我特地赶往位于王府井大街附近的北京东方君悦大酒店，当面将版税预付款交给刘先生。当时刘先生正在接受中央电视台记者采访，尽管如此刘先生还是停了下来，与我聊了一会儿。

我的体会是，朋友多，动态渠道就多；动态渠道遍布各地，版权买卖做起来就容易、轻松、有意思得多——不仅交了朋友，做了交易，还得到了锻炼。一石三鸟，一菜三吃，一举三得。

第四节 微博帮大忙

说到积累资源的手段，眼前就有一个，那就是前文提到的博客或者其缩微版——微博。我前面提到，如果不知道作者的联系方式，我就到网上搜索，看看这个作者是否有博客或者微博，有时候博客和微博能成为信件的收发室，能成为信息的传声筒。不过，我在这一节当中讲的不是前文说的作家博客或者微博，而是我开的博客和微博。读者可能要问，开博客或者微博可能会对挖掘中国的资源有好处，你做版权贸易是与外国人打交道，外国人也看不懂你的汉语博客和微博，那对国际版权贸易有什么用呢？

家中卫生间门口漏水，请来维修人员到楼顶一看，说我家卫生间正对着的楼顶没有一点水渍，更不用说清凌凌的水了。世界上的事情从来都不是那么简单，从来都不是那么直上直下。正上方没有水并不等于其他地方的水不会流到这个地方。经过更为专业人员查看，果然是五米开外的卧室漏水流过来的。汉语博客和微博并非所有外国人都看不懂。有日本网站的编辑就看懂了我的博客,将其中一篇叫《韩国人对自行车的态度值得学习》的文章译成日语,推荐给日本读者。说日本人懂汉语的多,看懂汉语博客不稀奇,美国朋友——而且是地道的美国人给我留言,祝贺我的文章写得好,很是令我吃惊。那位朋友八成是通过翻译了解了我的博客内容才向我祝贺的,我觉得很感动。不懂汉语的美国人无法直接阅读我的博客,可是这并不妨碍在美国看得懂汉语的中国人看我的博客呀。他们看了之后,如果口口相传,也会在国外造成影响。我在美国已经有了一些看得懂汉语的"姜丝"了,他们还都是通过博客认识我的,而且有的还是做版权代理工作的。

其实,外国人能不能看懂我的博客不打紧,我最看重的是海内外华人,他们能看懂我的博客。他们对中国文化了解,对文章的深度容易掌握。几年前,我就收到过来自英国的中国留学生的来信,此君在英国攻读的专业就与跨文化交流有些关系,说不定将来他若是从事版权贸易工作,还可能是我的合作伙伴呢。通过写博客,我认识了很多人,其中不乏圈内人士,有的甚至在出版社身居高位。通过博客,我还认识了不少媒体人士,包括广播电台、电视台主持人,为此还受邀参加过中国国际广播电台和中央电视台举办的节目。

看到这里,各位应该能够看懂,博客文章写得对路,推荐次数多,访问量大,你就很容易被很多人认识。一旦你在国内某个方面有众多认识你的人,就不可避免地会传到我们周边的国家,那恰恰是我们版权贸易最需要全力开展的地区。为了方便海外潜在客户与我联系,我甚至将我的照片和电子邮箱地址放在我的博客上,那里俨然成了我永不落幕的信息发布会。正是这个原因,经常有日本、韩国、越南的出版商、版权代理商与我接洽,购买我工作出版社的图书版权或者要我帮助联系他们希望联系的作家。

2007年,有一位国内的同行在我的博客上留言,我们一联系才知道,她在一家综合类出版社工作。接下来,我们就通过MSN保持接触,差不多每天都要打招呼,心情不错的时候还聊上几句。比较熟悉之后,我还去这位朋友的出版社拜访过她,而且还在一起吃过一顿饭。后来,那家综合类出版社出版了一本论述当前中国食品安全问题的图书，正好日本的一家版权代理公司找我，对方有客户要购买这本书的日语版权。我于是委托这位朋友联系那本书的编辑。尽管这位朋友换了公司，她还是帮我联系上了编辑。编辑找到了，非常直爽，直接把作者的联系方式告诉我了。我立刻给作者打电话，说明来意。我们双方一拍即合，对方同意我跟日本代理公司接洽，不过对方提醒我，他目前也在跟日本的一家公司接触。如果我要做这笔生意，就必须得快。我赶紧给日本方面发信，对方表示尽快跟他们的客户商谈。结果很遗憾，由于对方客户反应迟钝，作者与日本的另一家出版社签署了合同。

这笔生意虽然没有做成，但是这次与作者和日本代理商的沟通对我大有促进，至少让他们两方知道，我还是很有实力的，我们将来还会合作。果不其然，2008年2月，对方找我，希望我来充当一本书的代理人，那次我们合作得很成功。乍看起来，跟日本这家公司的合作与博客没有关系，也不是日本这家公司通过博客找到的我。然而，没有博客，我就不会认识那位同行朋友，没有同行朋友的介绍，我也不会联系上她曾经工作过的出版社中的编辑，没有编辑提供联系方式，我也找不到作者，没有作者的授权，我也不会跟日本代理公司接洽，没有这次接洽——虽然没有成功，也就不会有后来的合作。博客在我与日本代理公司的合作中功不可没。

周边国家和地区的出版商购买图书版权，首先看的不是你的书写的是什么，而要看它的销售量是多少，影响力有多大，作者知名度有多高，之所以如此，这些国家和地区的读者买书大概也是这个概念——知名度第一。与之相比，周边国家和地区寻找版权合作伙伴，也是找知名度高的，知名度高，可信度就高。博客恰恰能让一个版权代理人达到所需要的知名度，如果他的博客有相当的访问量的话。

微博流行以后，我经常写微博，通过微博认识了不少海外朋友，比如英国牛津大学、西班牙马德里自治大学出版社、瑞典国家电视台。如今微信公众号很时髦，我也开了一个，不定期地在上面发布我撰写的文章，从而结交了更多的朋友。

可以这样讲,博客、微博、微信公众号让我的社会触角越伸越远,交往越来越广。

第五节 印象出资源

积累资源还有一个窍门,就是注重留给客户的印象,特别是第一印象。第一印象好,接下来的事情做起来就很容易,而且还会产生马太效应(Matthew Effect),一传十,十传百,口口相传,省力效果好,资源越来越多。

做版权交易工作的人都知道,常有一些海外出版商或者代理商找上门来洽谈业务,参加书展时这种事情更是司空见惯。其实,任何一个老客户都是从"第一次"开始的。不论是对刚入行的新人还是干过多年的老手来说,研究与客户第一次打交道的规律就成了不能忽视的环节,而这一环节的第一个要点就是了解或者寻找共同点,如此才能缩短与新客户的心理距离。

2004 年,我去法兰克福参加书展,有个参展商来到我们展台看书。我看这位参展商像个韩国人,于是便走上前去,用我会得不多的韩语跟对方打招呼。虽然仅仅是一声问候,对方感到十分亲切,甚至夸奖我韩语讲得很地道。没说几句,我们就攀谈起来,而且谈得热火朝天。最后,他拿了我们的书目,说回去要好好看看,这样就为推广我们的图书创造了机会。

我通过一个代理商跟一个常驻日本的美国作者打交道。我们看中了对方两本学习英语的图书,可是他的代理要价比较高,我们就通过一定渠道联系上了这个美国人,给他介绍了中国图书市场的情况以及他的作品在中国销售的前景。我们告诉他,我们是买主,他是卖主,身份不同,可是利益却是一致的,那就是他的书在中国卖好了,他和我们出版社都会名利双收,中国的读者也会从中获得有效的学习方法。最后,双方以一种比较合理的条件达成一致。

  我在一个书展上见到一位澳大利亚籍的日本代理商，坐下没说两句，我就告诉他我十几年前曾经去过澳大利亚。对方听了立即对我表示了极大的兴趣，没过一会儿，双方谈话就像老朋友一般。就这么一句话，彼此的生疏感立刻就没有了。

共通之处不限于熟知对方的语言、国籍、居住地、学历、经历，还包括利益、兴趣等方面。这里面有一个道理，那就是陌生人之间心理戒备很重。若要打破他人的戒备之心，首先就要找出与对方的共通或者相似之处。

有些人见到生人往往喜欢问这问那，这样做很不礼貌。很多情况下，不论是个人的事情还是公司的业务，不一定需要了解，即使需要，也要过一段时间才能问；如果急着询问，会招致对方反感。

  几年前，我社准备将一本书的繁体版版权卖到台湾一家公司。该公司虽然与我社的上级单位比较熟悉，但是我对其并不了解。该公司换了好几次牌子，对其来龙去脉我也是一头雾水。后来我就给对方写信了解情况，对方也是很不耐烦，最终我也没了解成功。此前，我与该公司的人从未见过面，因而也没有任何交流，彼此相当陌生。由于企图了解对方情况的时机不成熟，对方至今也没有给我更多有价值的信息。双方签约可以说是在我们对该公司并不十分了解的情况下进行的，结局可想而知——合同有效期五年，只履行了一年对方就没有回音了。

有了跟海外客户打交道的经验，我逐渐养成了一种习惯，那就是不论碰上谁，尤其是第一次认识，绝对不会打破砂锅问到底。有时候，两个人认识很久了，也只知道对方笔名而不得其真名。我就相信，时候到了，人家自然会告诉我的，不用急。

跟人家第一次见面，不仅不要刨根问底，而且还要反其道而行之，也就是将自己的情况和盘托出。开诚布公有两种情况，一种是你供职单位的情况，另一种是你自己的工作情况。这种做法尤其适合那些你主动认识人家的场合。第一次跟海外客户打交道很多情况下是通过网络，见面的很少。即便如此，我也注意把我社的全面情况告诉人家，让人家了解我们，为将来合作打基础，而基础好的标志之一就是人家对我们了解又放心，这对任何一种合作来说恐怕都是不可缺少的。

2007年年底，我接到了俄罗斯一家出版集团下属出版公司副总裁的来信，希望购买我们的汉语学习用书的版权。按道理说，这种主动上门的客户是不会计较你介绍不介绍情况的。我则不同。不管对方计较不计较，我都把我社的情况、我社汉语学习用书的独到之处以及我们在海外的合作伙伴介绍一番，同时表示，我们是按照规矩办事的。对方听了感觉我们非常诚恳，也对我们更加了解。在我们即将就若干作品授权他们出版俄语版的时候，拟授权的书中有的已经在俄罗斯有了俄语版。我立即将有关证据发给对方，希望对方予以解释。没过多久，对方很诚恳地表示作者编书的时候作了不侵权的保证，在他们那里版权问题由作者负责处理。双方很快就解决问题的方法达成了一致。不仅如此，双方还在莫斯科书展上举行了颇有影响力的签约仪式。多亏了我当初详细介绍，否则后来就不可能很顺畅地处理一起侵权事件。

除此之外，还要主动介绍与工作有关的个人情况。我经常碰到这样的新客户，说我干这一行时间一定是很长了。我却坦率地告诉他们，我年龄大不假，但是从事这一行仅有几年的时间，很多事情还不是很清楚。不过，我也对他们说，我是一个比较重视研究实际情况的人，书店我经常去，国际书展每年都参加，与海外同行的交流也很多。不管优劣，我都讲，直讲得对方频频点头，确信我是一个值得交往的人。

写到这里，我想起了一本书上曾经提到过的一个德国家具推销员的故事。他推销家具不是以"说好"取胜，而是"痛揭"自家公司产品的短处，结果他的销售额大幅增加，他公司的销售额也因为他的诚实而直线上升。顾客都说，那家公司的家具尽管有这样那样的缺陷，但是服务却令人放心。从这些例子可以看出，有缺陷、有不足并不可怕，只要你坦诚相待，照样会得到人家的谅解与信任。有句老话说"士别三日，当刮目相看"。让人"刮目相看"往往是与诚信无关的东西；如果你在他人印象中是一个不诚实、少信用的人，恐怕你这辈子都不会在别人那里"平反昭雪"了。

说到印象，还有一个问题不得不提及，那就是你给人家的印象不仅影响你自己的业务，还在某种程度上影响着他人。版权贸易是个窗口行业，做事的时候务必要有全局观念。

十几年前，有一位武侠小说作者出版了两部作品，每一部均由若干册数组成。第一部问世后不久，越南出版公司很感兴趣，与汉语版出版商订立了版权授权协议。几年后，泰国也有出版商希望引进这部作品。受版权持有人委托，经我手与泰国买主订立了授权合同。2016年4月，版权持有人告诉我，权利回归到手中，此时该书第一部泰国语版的授权也行将到期，泰国出版社希望续约。我赶快与作者联系，作者告诉我不再授权。联想到前几年接洽该书第二部越南语版授权问题时作者所抱有的态度，我未感意外。该书第二部出版后，越南一出版商对此就有兴趣，通过我与作者接洽，作者拒绝授权。今次作者再度拒绝续约，我猜原因大概与第一部授权后的经历有关。第一次授权越南出版公司越南语版后，作者说没有收到越南人通过汉语版出版社给付的版税。版税收不到，不仅连累了这套书的第二部授权，也影响了第一部的续约。

这应该成为不得不汲取的惨痛教训，不能不令整个出版业警醒。

第六节　耐心留资源

尽管现在通信手段很发达，可是跟外国出版商、版权代理商联系依然存在许多不便之处。发邮件，人家不给你及时回复，打电话找不到人，十天八天没动静的情况很常见。一方面跟一些人的修养有关系，另一方面也许人家确是事务缠身，我就经常碰到这样的事情。

  有一次跟越南一家公司洽谈若干书的授权问题，突然间对方几天不回信。刚开始，我给对方发信催问，没有回复。我找出对方的电话号码，电话打过去，接电话的人只会用英语说"不在"等简单句子，跟对方说汉语，对方回答不出来。对方情急之下，说了一通越南语，我是一句都听不懂，就像傻子一样。僵持了5分钟以后，我只好说"再见"。挂断电话，我用汉语给对方发传真，越南这家公司有人会读汉语，但是不会说。为了保险，我又找出越南公司联系人的个人电子邮箱地址，给对方发信。虽然很着急，但是信中的措辞尽量客气。一天后，对方回信，说自己家里有急事，所以没有及时跟我联系。

面对这样的情况，我所能做的只有等待。我心里很着急，可是此时即便心中不悦都宣泄在信中也没用。一旦人家真让意外绊住了手脚而无法回信，那也是正常范围以内的事情。如果就此疏远了客户，无异于将资源拱手让给别人，说不定还会引起连锁反应。

其实，跟外国出版商或者版权代理商做版权贸易常常是持久战。有的时候一本书谈个一年半载也不是什么新鲜事。即便洽谈那么长时间，也未必每次都成功，不成功的比例还是很高的，这一点我在第三章中提到过。然而，版权贸易还要谈，还要进行下去，因为版权贸易的宗旨不为挣钱，而在于文化交流与扩大影响，那可是具有深远意义的，远非挣几个钱所能比拟的。这就需要从业人员有足够的耐心，因为"有利的情况和主动的恢复，产生于'再坚持一下'的努力之中"。[1] 半途而废，不仅事情做不成，资源也会丢掉。

---

[1] 毛泽东. 毛泽东选集（第二卷）[M]. 北京：人民出版社，1991.

2005年，泰国一家出版社委托韩国代理公司与我社联系，要购买《会有天使替我爱你》一书的版权。经与作者沟通，双方开始展开谈判。由于中间要经过版权代理公司，作者这边中间也有一家公司负责操作，加上我这个环节，参与这项洽谈的有五个方面的人员，我称之为"五方会谈"。既然是这么多方面参加，事情肯定不会很快结束。可是让我意想不到的是，这笔标的额仅有1 050美元的版权交易竟然进行了好几个月，等到合同签好了，一年过去了。之所以耗费这么长时间，原因就在于环节比较多，沟通时间比买卖双方直接洽谈多两倍还要多。更要紧的是，买卖双方加上代理公司，这几方此前没有接触，相互之间缺少足够信任，沟通自然要多费功夫。就拿合同来说，双方为此就耗费了一个多月。买主用英语合同，卖主说英语合同看不懂，希望用汉语合同。代理公司说，泰国出版社经过研究还是坚持用英语合同，因为英语合同对大家最公平——既不是买主的语言，也不是卖主的语言。我想也对，就赶紧通过中间渠道去跟作者沟通。不过，从实际考虑，不论是泰语还是英语，对作者来讲都一样，都看不懂。经过磋商，代理公司提供一个汉语翻译件，不过只供参考，没有法律效力，作者则希望用汉语订立合同，这样她有把握。买卖双方在这个问题上拉锯，而且持续了很长时间。最后作者只好接受用英语订立合同这个条件，不过她要找一个从英国回来的法学硕士给她把关，这一把关不要紧又产生了一些新问题。硕士提出了好几个用语不当的地方，比如不应该用 Proprietor 指版权持有者，我赶快解释说，在我经手的数百个合同中大多数都用这个词表示版权持有者，对此没有客户提出异议。就这样，经过长时间耐心的磋商，"五方会谈"终于成功落幕。

可以设想，没有足够的耐心是不可能完成这本书的谈判的，不仅不可能完成，说不定还会让已有的资源跑掉。

其实，与洽谈和签约程序相比，消除海外出版商或者版权代理商对我们的误解更需要耐心，不仅耐心要充足而且还要长久，因为你也不知道人家的误解什么时候才能消除。

我曾经委托台湾出版界的朋友跟当地一家著名的文学书出版公司联系，希望与之建立合作关系。朋友找到这家公司，说明来意之后却被拒绝了。后来一问才知道，大陆的一些出版公司从他们那里买走版权之后出版了大陆版，可是大陆版并没有完全在大陆销售，不知是什么原因，相当一部分从大陆跑到了台湾，这让他们很生气，认为大陆出版机构不守信用，所以非常不愿意与大陆出版社洽谈版权问题。面对这种情况，我只好给对方写信，十分诚恳地表达了我的愿望，指出任何一个国家或者地区都有不守信用的，希望不要因此失去了与朋友建立联系的机会。由于我写得很诚恳，虽然我们未曾见面，但是对方还是给我回了信，并表示愿意保持联系。

虽然建立了联系，但是这种误解并未完全消除，因为双方并没有什么实质性的接触。看来要想出成果，非假以时日不可。后来，我又找个机会与这家公司联系，还好该公司版权负责人的助手给我回了信，总体而言还算客气。这件事情不能着急，一定要有耐心。一旦跟对方有了实质性的交往，就会为双方的版权合作带来巨大的机会。

第六章

选题策划

第六章 选题策划

知识有了，资源有了，不一定就能把合适的书买进来，也未必能将合适的书卖出去。只有深入选题之中，只有深入选题策划的全过程，你买来的版权才适合你面对的市场，你卖掉的版权才会达到预期的效果。参与这个过程可以用我们常说的一句话来描写，那就是"选题策划"。

不过与选题策划有关的事情很多，限于篇幅，本书无法将其全部纳入书中加以论述。除了后文论及的问题，内文设计、零件安排、价格确定、开本大小、纸张规格、印刷工艺、订单填写、内容简介撰写亦不可忽略。通过这一章的介绍，各位读者如果用心，可能会发现一些规律贯穿于选题策划的全过程，那就是一切为读者着想，一切为你打算服务的读者着想，一切为你打算服务的读者的各种需求着想。做到这一步，我相信你的策划也就到家了。要做到这一步并不难，只需要两个条件，一个是有心，另一个是有法。前者看你的主观愿望，后者看你的客观手段。有了想法，有了方法，你的选题策划距离成功就不远了。

第一节　细分市场

我们在第四章讨论过海外市场，读过这一章对各位粗略了解海外相关市场一定会有所帮助。如果你是从海外购买版权，不仅要了解海外市场，还要了解我们国内市场。市场了解了，还要紧扣你策划的选题，对其目标市场进行设计，也就是细分市场，进而找到市场缝隙。

前几年海外对汉语学习教材和工具书需求很旺盛，相当多的出版社涉足其中。结果如何呢？有多少出版社出版的图书产生预期效果呢？据我对相关国家的一些出版机构和人士的调查，国内很多出版社出版的对外汉语教材销售一般，有个韩国代理商就说，卖给韩国版权的教材在当地版本出版一年后才卖出 1 000 册。这就说明细分市场方面的工作做得不够。

我在前文提到一本书叫《最新英汉拼音词典》。这本书授权新加坡一家出版公司出版纸版书五年后续签合同。与此同时，又授权美国一家电子公司在电脑以及安卓系统手机软件模块中使用。这本书之所以有这么久的生命力，就在于其市场细分准确。海外华人读汉语遇到不认识的字词，可以查词典；西方人读汉语遇到不认识的字词，也可以查词典。可是查到之后怎么念就不知道了，找老师又不那么凑巧能及时找到。即便找到了，总是麻烦人也不是个办法。若是词典中每个字词和例句都标注汉语拼音，学过汉语拼音的人就能自己学着读不认识的字词了。这本 20 世纪 90 年代出版的词典不仅在海外受欢迎，在国内也为在华的外国人以及一些中国小学生喜欢。其最大也是最有效的读者需求点就是汉语拼音，其细分市场就是一群学过汉语拼音、远离老师且时常阅读汉语的人。

这是成功的案例，当然也有失败的教训。

有一年一家出版社从德国引进一本有关女人理财的图书，翻译出版后读者寥寥，可是询问台湾出版界朋友，该书汉语繁体版销售得很好。经过调查才知道，台湾女性经过多少年的积累很多人拥有一定财富，加之台湾地区开放，接触西方理念也早，女性理财很普遍。相形之下，我们这里十几年前不是很讲究理财，加之"有钱"女性数量不足够多，理财观念尚未深入人心，这类书自然没有太多的读者。可以说，编辑在编书的时候，对市场缺乏了解，没有找出细分市场就贸然出书，销售不好也就不觉得意外了。

细分市场，换句话说就是寻找图书的差异性。差异性是图书获得成功不可或缺的条件。当然这种差异性是建立在调查研究基础上的，而不是坐在家里空想出来的。分析图书滞销的原因，绝大多数在确定细分市场这一环——选题策划阶段就犯了致命的错误，要么没有准确细分市场，要么细分市场是杜撰出来的。一旦这个环节弄了虚，作了假，接下来无论怎么做都无济于事。就像我要吃红烧肉，你偏偏给我烧带鱼——而且是凭想当然认为我爱吃烧带鱼，不论这个带鱼烹制得多香，我也是不吃的。题材选择至关重要，题材适当，选题策划的"万里长征"才算走出了第一步。

第二节 量体裁衣

接下来便是"选材"问题。我们知道一个人穿衣服，要有季节冷热之分，也有高矮胖瘦之别。冬天穿棉衣肯定是正确的，如果材料裁剪得大小失当，做出来的棉衣就不会合体，穿起来会很别扭。如果碰到非常讲究的人，大小先不说，就是材料和款式也要中意才行，否则棉衣照样卖不掉。

有一年我向香港一家公司推荐《肝病居家调养及食疗》，香港方面很快进行了讨论，表示该书内容丰富，可以为香港读者接受。双方随即开展授权条件洽谈，很快达成一致，订立了合同。香港方面希望在订立合同之后收到图片的电子档，我按照约定给对方发了电子档。收到电子档之后，香港方面回信说："传来的图片清晰度比较低，放大就起格"，问有没有更清晰的。我将这一信息反馈给出版社，请出版社版权经理联系数字出版部门的人员，得到的回答是合作公司给的图片就是这个清晰度。香港方面没有再说什么，签约后不久便汇来了预付款。如果换作其他公司，图片不符合要求，说不定就毁约了。

图片不合要求，香港这家公司尚且可以原谅我们，如果是我们用不合要求的材料做衣服，顾客会买吗？

2013年5月间，我收到韩国代理公司一项请求，希望我为其物色有关茶叶保健方剂图书。我随即联系了几家出版社，给我回答的电子邮件都说他们有这类题材的图书。我让这几家出版社给我发内容介绍，不看不知道，一看吓一跳。几乎所有与茶有关的书都是从起源、栽种、采摘、加工、特点、影响、意义等讲起。我问过一个出版社为什么会这样，对方回答："作者也好，编辑也好，好像不论述全面就不能成书似的。"人家裤长一米，非要给人家做成一米二，你让人家怎么穿？

题材对路并不等于就能找到准确的读者，编排如果不到位，依然找不到合适的读者，也就找不到最终的买主。

有一次，有个出版社向我推荐一本童话书，看可否将其版权卖给英国出版社。我将样章和介绍发给了英国朋友，英国人很快回信问我是给多大孩子阅读的，我问出版社，出版社回答说读者对象是十二三岁的孩子。我将这一信息传给英国人，英国人当晚回信，说在他们那里六七岁孩子才看童话。这本书又"裁"小了，版权依然卖不掉。

以上讲的是合体的问题。有时候即便合体，穿上不大不小，也未必受人欢迎。这就是萝卜白菜，各有所爱。只有将萝卜给了喜欢萝卜的人，让喜欢白菜的人买走白菜，萝卜白菜才能都卖出去。这是细分市场的另一个境界。

我曾经参与策划过一本书，名叫《大预言——未来五百年》（The Next 500 Years）。这件事今天说起来依然令我津津乐道。事情发生在1996年。那年我去美国访问，回国时带了美国未来学会的一些书目和样书。当时未来学在我国很热，书店中有关未来学的书很多，我们也想借此机会搞一本畅销书出来。经过对市场上同类书的研究以及对读者的调查，我们发现，这个题材的图书依然有不小的市场空间。摆在我们眼前的问题只有一个，那就是如何选材。当时手中的样书有讲未来十年的，也有讲未来二十年的，有讲未来五百年的，更有讲未来一千年的，当然也有讲数字经济的。对几本书进行比较之后发现，未来十年与二十年距离太近，难以激发人们的想象力，而未来一千年又太久远，即便想象出来了，也很难令人相信。我们决定做未来五百年这一本，因为该书中有关个性可以储存于电脑软盘、海洋放牧、太空度假、火星移民对读者来说既非遥不可及，又能刺激想象力。正如我们预计的那样，该书汉语版出版后很快成为畅销书。

当年策划该书的时候，其市场细分为对未来充满憧憬然而信息获得又非常有限的年轻知性读者，而作者在书中所作的预测确实吸引了不少年轻人。这个题材如果放在互联网发达的今天做也许就没有太大的意思了。君不见，书中预计用以储存人类性格特征的介质——电脑软盘已经基本不用了。

第三节 确定作者

下面先看我自己的一段选题策划经历。

有一年我给外国读者策划一本书，是以故事形式介绍中国的歇后语。方案搞出来了，可是作者找起来很艰苦。我先根据河南一出版社出版的一本书提供的线索，联系到南京的一位作者，趁其来京出差之际，前往首都师范大学拜访。这位作者很痛快，回去不久便给我寄来了样章。看样章发现，他书中的内容全部来自古典作品。我问作者，有没有民间流传的歇后语故事，作者说没有。这样一来，这本书就成了古籍歇后语，与我的策划初衷相距甚远。后来我又联系到上海一所大学的教授，请他撰写这本书，对方也写了样章，虽然有了一些民间故事传说，但是绝大部分依然是根据古籍改写出来的。后来，我委托朋友帮我联系能编该书的作者，至今也没有结果。

不过按照现在的逻辑，很多策划对作者要求很低，经常是不得已而求其次。如果你是给国内读者策划图书，兴许还能说得过去；如果是给海外读者策划版权书，那可是通不过的。

有一年我看到一家民营公司出版了一本有关中国历史的书。拿来样书一看，感觉内容很适合东方人阅读，于是推荐给韩国代理公司。韩国人很快回信，询问作者的专业背景。我问民营公司，原来作者是一位新闻工作者。将此信息转告给韩国代理商，韩国人说由于作者背景与图书内容不符，他们决定不推荐给韩国出版社。

由此看来，韩国人很在意作者的专业性。其实不只是韩国人，就连我们的台湾出版商也很计较作者是否具有与图书内容相吻合的专业背景。做版权这么多年，除了我国大陆之外，还没有发现哪些国家和地区在购买版权时忽视图书作者的专业背景。前文提到的有关肝病的那本书，香港人在购买版权时曾经对作者的专业性提出质疑。好在他们接受了那本书，准备找中医大夫审核。我的印象是没有专业人员把关，海外出版商是不敢出含有专业内容的图书的。这是因为作者不专业，其作品的价值就会大打折扣。

即便是小说，海外出版商也是重视作者专业背景的。比如美国有一位叫约翰·格里沙姆（John Grisham）的作家，大学本科学的是会计，研究生学的是法律，当过律师。他是美国畅销小说家，据粗略统计，发表了几十部以法庭和法律为背景的犯罪小说，其中十一部被改编成电影。可以设想，如果没有专业背景，他对充斥法律与庭审情节的描写可能会有隔靴搔痒之感，印出来的小说肯定不会大受欢迎。

写到这里，有一个与之相关的问题需要提醒各位读者，那就是作者介绍。

向海外推荐版权时，我们不仅要介绍正在推荐的作品，还要介绍作者的创作之路，比如何时开始创作，第一部小说叫什么名字，作者是否获得过什么奖项，作者的作品是否被改编成影视剧。可是，我经常遇到这样的情况，向出版社或者代理商索要这些信息时，得到的经常是寥寥数行。海外出版商觉得几句简单的介绍不足以解决问题，可是我国的出版商或者版权代理商却拿不出像样的介绍。就因为缺少足够的作者介绍，我们便与如此难得的机会失之交臂。据我了解，之所以经常出现这种情况，还是我们的作者不够专业，不好意思介绍。

比较专业的做法是，如果出版的书是专业书，前勒口要印上作品梗概，后勒口则要有作者介绍。如果是文学作品，必须在图书扉页印上作者以往发表的作品名称。别小看这些微不足道的地方，处理妥当，对作品的推广会很有帮助。

第四节 妥当编排

前三个问题解决了，接下来便是编排问题。购买版权后，如果我们对翻译本编排不好，书就很难在国内市场卖好；推广版权之前，如果我们的编排有问题，在国内销售不利，同样会影响我们将版权卖到海外，就像我们前文提到的有关茶叶方剂问题。国内销售看上去与对外推广版权无关，实际上关系重大——毕竟国内销售火爆会为向海外出版商推广版权提供充分而又确凿的依据。

选材讲的是用什么材料编书，就像厨师炒菜，一堆原料给你，用哪个不用哪个就看你的水平了。实际上，即便你选材得当，也不见得就能编出好书，就像厨师用对原料未必就能做出色香味俱佳的菜肴——编排的手艺高低可是图书能否成功的一大考验。

> 有一本给少年儿童看的小说，里面有这样一个情节：有个学生的头发有些稀少，老师可能是怕全班同学笑话他，就让他戴上一顶帽子。这

种现象在我们这里可能很常见，甚至还会觉得老师考虑很周全。可是当版权代理人将这本书介绍给法国出版商时，法国人便因这个情节而拒绝购买该书的法语版权。法国人似乎在告诉我们，头发多少很正常，没必要戴顶帽子；戴帽子这种特殊待遇是对孩子的变相歧视。

给国内读者出书可能不觉得这是个问题；如果是给外国出版商推荐版权，就需要仔细阅读原书，发现有不妥的地方一定要注意删除或者重编。

有一套小说畅销世界多年，那就是荷兰人高罗佩（Robert Hans van Gulik）创作的《大唐狄公案》（A Judge Dee Mystery）。其实在高罗佩的《大唐狄公案》问世之前，中国就有描写狄仁杰断案的《狄公案》，那是晚清人撰写的公案小说。中国的《狄公案》即便是在中国都没有那么多读者，更别说在其他国家了，可是荷兰人创作的《大唐狄公案》却风靡全球。粗略对比，人们会发现，中国的公案小说常采用倒叙方式，开篇就将罪犯揭发出来，高罗佩的作品则是在结尾让罪犯显露原形；中国的公案小说常采用超自然的力量破案，高罗佩的作品中则通过观察、推理来破案；中国的公案小说对主人翁的描写常常脸谱化，高罗佩对狄仁杰的描写比较有人情味，比如有时候流露出不自信的情绪，看见女人有时候眼睛也有点目不转睛。对西方人而言，高罗佩这种编故事的方式比较真实、可信。另外，高罗佩的《大唐狄公案》还印有作者亲手创作的插图，这为全书吸引读者增加了筹码。

其实，诸如此类的例子还有很多。可以这么说，凡是照顾到目标读者的需要、情感与接受方式的都会受欢迎。如果是文学书，故事讲得再精彩一些，风靡世界就不是什么难事了。

除了故事编排与内容安排需要考虑读者感受以外，书内是否安排插图也要根据实际情况来决定。

有一套教外国人学汉语的书即将出版之际向韩国出版社征询意见。

韩国编辑说，这套书如果是在中国卖，应该问题不大，因为中国有不少韩国留学生，买了这套书之后如有什么不清楚的地方可以问中国同学或者老师。可是这套书如果拿到韩国出售，那就需要作一些修改。比如原书中列举的词汇较少给出原义，可是韩国读者买书是为了自学，词汇不给原义，读者学起来就很困难。再者，书中配有大量插图，这对读者没有任何实质性好处，只会增加其经济负担。如果坚持将插图放在书中，就很有可能影响该书在韩国的销售。

韩国编辑的话真是一语成谶，该书出版时没有按照韩国编辑的意见修改，所以至今未曾听说韩国版权已经卖给韩国出版社。说到插图，《大唐狄公案》因配有插图而增色，那套学汉语的图书却由于插图关系而失去一部分读者——一切取决于是否确有必要。

编排问题涉及内容，就连图书的一些零件也不能忽视，比如附录、参考文献、索引。拿索引来说，这本是文学作品以外图书出版中不可缺少的一部分，可是不知为什么我们这里却将其彻底"省略"。我们现在很少见到有索引的书，除非是非常专业的书。在西方国家，即便是介绍健身训练方法的图书都编有索引，更何况一般知识性图书了。所以，没有索引的书，读者阅读起来很不方便。正因如此，很多西方图书馆规定，进入图书馆的图书必须编有索引。

还有一种题材的书，在我们这里不常见，在西方国家却很普遍，那就是画册。那么画册如何编排才受西方读者欢迎呢？

2008年，我应约为某出版社出版的一本英语版画册翻译正文文字，后来又应约审定图片的英语说明文字。在审定图片说明文字时我发现，图片与文字的编排都是一个对一个，即便三张图片表现的是一个建筑，说明也是三个。这让人觉得写文字的人并不不知道图片放于何处、内涵如何，甚至有可能连图片都没见过。这样的编排就不符合西方人的阅读习惯。还有一种情况也很令人费解，那就是图片上有什么，说明写什么，图片上看不出来的，说明也没有。这样做出来的说明就没有意思，也没有必要。就像电视台转播足球比赛，如果解说员总是对着电视画面告诉你，哪个球员站在什么位置，哪个球员正在进攻，你觉得这样的解说还有必要吗？

编辑画册的时候，如果有若干图片表现的是一个人或者一个事物的不同侧面，编排方式可以灵活一些，比如可以按顺时针方向摆放，文字说明按照版式撰写即可。说到图片与文字说明，两者应该是互补关系。图片画面能看出来的内容尽量不要讲，要给的是图片背后读者看不到的一些东西，这样做图片说明才有意义。

我们经常阅读小说，映入眼帘的不光有故事情节，还有很多人名出现。我看过一本小说叫《曾国藩》，该书就将小说中出现的人物做成人物表置于正文之前。人物表不仅要交代人名，还要说明人物的身份，这样读者阅读起来就不那么困难，也不至于经常中断阅读，到处翻找以确定眼下看到的这个人物是谁，第一次出现在哪里。人物表还有一个好处，那就是人物生平如果出现重大变化，读者会注意转变过程。中国题材的小说尚且需要给出人物表，从国外引进版权的小说更应如此。没有人物表，一大堆外国名字谁记得住？别说读者记不住，有时候连译者或者编辑都记不清，否则就不会出现同一个人物译名前后不一的情况。三十年前出版小说一般都有人物表，不管是中国小说，还是外国小说。现在不知什么原因鲜有见到。

除了内容梗概、作者介绍、索引、人物表之外，还有一个东西有时候也不可缺少，那就是地图。

高罗佩的《大唐狄公案》不仅小说写得精彩，情节设计符合西方人阅读习惯，还特别注意细节上的编排，比如书中印有作者亲手绘制的故事背景地的地图。《大唐狄公案》中的故事一般发生在县城里，所以每篇故事之前都放一张这个县的全景图，县衙、孔庙、酒肆、客栈等位置何在一目了然。当读者读到一个人物的行动路线时，借助这张图不仅觉得真实可信，还有一种历历在目的感觉。这种潜移默化的"服务"

让读者越发喜欢这部作品。

除了以上这些问题，特殊的题材还有特殊的要求，比如历史题材的作品，如果涉及历史人物和地理名称，最好有所交代。

三卷本的《曹操秘史》一书出版后很快便将汉语繁体版版权分别授给台湾和香港出版商出版当地版本。这套书的卖点除了贴近历史真实情况以外，细微之处的处理也是非常见功夫的，比如提及地理名称和职位名称时总是以方便读者为准，用当时名称方便，就在括号中注明现在是什么地方或者什么意思，用现代表述合适，则会注上当时是何说法。作者的意图是尽可能不让读者为搞清名字而忙来忙去，中断阅读。

当然为读者考虑的地方远不止这些，还有很多事情值得你去下功夫。一言以蔽之，只要心里想着读者，你的书就会编排得越发符合读者要求，销售也就越发顺畅。

第五节　起名思路

众所周知，书名对一本书的成败很重要。根据我的经验，给书起名一定要醒目，一定要在瞬间把读者吸引到书上来，一定要让读者产生翻阅图书的冲动。当然书名的设计与封面的设计要一并考虑，因为书名不仅要放在书名页、版权页上，还要放在封面和书脊上。换句话说，书名设计与封面设计要相得益彰。本节讨论书名的设计，下一节研究封面设计。虽说分开说明，但是考虑设计方案时一定要合二为一。

2009 年我去日本访问，在东京的一家书店的书架上，看到一本教日本人学汉语的图书，书名是《老师，这地方我不懂是什么意思》。还有一本叫《这个用汉语怎么说》。书架上教日本人学汉语的类似图书还有不少，看到的书无一不是采用日常说话的方式。相形之下，我们出版的汉语教学用书多采用书面语进行陈述，采用口语询问或者感叹的极少碰到。

我问过书店店员，得到的回答是，这几本书卖得还不错。这说明读者不仅接受，而且还很喜欢这样起书名。根据我的经验，与其说读者喜欢，不如说是读者希望。这样的书名一目了然，也让读者觉得和蔼可亲。在他们的内心中，书就像站在眼前循循善诱的老师。

书名不仅要醒目、亲切，还要以理服人。如果能达到既在意料之外、又在情理之中的效果，你给书起名的水平算是达到了比较高的境界。

有一年我去法兰克福书展，与一位美国代理界的老朋友见面。他递给我他们最新印制的书目，翻着翻着发现一本书的书名吸引了我。那就是 The Responsibility Virus，用汉语讲就是《责任病毒》。我赶快打听这本书汉语简体版的版权是否还在，朋友回答已经卖掉。后来我发现，该书的汉语简体版出版时用的就是直译过来的名字，可见这个书名起得很有创意。

这个书名起得好，令人眼前一亮，可是细琢磨起来，又觉得非常合理。很多管理者都怕失败，害怕失败使其产生了恐惧感，变成了控制狂，于是"责任病毒"在很多公司和单位蔓延开来。作者为此提出了"解毒"良方。这本书的书名不仅富有诗意，而且也很能点题。看到书名，读者二话不说便知道是否应该购买。如果换一个其他书名，很难这么一目了然，也不可能一针见血。

图书营销专家有一种说法，富有诗意的书名更容易让人印象深刻，不仅如此，还会激发读者对作品的某种情感或者唤起潜在读者的一段难忘回忆。[1] 仔细

---

[1] COLED. The complete guide to book marketing [M]. New York: Allworth Press, 2003.

想想还真是如此。如果书名与读者的某种情感产生共鸣，这本书八成就可以卖出去了。

我们还经常看到一本书起两个书名，一个是主书名，另一个是副书名。一般而言，主书名通常富有诗意或者暗示，而副书名则是明确告诉你这本书到底讲的是什么，比如《感谢那些让你不开心的事儿》和《物质儿童：在消费者文化中成长》，前者原名是"Unsinkable：How You Can Bounce Back Quickly When Life Knocks You Down"，后者则是"The Material Child：Growing Up in Consumer Culture"。

给书起主副书名这种方式比较适合图书在地面书店销售的场合。不过随着时代的变化，销售渠道越来越多，其中网店销售越来越红火，而网店销售图书的最大特点是展示空间有限且无法向读者提供纸版书供其翻阅。这时就需要书名起得更简要，更明确，更醒目，一个书名能解决问题的，尽量不采用主副书名的方式。下面这五个英语书名你觉得如何？

《百万小富翁》（Millions）

《改进你的视力》（Improve Your Eyesight）

《老师永远不教的五十堂课》（Rules Kids Won't Learn in School）

《五十二周脑力魔法书》（Boost Your Mindpower Week by Week）

《男人来自火星，女人来自金星》（Men Are from Mars, Women Are from Venus）

从五个书名的汉语译名来看，第一个最好，念起来抑扬顿挫。第五个译名很有汉语韵味。其他几个还有待改进，甚至还可以简练一些。由于这五本书都是英语书，英语书名更值得玩味。第一个英语书名最简洁，一个词就将主题点出，最容易为人所记住，而且一个词也不浪费。第二个书名用了三个词，其中两个具有实际意义。尽管 Your 这个词意义不大，但是也并非可有可无，因为有了这个词，读者会觉得很亲切，这也是很重要的。第三个书名利用了数字，易于一目了然，这是现如今最时髦的起名方法。第四个英语书名容易上口，当然就容易记住。第五个英语书名起得很有想象力，也很有创造力。

如果是准备对外销售版权的书，要注意书名的适应性与可翻译性。所谓"适应性"就是适合西方读者的阅读习惯与接受程度，比如多用一些写实的词汇，少用一些抽象或者容易引起西方读者误解的词汇。"文明"这个词我们经常用，如果直译成英语放在一定的语境中当限定词来用根本无法理解，甚至会引起消极联想。再比如"建设"一词，我们很多情况都需要"建设"，到了西方人那里就行不通了。所谓"可翻译性"就是尽量用现成表达方法翻译，不要花费很大力气去搜寻接近或者差不多的表达方法，否则会适得其反。比如有一本书叫《温州人财富真相》。一般说"真相"，通常是指故意被隐藏起来的东西，因而具有贬义色彩。可是这个书名当中的"真相"怎么理解呢？如果用其他词汇，诸如《温州人致富秘诀》或者《温州人是如何积累财富的》该当如何？

起书名是一件颇费脑子的事情，既可以采用平铺直叙，也可以比喻描写；既可以用一个词，也可以放一句话；既可以用单个书名，也可以添一个副书名。总之，只要读者一目了然，只要能吸引读者，只要翻译成英语或者其他语言不至于引起歧义，就是好书名。好书名对向海外出版商推广版权大有帮助。

第六节 装帧设计

书名靠文字引人注意，装帧设计则是靠色彩与构图抓人眼球。书名出现在封面时，就有一个与封面相互配合、相得益彰的问题。

装帧设计有三个原则必须记住。

第一，封面是广告位，毫寸必争。要充分利用这个广告位强化能够给读者带来的利益，而且是独特的别人无法提供的利益。

英国出版的《孩子为什么发怒》（Little Volcanoes Helping Young Children and Their Parents to Deal with Anger）是讲如何控制孩子发怒

的。该书英语版封面最上方是一行黄色主书名，紧挨着是两行白色副书名，接下来是棱形警告标志，内中是一座小火山，山顶上露出一幼儿的脑袋。这个要素组合起来，读者不难发现，该书讲的内容：小孩、发怒、危险。几个图形加上书名便让读者一清二楚。

第二，工艺要因"人"而异。不同图书使用不同工艺，这一点人们很清楚，针对不同读者注意使用不同工艺也应成为装帧设计的原则之一。

1996年，日本作者村上春树的《挪威的森林》汉语简体版在中国大陆出版。该书封面装帧设计一般，两年过去，销售不过2 000册。后来出版社重新设计封面，纸面压纹并添加勒口，护封进行局部模切。该书的版式、内容与承印材料均无变动。再次投入市场，不久该书变成了畅销书。

很多图书的装帧设计有问题并非是因为与图书内容冲突，相反有时候与内容很配合，但是却不招读者待见与拥戴，更不适合读者情感的宣泄与表达——对此很多编辑不以为然。

有一本自传体小说，作者是一位旅居法国的华人作家。她出生在重庆，青少年时期正赶上中华人民共和国成立前后。小时候她经常搞恶作剧，让父母下不来台，也让周围的人尴尬万分，但是她疾恶如仇，遇到身处困境之人更是毫不犹豫地施以援手。从那个年代的角度看，女主人翁真可以说是与众不同，另类异常。整本书趣味横生，读者阅读之后时常会捧腹大笑。可惜，该书的装帧设计很糟糕，近似牛皮纸颜色的护封中间挖空以让里面粉色封面上转圈印上的白字书名露出。别说读者不喜欢，就是很多设计者都觉得甚是怪异。果不其然，该书问世后卖了好几年也没卖出多少。后来重新进行装帧设计，库存书才销售完毕。

之所以装帧改变前后销售命运如此不同，大概是因为改变后的装帧设计适合读者口味与情感，就像前文提到的书名能唤起读者情感共鸣一样。究竟什么样的装帧设计适合读者需要呢？这个问题预先还真不好说，只有到了市场，才会知道孰好孰坏，孰优孰劣。

第三，去卖场测试封面。封面在编辑与设计者手中时还是纸上谈兵，不到读者手中很难断定命运好坏。可是作为编辑设计人员，还是要尽可能地在图书问世之前找机会测试设计出来的封面，以便减少设计上的盲目性。如何才能知道自己设计的封面到了卖场能否取得预期效果呢？有一种做法不妨一试，那就是制作几张不同的封面，拿到你最看重的书店展示一下，以便观察效果。如果时间不多且店面拥挤，只消借助书店的灯光与其他图书作一对比，即可发现封面是好是坏。如果封面不够吸引人，翻阅的读者比较少，销售量不很大，书便会被店员放在书架上。一旦图书放进书架上，这本书估计便不会成为畅销书了。只有让书摆在平台上码垛，才有可能畅销。原因很简单：读者通常只看封面。

2014年4月，我去伦敦参加书展，在机场准备登机回国时逛了一下机场书店，看到了韩国作者黄善美创作的《走出院子的母鸡》(The Hen Who Dreamed She Could Fly)。书店有架子，也有台子，而这本书就摆在台子上，封面设计非常简朴，一看封面，销售超过200万册。

归纳以上谈到的几个原则，要想让封面设计达到预期效果，就要注意如下几个方面。

第一，要保证封面简洁易读。封面既然是广告位，就应该善加利用。然而善加利用并非多多益善，有时候封面摆上很多要素，反而影响读者阅读。文字还要浅显易懂，不能让读者看半天不知在讲什么。如果没有机会去书店验证你的封面效果，就请站在三米之外仔细观瞧：如果需要传递给读者的信息都能看清楚，这个封面的简洁易读性就实现了。

第二，单色印刷不能是黑乎乎一片。封面除了印在书上，还经常印在其他地方用以推广，比如报纸、活页广告或者书目中。要注意，这个时候印出的封面可是单色的，也就是黑白的。看彩色打样，觉得很漂亮，一旦变成了黑白，很多东西连成一片，就说明封面有问题。

第三，封面上的书名在封面缩至指甲大小时也看得清。我们经常在网上以及其他场合看到图书的封面缩得很小，最小也就是指甲那么大。如果书名原本就不大，缩到这个地步，估计什么都看不清了。如果这本书出现在只能看到书名的地方，比如活页广告，读者便"一无所得"，这样的封面就起不到应有的效果。

第四，封面缩小放在电脑上不丢信息。如今通过网店销售图书很普遍，网店提供的封面通常很小，我就发现有的封面看不清书名，甚至看不清出版社是哪一家。如此设计封面，对图书销售影响可想而知。要尽量使用小了也能看清的颜色与字体，以保证封面效果不至于减弱。

第五，封面的颜色要注意搭配，不仅要注意封面自身不同颜色的搭配，还要注意将其与主要卖场摆放场所同类书一般用色区别开来。换句话说，要保证读者一眼望去，你的书最先映入他的眼帘，抓住其眼球，让他阅读片刻。只有做到这一步，购买才有可能。切记不要让自己的书淹没在众多图书的汪洋大海中，那样的话，就别指望你的书能卖出去。

当然，书卖得好不光是封面的功劳，还有作品本身。然而就像前面所说的，封面若是不好，被插进架子上，恐怕就是有畅销书的内容，也很难畅销。外国人写的图书就更加如此。

第七节 营销计划

选题策划通常由两部分内容组成，一部分是书本身的事情，另一部分是销售或者推广即营销的问题。书本身的问题基本讨论完毕，下面讨论营销问题。

营销是一个非常复杂的问题。即便是同一位作者或者同一出版社出版的书，只要细分市场有差异，只要营销目标有不同，营销计划绝对不一样。言外之意，营销计划是一个非常个性化与具体化的东西，是一个很讲究天时地利与人和的过程。只要其中一个因素变更，原有计划就一定会推倒重来。这是因为一个因素变了，计划的其他部分必须作相应调整，否则原定目标便难以实现。

下面就谈一谈如何就引进图书制订营销计划以及需要注意的几个问题。

营销计划通常由如下部分构成。

一、内容简介

提炼出二百字左右的内容介绍。撰写内容介绍时要尽量反映出全书独特之处。以便实施营销时须臾不离主题。除此之外，还要说明该书可用以营销的卖点。之所以这么说是因为很多图书都有卖点，但是有一些卖点却无法用于营销，比如有的书是给幼儿园小孩看的，可是由于条件限制，你无法进行有效的营销。如果面对孩子的父母营销，又达不到相应的效果。还有的书是给学生扩大知识面看的，编得很有特点，可是学生整天忙于考试，除了学校规定的应试图书，很少有时间看"杂书"。另外，有的卖点提炼出来因境界不高无法公开传播，这样的卖点也派不上用场。

二、本地销售

一般来说，引进某一本图书是因为其在原产地销售比较好。但是在很多情况下，事实并非完全如此。如果因为其他原因购买版权，应予详细说明，以便准确定位市场。有的出版社本来是以机械类图书为主要出版范围的，适时引进一些外语学习、建筑工程、心理学研究等方面的图书会拓展市场范围。初期市场销售效果也许不会太好，由于懂得在品牌积累上下功夫，日久天长，无形中会为拓展发展空间打下良好的基础。国内有不少出版社就是这样做的，其中相当一些出版社在所谓陌生题材领域做出了名堂，因而使陌生题材领域逐渐成了擅长领域。如果完全基于销售考虑引进，恐怕很多书就出版不了，业务拓展、获取更多市场份额的希望也就难以实现。所以，本地销售问题要辩证地看，同时也要有长远眼光。

三、市场调查

如果你策划的选题有同类书，就请到市场上调查同类书的销售状况。如果同类书卖得好，就要知道是什么原因；如果卖不好，也要弄清楚为什么，以便吸取教训。根据同类书销售情况，对正在策划的选题进行评估，看看市场有多大，打开独一无二的市场。市场调查通常从两个角度展开：一个是结合长远规划进行，叫战略调查；另一个是考虑市场接受细节，叫战术调查。战略调查形式灵活，手段多样，重在积累，成在摸清市场变化脉络。战术调查旨在掌握当下市场特点与读者偏好。战略调查有了成果会使编辑在构思选题、判断市场方面养成良好习惯，而战术调查得当则让编辑在满足市场特点与读者需求上得心应手，从而编出市场认可、读者欢迎的图书。

四、细分市场

经过市场调查，确定选题的细分市场在哪里，也就是将读者定位在哪个群体。确定之后，就要对这个读者群进行进一步了解，比如其经济地位如何，属于哪个阶层，爱好通常属于哪个范围，工作通常都在哪些行业，平均收入多少，平均用于图书消费的可支配收入是多少，阅读习惯如何，对图书编辑和制作有什么特别要求，等等。了解到这些信息之后，就要归纳出你细分出来的这个市场有什么特点，这个市场又在什么地方以及通过什么方法找到这个市场。还要确定图书如何定价以及定价优势。

五、作者背景

这个信息一定要丰富、准确。如果是文学作品，要了解该作者此前作品的销售与评价情况。如果是专业作品，不仅要了解作者的专业背景，还要了解作者的学术水平以及在相关领域的知名度和美誉度。例如：作者此前是否有著作发表；如果有，业内评价如何，销量怎样。作者信息越有细节，越有魅力，图书销售就越容易。介绍作者切忌笼统、宽泛。一旦读者觉得图书作者没有权威背景与特别之处，一旦作者背景与所著图书主题大相径庭且毫无有力的说明，图书销售预期就有可能大打折扣。

六、经营预算

列出与版税、翻译、编辑、审读等有关的编辑费，与印刷有关的排版印制费，与销售推广有关的营销费。在各种费用中，有些费用相对固定，易于控制，比如翻译、编辑、审读、排版、推广方面的支出。简单说就是，预算宽松，就多用一点；预算紧张，就要节省一些。有些费用则不同，相当程度上不在编辑手中控制，诸如纸张、印刷、仓储、发行折扣。如果要把书做好，就必须为不可控的因素留出足够空间。当然，一味地压低可控费用也不是明智之举。有些编辑做翻译书的时候将翻译费降到每千字只有六七十元，甚至更低。在如今这个翻译费高企的年代，几十元一千字恐怕很难找到合格的翻译，更别说找到高手或者大家了——一分钱一分货。决定预算的关键在选题。选题有把握了，预算就宽松一些，图书出版质量也会水涨船高。

七、盈亏临界点

测算出版和发行成本，销售到多少册不亏不赢，超过多少册开始略有盈利，超过多少册开始显著盈利。各个临界点的数字是多少需要一一列出。这里面就牵涉一个算账问题。账目要算得很细才行。账算好了，就知道哪里该增，哪里该减，哪一环节的费用该控制在什么范围内，掌握在什么尺度上。这样才会心明眼亮，才知道版权买卖怎么做才能有利可图。有关这个问题，我将在第八章的报价一节中详加论述。

八、推销策略

推销可以通过微博、微信送书、名人送书、团购买十送一，等等。不过送书仅仅是新媒体推销的形式之一。作者介绍、内容连载、发表书评以及其他届时可能开发出的形式都是不可缺少的推销策略。推销时，有一个要素绝对是有价值的，那就是作者本人。如果是在某个领域有所建树或者影响的专业人员，价值更高。作者不仅熟悉自己的书，也洞悉书中涉及领域很多细节；不仅了解书的内容，也在相关领域享有很高声望；出版社可能鞭长莫及的地方，作者推广起来却常常易如反掌。国外出版商在利用作者声望与影响推广图书方面往往要下很多功夫。这方面工作做得好，其影响远比出版社营销要得力得多。

九、公关活动

如需要在媒体上宣传，应列出可利用的媒体，制订宣传文案。如需公关推广，推广形式如何，可否请作者来华巡回演讲、电视采访或者签名售书需要一一讲明。活动是否已经安排妥当，预算多少，费用来自何方亦要罗列清楚。在这当中，作者是最为重要的因素，这在推广策略中已经有所论述。推广是这样，公关也不例外。只要计划得当，作者，尤其是有名望的作者走入读者乃至大众当中会引起媒体密切关注与报道，这对销售将起到不可替代的作用。

十、渠道管理

售书渠道管理的对象有实体书店、网络书店、专业书店、系统发行能力等。不论是推广还是公关，其最终目的都是为了销售，而销售要想达到预期效果，渠道管理必须紧抓不放。渠道管理中最核心的是上架及时妥当、信息反馈迅速、结算守约便捷。渠道管理不仅是发行推广人员的工作，也是编辑人员的责任。经常跑一跑书店、卖场，现场与店员、读者交流，会提高出版机构与编辑人员的美誉度。日本出版社很重视渠道的培育与呵护，经常在书中加上纸条，在告诉书店店员如何上架的同时，向其致以亲切的问候与谢意。书店卖场的书那么多，很难一一照顾周到。如果店员对一家出版社以及所出的书印象颇深，他们会当如何去做呢？

十一、效果评估

对营销推广效果进行收集与分析，以找出需要改进之处。这样做不仅仅是为了弥补销售中出现的问题，更是为了树立更好的品牌进行积累。什么地方做得好，什么地方有效果，也许能成为下一次或者下一本书营销推广的经验；什么地方做得不够，什么地方做得毫无效果，很可能会成为牢牢记住的教训，改进工作也就有了实打实的依据。效果评估最好不要在办公室进行，而是要走到读者当中，走到书店、卖场里面。身临其境听取书店、卖场的反馈与读者的意见，更容易找到问题及发生问题的根源，解决问题之法将会唾手可得。

以上营销计划涉及的事项可能因为不同的书有不同的市场，或者出于不同的目的会有不同的内容。一切取决于实际需要，具体情况具体分析。

大多数畅销书，不论是版权卖到国外，还是从国外买到国内，基本上采用的是"撑竿跳"定律，用专业一点的话讲就是"借势"，比如于丹的《论语心得》借的是电视之"势"，引进图书《秘密》一书销售火爆则是借名人之势，20世纪90年代问世的《富爸爸，穷爸爸》是借"另类"之势。当然，市场细分并非都要靠"势"，培育新市场完全是可以的，引领潮流是最应该提倡的。不过这样做你要有思想准备，打持久战，花大把钞票，否则你将很难成功，更不会取得出色的销售业绩。

第七章 版权推广

做版权贸易不可缺少的一环就是推广。不论是销售还是购买版权都离不开推广。有人会说，销售版权需要推广是顺理成章的事情，购买版权为什么也要推广呢？要回答这个问题，就要先弄清楚我们怎样才能购买版权。

买衣服、食品可以瞬间完成。衣服、食品买到家，只要在一定时间内质量没问题，你跟卖主的合同关系就结束了。买版权则不同，订立合同给付预付款仅仅是买卖的开始，接下来还要翻译、制作、出版、销售、结算，一个合同一般来说有效期五年，买卖双方的合同关系也就要存在五年，如果合同期满后，版权书还有库存，一般来说还可以继续销售，不过要给付版税，这样说来合同关系依然没有完全解除。如果在这个过程中，买版权的一方对买来的版权经营不善，不仅买主蒙受损失，卖主也达不到销售版权的目的。所以，购买版权过程中，经常会看到卖主对买主进行"审查"，看看买主是否具备相应的品牌价值。据说，人民文学出版社在购买《哈利·波特》时就享受了这种"待遇"。当时中国国内有多家出版社竞争《哈利·波特》的汉语版版权。当外方了解到人民文学出版社在中国出版界，特别是文学图书出版地位以后，不断要求人民文学出版社提供文字材料，为的是对潜在买主的情况有个全面掌握，以便作出正确的选择。

当然，如果是销售版权，在推广自己品牌的同时，还要努力推广自己认为适销对路的产品。图书版权贸易的落脚点是图书。如何把用汉语出版或者用汉语写出翻译成外语出版的图书推广到其他国家和地区，恐怕比推销衣服和食品难得多。首先是语言上的障碍，其次是文化背景上的悬殊，再次是价值认可上的不同，最后是语言以及文化背景差异对沟通的影响——所有这些都可能成为左右版权贸易推广效果或大或小或成或败的因素。本章介绍版权贸易中常用的几种推广形式。不过要注意，我这里说的推广不光是版权推广，还包括人的推广——版权代理人的品牌推广有时候较之图书本身推广更重要。

第一节 国际书展

版权推广的重要场合之一便是国际书展，这是任何一个版权代理人都瞪大眼睛关注的焦点，不论你是代理公司的代理人还是出版社的代理人概莫能外。

国际书展通常只有三五天的时间，即使一年参加三个书展，加在一起充其量不过才十五天。十五天与三百六十五天相比还是少得可怜。更何况很多版权代理人每年只能参加一次国际书展。对如此稀少的机会，充分加以利用是摆在每一个版权代理人面前的重要课题。如何才能让几天的时间发挥最大的效能呢？依我看，准备工作是开端。换句话说，你准备做得如何直接关系到你参加书展的效果。我多次参加北京国际书展和法兰克福书展，依我之见，下面几个方面可以说是参展前的必修课。

一、充分掌握信息

如果你向经常参加书展的版权代理人取经的话，他们最先告诉你的经验就是要及早搜集信息。我每次参加书展之前的信息搜集工作往往在上一次书展结束之后就开始了。这种信息的搜集包括两个方面：一个是业内发展信息，另一个是客户基础信息。

业内发展信息包括国际出版业有什么变化，图书编辑、设计风格有什么新玩意儿，新技术、新工艺对图书版权贸易有何影响。比如，我通过一些版权代理公司的网站发现，国外讲求心理健康的出版物越来越丰富，而且越来越个性化，涉及的人群也越来越广，甚至连收养孩子的心理健康问题都不放过。

美国有一家版权代理公司,叫健康传播公司,代理的图书绝大多数与心理健康和人格培养有关,例如有《如何做父亲》《父亲的教训》《母亲的教训》《孩子的教训》《如何创建感情安全的学校》《三至七岁孩子的生活价值》等。于是每次去法兰克福书展,我都会跟这家公司预约,看看他们的样书。在我看来,他们每年推出的新书就是上述类别图书的风向标。

过去,这一类书通常是专家讲述,现在则是专家通过调查得来的个案来说明如何在困境中培养自己良好的心理品质,因而具有现实意义。

多年前,我收到美国一家版权代理公司寄来的样书,书名是 A Cup of Comfort,汉语译成"一杯安慰"。该书以几个中心人物的坎坷生活为例,指导人们进行心理训练。后来,我参加法兰克福书展,特别关注那本书的后续情况。没想到,几年后"一杯安慰"便孵化出了一系列心理安慰的图书,诸如《给朋友一杯安慰》《给女人一杯安慰》《给妹妹一杯安慰》《给母亲和儿子一杯安慰》等八九种。这与我们出版的专家抽象讲解或者选编其他场合用过的案例大有不同,而且更富有针对性与权威性。

客户基础信息包括新朋友的背景情况和老朋友的最新进展。参加书展,我们总要结识一些新客户、新朋友。当然,有些新客户是应约而来。对这样的客户,我们可以事先通过各种手段和渠道尽可能多地了解情况,比如,如果是出版社,他们在哪些题材方面比较擅长,我们有哪些方面与之互补。还有与我约见的外方代表是个什么样的人,是男是女,是老是少,脾气秉性如何,等等。如果是老朋友、老客户,我们也不可掉以轻心,更应该细心准备,对方是有备而来,我们也要有备而去。我们重点是了解对方的最新情况,特别是对方最近取得的比较突出的成就。

二、创造交流机会

书展举行之际,会看到很多版权代理人行色匆匆,他们参加书展的内容之一便是与客户会面、吃饭，这也是我在书展上的传统节目。每当北京有国际书展的时候，我都会安排一些会见，跟老朋友叙叙旧。有时候条件允许，我还会安排外国能讲汉语的代理商和出版商与中国出版界的同行或者作者座谈，针对一些具体的问题进行交流。在座谈会上，我通常都会介绍我社的出版范围、出版长项以及哪些图书卖得好，哪些书已经有海外出版商或者版权代理商表示购买版权意向。如果是购买版权，我列举以往我们合作过的海外出版商和版权代理商，从而提高品牌的美誉度。与此同时，我也请客人介绍他们国家的情况，其中包括每年的出版图书种类、销售量较大的图书类别、海外图书在他们国家读者中的地位等。

如此座谈不仅加深了了解，增进了友谊，还让我社图书品牌以及版权代理人个人的品牌得到推广。我认为这种做法远比搞一些大而无当的活动有效得多。面对面地增进了解才能建立良好关系，良好关系建立起来了，才能够进行持久的合作。与国外客户不在一个国家，平时见面的机会很少，所以北京书展就成了面对面沟通的最佳场所，必须善加利用的良好机会。正是这种做法，让我与韩国、日本、越南等国家的代理商建立了牢固的友谊。这为日后购买或者销售版权奠定了良好的基础。

三、通报出版动向

特别是当我们有了适合对方需要的出版选题时，一定要让对方先了解情况。这样做既可以了解对方的反馈，又可以让对方感觉到我方对其十分重视。通报有关情况之后，我们可以根据对方反馈及时调整书展期间的推广内容。这等于让对方给我们当了一回顾问。

有一年，我将拟请作者撰写的汉语学习用书样章发给韩国代理商。没过多久，韩国代理商回信，对样章提出意见。有两条很中肯：一条说，韩国读者不喜欢汉语学习用书中的中国式插图；另一条是有些词语在我们看来很简单，但是韩国读者不明白，需要解释。这样的建议不身临其境很难提出，因而对我们改进图书选题的设计以及制作有很大好处。

四、约见留有余地

书展之前安排好约见时间,是每一位参加书展的人都知道的。但是,不论如何巧妙安排,都会有意外发生——要么安排好的没来,要么来洽谈的事先没预约。所以,安排约见的时候要给自己留有一定的回旋余地。不要两次约见时间安排得很近,空间却相距很远。这样一来既不耽误已经安排好的活动,又能照顾临时到访的客人。不论是参加北京国际书展,还是法兰克福书展,不速之客总是有,但是我都能应对自如,比如利用两次会面的间隙招待临时到访的客人,以便进一步做好安排。不过,我要提醒一句的是,到目前为止北京国际书展不同展馆之间相距并不远,可是法兰克福书展就不同。从中国通常所在的六号馆去英美出版商所在的八号馆要走上 10 分钟,如果你再不熟悉客户的展位,那你需要的时间恐怕就更多了。虽然不同展馆之间有班车相送,你如果将两场会谈的时间安排过紧,影响下一场会谈就在所难免。

根据我的经验,要想让书展会谈安排得从容,有两个做法可供参考。一个做法是动手要早。有的出版商、版权代理商书展前半年就开始安排会谈日程。如果你要约的是大牌出版商或者版权代理商,你最好提早打招呼,以便抢占最佳时间段。另一个做法是,若干会谈地点相距很近,最好安排在一个时间段,这样可以腾出时间安排会谈场所距离较远的场次。

五、名片信息清晰

有些读者会觉得,这是一个小问题,不值一提。其实不然。我在参加行业内的一些会议时经常碰到这样一个问题。当我向同行递出自己的名片时,对方很不自然地一笑:"名片用完了"。不论出于什么原因,"名片用完了"对于人与人交往是很不好的一件事情。我们为什么不多带一些名片呢?还有,有的人虽然带着名片,但是名片内容安排有问题。现在是信息社会,人们每天接触到的信息很多。一旦小小纸片上密密麻麻印上很多内容,就像没有名片一样。根据我的经验，参加国际书展，准备名片的时候有两个问题要特别注意。

一个是网址不可缺少，而且要尽可能短。

> 有一年我在法国巴黎访问，路过一家商店。我不懂法语，店名念不出来，但是店名下方有一行网址煞是简单，很容易记。

如果你让你所供职的单位的网址突出一下，就算对方没记住你的名字都不要紧——有网址就能找到你的联系方式，最终找到你。所谓网址简单，就是只印实质性信息，比如新世界出版社的网址，我就只印上WWW. NWP. CN，前面的超文本协议（HTTP）就不要——没有它，你照样能找到名片上的网站。

另一个是信息尽量安排在一面。西方人名片通常只印自己的母语，东方人喜欢本国文字和英语一块印。加之名片内容多一面放不下，只好正反面印。这样一来，人家拿到你的名片就要两面看，无形当中给客户增加麻烦。根据我的经验，名片上的信息尽可能简化，只要有本人的姓名、单位、电话、地址和电子邮箱以及网址即可，其他的信息，诸如长长的集团名称和个人头衔，这些对建立业务关系没有任何实质性的帮助，相反有时候还会让人摸不着头脑。

> 我有一张台湾客户的名片，上面印了两个单位名字，而且都是集团。我搞不清给我名片的先生到底是哪个集团哪个单位的，除非他耐心给我解释。即便如此，时间一长，加上联系不多，拿出名片一看还是不清楚他到底在什么单位高就。

这样的名片与其说是做业务用的名片，还不如说是八阵图——一般人看不懂的八阵图。

名片是门面，务必要妥当，尤其是上面的英文信息。名片设计完毕，务必要请精通英文表达习惯的人审核一下，英文表达不当会给名片持有者造成极为不良的影响。

六、自身准备妥帖

除了上面这些，自身的准备也很要紧。所谓自身准备，应该包括这样一些内容。会见用的文件要备好。我经常看到这样的情景。跟人家会谈，手中什么都没有，实在不行，从兜里拿出一张皱巴巴的纸。如果你参加书展，就会发现外国和港台的出版商和代理商在这方面很讲究。人家一般都会携带一个文件夹，上面的会谈安排记得满满的——会谈的时间、地点、客户单位名称、客户姓名、职务以及会谈事项。会谈的时候需要交换名片的，将名片用别针别上。另外，记录事项的笔很重要。我有时候发现，有人急忙忙来我这里会谈，可是一写字却无论如何写不出来。说轻了，你事先没做好准备；说重了，你的职业素养非常不够。

除了工作文件，个人穿戴也要注意。穿戴上要让你显得精神。男士可以穿西装，女士可以穿套装，不过要记住最好是短打扮。就我而言，我不喜欢穿西装，尤其是不喜欢穿一套西装。要知道版权代理人到了书展上满场飞，大多数场馆又都是人头攒动，出汗在所难免。穿着西装满场跑本身就不雅观，如果再不断地擦汗，就更显得肮脏——此时此刻版权代理人那精干的职业形象荡然无存。与其衣冠楚楚，还不如整齐大方，除非你有重大社交活动，整洁的休闲服也是可以的。另外，鞋子要合脚，女士最好不要穿高跟鞋，除非你有穿高跟鞋跑路的娴熟技巧。版权代理人到了书展上可要经常跑路，如果一天跑下来一瘸一拐，第二天的工作势必会受到影响。

最后就是精神面貌。在展会上，精神要饱满，注意力要集中。会见客户的时候，要讲究礼仪，不论是你讲话还是听对方讲话，注意平视对方的眼睛，但是不要长时间盯住不放。

第二节　图书目录

这几年来，我经常听到这样的问题，诸如"怎么才能把我们图书的版权卖到国外呢？""怎么才能让人家知道我们出版的图书呢？""是不是多寄书目就可以呢？"实际上，不论做什么事，只有强烈的愿望和决心是不行的，还要仔细研究让你的愿望得以实现的方法或者说途径。就拿版权贸易来说，有一些基础性的工作需要做到家，一旦你的工作到位了，成果很快就会显现出来。

有一年我参加法兰克福书展。在跟我的日本客户会面的时候，我向他推荐了我们新近出版的绣像本《红楼梦》和《三国演义》。回到北京后，我向日本方面询问情况，对方回答让我无话可说：日本方面看不懂汉语。没有日语的详尽介绍，书再好也无法推广出去。我向编辑索要这两本书的日语介绍，编辑表示力不从心。当时我就想，如果我的日语水平足够高的话，我就是自己准备日语资料也要满足日本客户的需要。

但凡做编辑或者版权贸易的，没有浏览过亚马逊等世界知名图书网站恐怕是少有的。每当我们浏览人家图书的时候，我们都会看到人家的网站上不仅有一本书的出版社名称、书号、价格等信息，还会有放大了的封面，有时候还能看到目录和几个样章，如此读者便可不费吹灰之力就能对该书的大致面貌有一些了解。我认识一个出版社的领导，他所领导的部门以做引进书为主。他们判断一本书能否引进，很大程度上取决于他们对该书的评价。说来也巧，他们据以作出判断的信息就来源于亚马逊网站。还有一个出版社的副总编辑告诉我，他选国外的书首先看的就是国外的网站，亚马逊首当其冲。这两位朋友之所以选亚马逊网站提供的信息作依据，完全是因为这个网站提供的图书信息足够他们作出决断。倘若没有这些介绍，便跟去商场买东西时只看包装不看产品没什么两样。不知道书讲的是什么与看不到产品实物和说明书是一个道理。不了解图书内容，一般人是不会掏银子把你的书买走的。

我们在做版权贸易的时候，对寄图书目录很热心，对面对面介绍图书很耐心，可是对介绍的内容和形式却无心无意。我们经常看到一些版权推广图书目录做得厚厚的，每一个书名下面只有一两句蹩脚英语，连个图书的封面都没有。还有一些内容介绍，仅仅告诉人们作者是做什么的，还有的说作者很知名，要介绍的这本书在某个领域很权威，得过什么奖。至于这本书写的是什么内容，一般是一带而过，还有的一个字都没有。图书目录是一个出版机构的门面，也是做版权贸易不可缺少的信息来源。要让你的图书目录有效有用，两个方面的工作不可少。

一、建好图书网站

网站在传播信息方面起着不可替代的作用。推广版权的网站可以根据需要设计成英语的或者别的文字。网站的空间大，可以多放一些内容。不仅要放一本书的封面、书号、价格、版权销售情况，还要附上媒体、读者等给予的评论以及书的前言或者序言，如有可能还可以放上作者的详细介绍、作者其他作品的创作情况以及那本书的六七个样章。这样做的好处是方便潜在版权购买者全面适当了解书的内容，这对他们下决心评估、购买版权有极大的好处。

我拜访一家美国出版公司北京办事处的时候发现，这家公司的网站在推广版权方面可谓是为用户想得周到极了。他们的网站仅仅是内部网站，但是他们这家公司在全球任何一个国家的任何一个城市的分支机构都能看到相同的最新信息。不仅如此，如果你需要目录，他们还会给你定制，尽其所能满足每一个用户的需要。比如，你需要最近五年的心理学教材，他们很快会做成一个最近五年心理学教材的图书目录发到你的邮箱中。如果你需要某个作者在他们公司出版的所有作品清单，他们也会不费吹灰之力让你很快收到这样一个为你量身定做的目录。不仅如此，人家还能提供近期该公司作者的创作和出版计划，以便你及早作出版权购买计划。

为客户服务如此周到，人家的版权焉有卖不出的道理？

二、做好纸本目录

参加过国际书展的人，都会发现外国出版公司这样一种现象，只要有一定规模，图书目录制作都是相当讲究的。这种讲究有如下特点：

大一点的出版社，如果出版范围广，品种多，就分类制作书目。你参加法兰克福书展，去一些国际知名的大型出版集团的展台前看看，由于出版范围广，图书目录也是非常详细。这类出版机构的目录通常按照类别制作，比如按照学科分为物理、化学、历史。制作频率上，有的出版机构按季节出版，春夏秋冬各出一套。这类出版机构的图书目录由于读者对象十分明确，不追求豪华与鲜艳，不注重翔实与煽情，他们将关注重点放在图书目录的全面与内容介绍的适当上。

版权代理公司制作图书目录完全是另一个思路。由于这类目录大多是生活、家教、心理、成功、管理等图书且读者对象复杂，他们通常将其目录中的书分成若干档次。重点图书重点对待。所谓的重点图书指的是经过多年考验而非主观臆断的市场畅销书。这类书的介绍通常占据一个页码，其中有大幅封面、数百字的梗概、版权售出情况，有的还有媒体的溢美之词。第二类图书是次重点图书。这类图书虽然没有第一类图书那么抢手，但是却经常有客户前来问津。这类图书内容介绍比前一类稍少一些，通常一个页码放两三本。第三类图书则不需要单独介绍，这是因为每一本目录的最后部分通常是所有图书目录的简单排列，除了书名和书号，没有别的内容。总体而言，第一类图书在目录中不多，往往有三五本，而且这三五本也未必都集中编排。第二类比较多，是整个目录的重点。第三类只出现在最后的目录简单排列中。

当然，并非所有出版商和版权代理商的图书目录都是按照上面介绍的模式编排，相反是各有千秋，各有长短。总而言之，西方大型出版公司图书目录讲究，亚洲出版商则注重实用。就我们而言，我们应该两者兼容并蓄，以达到我们"小成本，大制作"的目的。

1. 目录尽量收全。这是因为版权贸易不是以新旧论英雄，而是以有用无用为衡量尺度。国内一些出版机构制作图书目录有一种习惯性的思维，那就是收新不收旧，这样做恰恰让有可能卖得出去的版权成了"漏网之鱼"。正如前文所讲，经过市场考验的旧书是有价值的书，如果视之为鸡肋，那可就犯下了"捡了芝麻丢了西瓜"的错误。

2. 要有引进书。引进图书目录要有选择地放在图书目录中。引进书，尤其是那些取得巨大成功的引进书应成为"镇店之宝"。用其扩大品牌影响可以起到事半功倍的作用。引进书做得好会给人一种印象，你的市场营销能力以及前景值得期待。这对你购买销售版权大有好处，对销售版权也很有帮助。

3. 英语介绍要详略得当。参加国际书展，图书目录中的内容要翻译成英语。要让读者了解图书的内容，一定要将所介绍图书的关键内容点出来。小说一类的文学书介绍要长一些，至少要简略地将故事讲一遍。学习类用书可以简单一些，只要告诉读者重点内容以及编排方式即可。其他类别介绍一般以一百字左右为宜。

4. 书名要汉英对照。书名以汉英两种语言印刷，有利于查找。为节省篇幅，也为实用，汉语介绍可以略去不用。如果是汉语流行地区的出版商购买版权，不要担心对方看不懂。只要有汉语书名，对方自然会找到你。

5. 制作专用目录。一旦发现你的海外版权销售市场比较集中，不妨每年做一本专用目录，这样效果也许会更好。举例来说，如果你的版权买主基本上都在台湾地区，你可以选一些适合那里读者的图书，制作一个汉语繁体目录。这种目录无需很多篇幅，只要针对性强便可。如果你的客户绝大多数都在越南，做一个越南语目录也不多余。

6. 联系方式标注要显眼。制作图书目录的目的有两个，一个是选书简单，另一个是联系方便。然而，很多出版商的图书目录恰恰忽略了这一点。除非你是国际知名出版商，要让自己制作的目录发挥作用，一定要在显眼的位置详细注明你的联系方式。就我的经验而言，放在目录的封底比较容易看到。请注意字体要醒目，字号要适当，视力不那么好的人也能看清。

第三节 间接推广

不管你的客户有多少，不管你的从业时间有多长，总有一些买主你不认识，总有一些交易机会让你错过。遇到这种情况怎么办？不要唉声叹气，只要你好好且充分利用间接渠道，做好间接推广，你肯定就会将你的"损失"减少到最低程度。从某种意义上讲，世界上大多数事情不是通过直接渠道，而是间接渠道办成的。

什么是间接渠道？顾名思义，间接渠道就是一种非直接的方式或者途径。如果你代表一个公司，如果你是一个版权代理人，这种非直接途径可使你和你代理的图书品牌传播更远。不论是人的营销还是书的推广，间接渠道都是不可少的，在某种情况下甚至是前提条件，缺少间接渠道，不论你如何努力，也达不到间接推广的目的。

不过，我提请各位读者注意，我所说的间接渠道往往与版权贸易没有直接关系或者完全不搭界，由此产生的间接推广也往往不是立竿见影的，但是其效果却常常是意想不到的。

一、非专业兴趣

非专业兴趣就是与我专业无关的兴趣。每个专业人员都有自己的专业领域，然而很多人又会对一些与其专业完全不相关的领域感兴趣。这种兴趣推动着一个人在其有兴趣的领域发展、壮大。

20世纪90年代中期，我从报纸上看到一本书叫做《汉字的故事》，经过努力，我联系到了作者并安排在我社出版了这部作品的英语版。从那以后，我对汉语语言教学用书发生了兴趣，不断研究这方面的问题。在那之后不久，我为外国读者策划了一套学汉语的选题，名之曰"实用汉语"系列，包括《实用汉语会话二百幕》《实用汉语语法三百点》和《实用汉语口语五百句》。这几本书出版以后很受读者欢迎，其中《实用汉语会话二百幕》重印两次，《实用汉语口语五百句》重印三次。后来，我还去一些大学听课，掌握外国人学汉语的第一手材料，帮助编辑策划了其他一些学汉语的图书。如今这些书绝大多数的韩语版权都卖出去了。

我在从事版权贸易工作的同时，还喜欢编译海外的健康以及生活信息、感悟发布在我的博客、微博以及微信朋友圈和微信公众号中。日久天长，有些媒体会跟我联系，我便有机会向其提供相关题材的稿子，也有的出版社跟我联系，商讨可否帮其从海外购买一些与健康或者生活图书的版权。健康知识本不是我的专业，生活感悟也不是我特长，然而我却在这个不是我专业的领域打开了渠道。如果哪一天我在这方面做出了什么"大事情"，了解我底细的人大概不会感到吃惊。

二、非专业交往

人们都喜欢跟自己的同行交往，这一点很重要。可是一说到与同行以外的人交往，很多人就不以为然，其口头禅就是那个人"没用"。说实话，世界上的人是相互联系的。有一种理论说，你和任何一个陌生人之间相隔不过六人。这种理论表达的概念是，任何两位素不相识的人之间，通过一定的联系方式，总能够产生必然联系或关系。这就像人的身体内部不同部分或多或少都有联系一样。这样说来，世界上的人都是"有用"的，这种作用不是"立拍立现"就是待机而动，产生效果是迟早的事情。

> 我跟一位做英语杂志的年轻人认识。后来这个女孩告诉我，她有个朋友即将获得某著名大学传播经济学硕士学位，希望我为其未来的工作提供一点意见。于是我们三个人见面了。会面当中，说起我的工作，这位准硕士说她的导师对我的工作领域很熟悉，可以介绍我们认识。于是，我就与她的导师、一所著名大学出版社的总编辑认识了。通过一个与我的工作领域不相关的朋友，认识了同一个本领域的朋友。从此以后，我们建立了比较紧密的关系。我多次应邀去给这位出版社总编辑的学生讲授版权贸易，而他的学生也有进入出版领域工作的。这样一来，与我相识的同行一下子多了很多，谁能说这些同行不会与我建立业务关系呢？谁又敢说我们相互之间不会有版权贸易业务呢？倘若我一开始不与那位没有业务联系的朋友认识，我怎么可能会有如此之多的潜在业务

关系呢？

当然，我交往的朋友还有很多其他领域，其中有律师、互联网专家、新闻记者、大学教师、电视节目主持人等，当然也有我的衣食父母——作家。这些朋友都对我的业务工作有所帮助，对我这个版权代理人品牌的推广起到了极大的作用。

除此之外，我对古典名著颇有兴趣，花费很多时间去研究相关问题，令我懂得不少人生道理。由于我经常在我的微信朋友圈中发一些研究古典名著的体会，终于有一天，北京大学一位教授邀请我去给他的研究生举办讲座，谈一谈阅读古典作品对年轻人有何意义。通过这个讲座，我不仅与这位教授加深了沟通，同时还认识了一些朋友。朋友多了，事情自然就好办的多了。

三、非专业写作

版权代理人大多都有高学历背景，写个专业文章应该是手到擒来的事情。我虽说没有高学历，但是我还是喜欢写点东西，写文章如今已经成为我一个不可或缺的业余爱好。除了版权贸易这个专业领域，我还喜欢写一些其他的东西，比如时评和感悟方面的文章，在大众媒体上发表。这么多年来，我写过的版权贸易文章在《中国新闻出版报》《中国图书商报》《世界新闻报》《出版参考》等发表，时评感悟文章则见于《法制日报》周末版、《北京晚报》《中国经济周刊》《大众日报》《生命时报》《健康时报》《北京娱乐信报》。

2009年7月，著名学者季羡林驾鹤西游当天，我写了一篇文章《季羡林留给我的"遗产"》，为此我应邀去中央电视台做了一场节目的嘉宾。此后，这篇文章还发表在《大众日报》上。彼时，我正在与韩国代理公司洽谈季羡林《病榻杂记》的韩语版授权事宜。韩国出版社虽然准备购买这本书的韩语版版权，但是有些技术性问题尚未解决好。于是我利用写文章搜集来的材料，从更多角度向韩国方面推广《病榻杂记》，以使这个即将成功的交易尽快达成一致。我的做法还真奏效。当年 11 月，我在访问韩国期间与韩国代理公司订立了版权授权合同。如今，韩语版的《病榻杂记》已经出版。

请诸位考虑一下，如果平时没有引人注目的文章发表，新浪网也不会将我的那篇文章推荐到醒目位置；没有新浪网的推荐，中央电视台相关栏目的制片人恐怕就不会看到我那篇文章，更不会邀请我去当节目嘉宾。当然，《大众日报》也不会发表我那篇文章。再者说，如果我不写那篇文章，不去做节目，我也不会去查阅更多资料，也就没有进一步说服韩国代理人乃至韩国出版社迅速签约的资本。当然世界上的事情并不能假设，然而不能假设并不意味着此前做的那些事情对一笔交易的成功不会产生间接的影响。

我与香港一位武侠小说家温瑞安联系，希望充当他《说英雄，谁是英雄》系列中八部作品越南语版权销售代理人，对方回信说我在行内的大名他是"素仰已久"并说我提出的交易规则"都是可信的，可行的，可以委托的"。通过我居间斡旋，这位武侠大师与越南方面的谈判进行得很顺利，越南语版的签约很快完成。

"大名"从何而来，还不是做了一些成绩？还不是我的文章在港台网站转载？没有这些，两个素未谋面之人要在彼此之间建立一种信任关系谈何容易！

要做好版权贸易工作，依在下愚见，万万不可仅在版权贸易或者出版领域打转转；爱好广、交往多，你的推广不仅会更有成效而且更省力气。不仅工作做好了，还增加了生活意趣，一举两得，何乐而不为？

第八章

洽谈条件

选题策划与营销推广以及资源积累是版权贸易的前提，但是仅有这些还不够，还要善于利用，而善于利用的最好表现就是购买版权或者销售版权，这是每一个版权代理人最希望做的事情。说到购买与销售版权，有一个环节是必不可少的，那就是洽谈条件。洽谈，用英语讲就是 Negotiate，也就是谈判。既然是谈判，就应该具备谈判的要素。然而在很多情况下，我们看到版权贸易只判不谈，一方报价，另一方照单全收，也就是无条件接受。出现这种情况无外乎有如下原因：如果是卖主，持有这种态度意味着他对其兜售的作品价值缺少信心；如果是买主，这样做无非是告诉人们他钱多得花不出去，价款高低无所谓。上面两种态度无助于版权贸易在良性轨道内循环，时间久了，既不利于贸易健康发展，更不利于人才脱颖而出。可以这样说，谈判利用好了，不仅会博得对手的尊重，还会让你作品的价值逐渐上升。

第一节　搜集信息

说到"搜集信息"有的读者会问，第四章讲"海外市场"与本章讲"搜集信息"有什么不同。为做好版权选题策划，需要了解国内外市场的大致情况。当你准备销售或者购买某一本书的版权时，你依然要搜集相关信息。只要是与版权买卖有关的信息，搜集得越多越好，越多越使你在谈判中占据主动。你需要了解的信息不仅包括买卖双方市场的情况，也包括经济发展水平、当前经济形势、潜在发展能力、读者阅读取向和购买潜力、同类图书销售情况等。不论是购买版权还是销售版权都要做这种调查工作。当然，对中国版权代理人而言，了解自己市场情况总比了解对方情况容易得多，但是也不能马虎了事。下面介绍一下需要重点掌握的几种情况。

一、经济状况

要了解版权交易国家和地区的经济发展概况。不仅要了解过去，也要了解现在，更要随时掌握各种可能出现的变化。

比如韩国，从20世纪90年代金融危机以来，那里的物价有很大上涨，尽管如此，韩国的情况还是比我们周边其他一些国家强得多，这从他们购买我们版权的报价可以看得出来。如今，台湾报价都有降低到1 000美元以下的了，韩国出版社购买版权的价格一般不低于1 500美元，如果谈好了还会高一些，如果特别吃紧的书，价格会更高。日本的情况也比较糟糕，由于经济形势不妙，出版业大幅下滑，图书销售量也降低很多。购买我们版权较多的越南最近几年经济状况不容乐观。据我国商务部网站的数据，2014年越南国内生产总值增长率为5.98%，其后两年分别是6.68%和6.21%。其他地区的情况因为业务有限，所以了解不多。不过我要提醒各位注意的是，上面介绍的是最近几年的情况，一个国家的经济状况处在变化之中，今天的情况既不等于过去，也不代表未来。要想掌握比较准确的情况还要随时跟踪调查。

二、阅读取向

这一点很重要，这关系到什么书好卖、什么书不好卖的问题。不过这个问题在第五章中有所涉猎，这里只是稍微归纳一下。从目前情况看，日本引进中国图书很少，有的资料说每年大概有一百余种，可是与中国从日本引进图书的规模相比，简直不在一个档次上，后者高达千种，而且又以侦探、历史小说居多。韩国读者大多对小说没有什么兴趣，外国小说就更不用说了。他们比较看重的是中国用汉代以前哲人思想写成的人生励志图书。中国前些年引进韩国图书较多，有些书还成了畅销品，基本上都属于青春类的。我国台湾跟大陆的版权贸易还不少，他们从大陆买走的主要还是文化底蕴深的作品，我国大陆从台湾引进图书比过去分散，似乎很多选题都有，说不上什么书有代表性。越南最近从中国引进图书比较多，青春、爱情、武侠小说非常得宠。中国目前好像没有从越南引进过什么图书。虽然泰国与我们的版权贸易不是很多，但是泰国青春小说市场似乎值得关注，从部分泰国出版社的书目可以看出端倪。欧美国家引进中国图书较少，如果有，也是与中国当代人生活密切相关的作品。外国人对中国图书究竟是一个什么态度，我将在后面的章节中详细介绍。

三、购买潜力

这个问题了解起来可能比较困难，因为我们毕竟不在那里生活。可是话又说回来了，不了解，我们卖版权的时候怎么报价？如果是对方报价，我们应该如何应对？是完全相信还是凭想当然说一个价格？这恐怕都不妥当。如果有机会去一些与之做版权贸易多的国家了解情况最好，看看他们书店里的图书定价是什么水平，看看他们引进图书上的定价是什么情况，看看他们从中国引进图书的定价又是什么根据，一切就都明白了。当然，这还不够，还要看他们那里一个书店一天能卖出多少本书，什么题材的书卖得最好，从中国引进的书卖得如何，从其他国家引进来的书命运怎样。很遗憾，这种机会对一般人而言非常难得。我 2004 年去韩国旅行时参观过的教保文库是韩国最大的书店。尽管想了解一些信息，但是因为时间关系，只是大概看了看。2009 年我又因公去了一次韩国，遗憾的是，这次由于与出版社交流较多，未曾得到机会参观书店。其实有关韩国的情况，更多情况下我还是通过在韩国的朋友来了解，"一疑一信相参勘，勘极而成知者，其知始真"。❶ 越南与我们的版权贸易呈增长势头，然而我们了解他们情况的渠

---

❶ 洪应明. 菜根谭 [M]. 北京：新世界出版社，2000.

道却很有限,直接方法没有,只好通过熟人朋友去打探,然后再去核实。我要强调的是,一定要核实,如果你不去核实就会吃大亏。我曾经跟一个台湾朋友聊起图书定价的事情,告诉她我们一本画册在台湾卖多少钱,对方马上告诉我,那个价格太低了。朋友指出,台湾一些出版社购买版权的时候把图书定价压得低低的,台湾版本的价格则定得高高的。当然这只是一面之词,不过朋友的话提醒我,一定要多找几个知情人核实一下当地图书定价到底是多少。

四、价值认可

经济状况和阅读取向两个因素相加便构成了一个新的概念,那就是价值认可。什么叫价值认可?说白了就是在买主眼里你这本书卖这个价钱值不值。有个小品不知各位是否有印象,其中有一句台词说:"这个鸡要搁在您二老手里头一个子儿不值,不值钱,您交给我了,我炒作,炒完了,这就值钱了"。版权贸易就是这样,能卖多少钱,全凭你对这本书的价值的判断。那么如何才能让一本书的版权价值得到较高的认可呢?方法还是老一套,那就是调查了解情况。

有一年为了纪念邓小平诞辰一百周年,我社出版了《百年小平》一书。出版后不久便有韩国和我国台湾的出版商来询价。不论是韩国还是我国台湾出版商,对该书均有一个价值认可。于是,掌握这个价值认可的信息对于卖主来说就十分重要。透过版权代理人,我了解到韩国民众对邓小平不仅熟悉而且佩服,而要购买该书韩语版权的出版商更是对邓小平着迷。据我观察,对方一定希望在当年出版这本书的韩语版。由于留下的谈判时间非常有限,对方一定希望尽快达成一致。一方面是很喜欢,一方面是急着签约,我就知道该怎么办了。

那么结果如何呢?我按下暂且不表。现在来说另一个案例。

有一年,接到上级领导指示,给了我们三本英语书,希望我社能引进。那三本书是讲传播学的,作者是加拿大一个公司的老板。我给对方发了邮件，没过两天对方还真回信了，而且连着来了两封信。打开信一看，吓了我一跳。对方发来了报价，其中预付款一项竟然是10万美元，这恐怕是我从业以来收到的最高报价。冷静下来，我仔细想了想，有底了。对方之所以报价10万美元，大概跟两个因素有关。一个是对方根本不了解中国情况，另一个是自我感觉太好，这恰好让我有机会给对方好好上一课，同时这三本书的价格在我心目中也定了格。我判断，经过讨价还价，这三本书的预付款不应超过2 000美元。

我之所以得出这样的结论，依据有二。一方面，传播学太专业，尽管现在大学里学传播学的学生不少，可是我到书店了解过，需求甚少。另外，书是外国人写的，文化背景和素材都是外国的，中国读者买去，概念学不来新的，方法又用不上。接下来的谈判非常有意思。领导安排了，就必须做成，价格高了肯定不行，如果低得对方无法接受，到头来也不好办。看来要想按照我的底价拿下，还要好好准备一番。于是，我又跑了几个书店，也跟几个做传媒的人了解了一下，结论是市场前景非常暗淡——后来的事实果然如此，那三本书卖得很不好。

2011年，韩国一代理公司看上我社一本书，报价是1 500美元。就在双方刚刚敲定合同条款之际，韩国一家出版社也来询问该书版权，我说已经准备与另一家签约了。韩国出版社版权负责人特地打来电话，希望我转告著作权人，务必给他们机会报价。很快，他们报来了条件，预付款5 000美元。没办法，我只好将此信息告诉著作权人，请其决断。

这就是价值认可上的不同，悬殊可谓是天壤之别。

第二节　报价策略

上面谈了，报价之前要掌握与报价、还价有关的信息。其实，报价之前还有一件事更不能忽略，那就是"算账"。这里说的"算账"当然指的是版权购买之后生产、销售图书过程中所发生的成本。其实，这应该是版权策划的一部分，更应该是制订营销计划书的前提。可惜，我们很多版权引进都不算账，相反不是随便报价，就是为报多少而纠结。

2001年6月，我开始担任我社版权部主任。上任伊始，我接受的第一件版权工作就是通过我国台湾一家版权代理公司从美国作者手中购买一本介绍美国社会底层生活的图书。说实话，我接手的时候我社与版权代理公司已经谈好了标的预付款金额。双方用了小半年的时间交换签署好的合同。等该付预付款了才发现，我们要给付的款项相当于我们首印版税的两倍还多。我奉命向版权代理公司提出交涉，结果过了好几天版权代理公司才回复我们："还是按照合同办理吧"。这笔生意的报价不知是我方提出的还是对方提出的，反正我方是吃了一大亏。如此给付预付款，一旦我们首次印刷销售完毕不再印刷第二次，我们岂不要赔本赚吆喝？要是第一次印刷的书也卖不完，那损失可就更大了。

我们付给对方的预付款为什么是首印的两倍多？具体情况我没有详细了解，根据我后来做版权贸易的经验来推测，大概是对方报了一个价格，我们可能觉得高，对方又拒绝降价销售。也可能是我们根本没有还价，直接就答应了。还有一种可能，那就是我们没有把预付款当回事，而是非常看重版税率，这样一来便给了版权代理公司以可乘之机。

一、算账

实际上算账没有什么奥妙，我这里之所以这么讲，是因为很多同行经常就这个事情向我发问。有的同行甚至越过这个问题不谈，直接问我怎么报价。听了这个问题，我就想你不算账怎么知道应该报多少呢？仅凭大脑空想吗？那你有什么根据呢？

前文提到制订营销计划书中有一项，就是要确定盈亏临界点，也就是卖多少册能打平。做到这一步不难，只要知道成本多少就可以计算出来，而要知道成本多少，就必须算账。所谓算账就是要知道预付款、翻译费、编辑费、内文出片费、封面设计出片费、制版费、印刷装订费以及仓储发货费、市场营销费和税费准备各占多少。如今纸版书销售疲软，成本率很容易搞上去。就大众书而言，出版社一般可以将其直接成本控制在22%以下，民营企业估计能低于20%。计算成本时，可以采用倒推方法。先算出拟购版权图书的汉语字数并确定图书开本。然后根据字数和开本计算出所需印张。比如一本书的字数是300千，也就是30万，开本是16开，用纸规格是670毫米×970毫米。上述规格的纸张裁成16开，每一面大约1 100字。这样算下来，面数应该在260，印张是16.25。如果将目录、前言等加上，印张数有可能达到16.75。有了印张数，就可以计算翻译费、编辑费、设计出片费；如果再有了纸张要求、印刷和装订工艺，就能算出印刷费。这时候再加上印数以及仓储发货费等若干费用，就能比较准确知道这本书的直接成本，然后用直接成本除以印数就知道每一本书的成本。接下来再考虑发行折扣和利润率，就大致算出这本书的成本销售价，剩下的价格空间便是版税。只要算出版税在首印中占据的比例，就很容易推算出版税率。

至于预付款应付多少，是首印的全部版税还是一部分？如果是一部分，应该占多少，一切要看你对该书市场预期以及你对该书的价值认可，比如市场销售前景如何？能不能重印、再版？所有这些因素考虑完毕，你就知道如何报价了。当然，这个时候你心中最有底的是预付款。除了预付款，报价还包括其他一些内容，诸如估计定价、出版期限、作者样书、合同有效期。

如果是销售版权，一般不需要计算上面这些成本。不过，也有非常个别的情况。比如一本书中有很多图片，而且图片的价值远远大于文字，那么这些图片价值多少就要算出来。有的时候直接把购买图片的成本拿出来就行了。前面提到的《百年小平》就是这种情况。该书有500余张照片。如果不厘清照片的价值，报价就会很不准确，一旦报价没有体现这些照片的应有价值，就会犯与我上面提到的一模一样的错误，只不过估错了对象——前次是过高估计了别人作品的价值，这次就有可能过低估计了自己图书的预期。

二、报价

报价很容易，似乎只要把已经算好的东西拿出来发出去就万事大吉了。实际不然。报价的时候，有几项工作还是要做的。

1. 你最核心的要求是什么？或者说你最可能让对方不好接受的东西是什么？如果你跟对方第一次打交道时就跟人家讲出"最难听的话"，那是最好不过，这样做可以降低对方的期望值。心理学上有一种独特的规律，面对别人的言谈举止一味地肯定或者奖励不一定能博得那个人的好感。最好的方法是先否定后肯定，结果能在最大程度上给人以好感。同样，在对方满怀希望的时候，把对方的期望值大大降低，就能为后面的谈判留下足够空间；反之，如果你不把丑话说在前面，等双方接近达成协议时才把对人家最不利的条件，也就是最难听的话端出来，对方肯定是接受不了的。所谓的最不利的条件不仅包括价格，还有税款、版税率或者什么别的特殊要求。下面我介绍一个香港公司向我社出售版权的案例。

> 那是我专职做版权工作不久。我社从中华书局（香港）有限公司引进一套汉字方面的书，名叫《字海拾趣》，一共12本。我们先购买前四本，编成两本出版。这笔生意跟前面我提到的那本有关美国社会底层生活图书的购买时间前后差不多。要我看价格不算贵，虽然是图书出版后首印版税一次付清，还是能承受的。可是有一点我觉得很有意思，那就是对方版税收入的预提税由我们负担。换句话说，给付对方的版税不包括预提税。我问编辑怎么会是这样。要知道，不缴税，就无法去银行购买外汇，具体到这单生意就是港币。换句话说，银行卖给我们多少港币，完全是根据合同以及扣税之后的金额计算的，严丝合缝，多一点都没有。编辑说，版税不含预提税是对方最先提出来的条件而且坚持不退让。后来，我们实在无法拿出与税款等额的港币，就让我社一名员工从家里拿来自己的港币补足。这个问题是如何善后的，我就不知道了。

看到了吧？税后对很多购买版权的出版社来说都是很难接受的条件，香港的出版社对此心知肚明，于是在洽谈的一开始就提了出来，而且是坚持不动摇，买主没有办法，只好按照对方要求让步才算了事。倘若对方在洽谈的最后阶段提出来，预提税说不定就得他们自己缴纳了。这就是"欲扬先抑定律"，这个案例给我不少启发，所获经验后来经常为我所用，而且是屡试不爽。

越南一个出版商点名要购买我国某位作家的版权，没等对方正式提出来，我就告诉对方，那位作家在中国可是作品发行量极大的名家，一本书的首印数常常是50万册。这种畅销书作家的作品按一般价格可是根本买不来的，如果再想从中得到一些优惠，那就更不可能了。这样我报价的时候就不会让对方产生心理障碍。越南购买版权的预付款一般在四五百美元，那次我直接报了1 500美元。虽然双方最终没有按照我的报价达成一致，但是结果还是超过了我的心理价位，也就是说比我预期的要好得多。

倘若我一开始就给对方一个实际价格，对方就会跟我讨价还价。这是因为很多人不管你开价多实在，都要让你优惠，不优惠他就不舒服；一旦在实在价格基础上优惠，报价一方的心理底线就彻底崩溃。你可以先报一个高价，看看对方有何反应，如果对方跟你讨价还价，这说明对方是有诚意的，俗话说"褒贬是买主"。

2. 报价要慎重，如果没有特别重大的理由不要修改。如果考虑不周就去报价，说不定你就有可能反悔，我们管这叫"拉抽屉"，这在版权贸易中是最忌讳的。也正是这个原因，一些海外版权代理公司就让版权买主填写版权申请书，而且每个版权申请书后面都有"本版权确认信一经被授权出版社文字确认及权利人书面同意，即视为对相关授权协议内容的认可。若因买主单方面原因而中止此授权，则无论授权协议双方是否已经签署，买主在此情况下均需给付卖主100%的版税预付金作为赔偿"云云。根据我国合同法，版权申请书签署并发出，即发出要约，卖主同意版权买主提出的条件即视为承诺。买主要反悔也行，一定要在对方的承诺通知到达之前，一旦到达，要约便不可撤销；如果要约人一定要撤销要约，就要按照要约中的违约处置条款赔偿受要约人的损失。

在版权贸易中，买主签署版权申请书之后反悔的情况也存在，反悔的表示就是不与卖主订立版权购买合同，而这恰恰是买主（要约人）需要承担的义务之一。遗憾的是，有些出版社不了解合同法上这一规定，对签署版权申请书马马虎虎，总以为还没订立合同，这对买主是很不利的。一旦你撤回要约且拒绝按照要约赔偿对方损失，你就等于失去了信誉。

2011年4月，我向南方某出版社推荐了一本美国新出版的与企业管理有关的图书。这家出版社看上了这本书，社长亲自批准购买这本书的版权，接着向作者的代理公司提出了版权购买申请书。经与版权代理公司磋商，双方达成了一致。然而，合同到达这家出版社有关负责人案头的时候，他们却拒绝签署。他们告诉我是发行人员不看好这本书。尽管版权代理公司很不高兴，他们最终还是没有签署合同，至于是否作了赔偿，我不得而知，因为这家出版社与版权代理公司有直接联系。不过，我从版权代理公司那里得到的信息是，他们将这家出版社列入了禁止出售版权的黑名单。

这就是反复无常的结果。事实上，不论什么人，不论是出版业还是其他行业，不论是现实中还是历史上，对反复无常的行为，极少有不痛恨的。

3. 预付多少要讲究。有些入行不久的年轻人说，在学校学习的时候老师告诉他们，预付款在首印版税中占50%。我对他们说，老师说的50%是通常出现的比例，通常出现的未必是铁律。版权买卖合同跟所有的民事合同一样都是根据意思自治原则订立的。只要不违法，你的合同你做主。另外，对买主而言，预付款给付得越少越好，对卖主来说，则是预付款收得越多越高兴，这才是亘古不变的商业规律。不过预付款数额的高低却是版权买卖关系的风向标。如果卖主跟你要很多预付款，那就说明他对你十分不信任，也就是不相信你的营销能力，更不相信你会按时按实际销售数量计算、给付版税。

我在第五章中提到过小熊维尼的书。那笔生意虽然反复洽谈，最终还是没有做成。小熊维尼只有两本书，而且开本也很小，大概相当于我们的小 32 开。对方报出的预付款是 1 000 多英镑，几乎是我们首印版税测算金额的两倍，跟那本有关美国社会底层生活的书差不多。在此情况下，如果我们执意购买版权，必然要接受代理商提出的预付款金额，这样做的结果是，版权贸易做成了，市场风险却都落在了我们身上。编辑对成本以及市场销售潜力再次进行调查，结果是客观现实不允许我们给付那么高的预付款。于是我放弃与对方的谈判。

正像我前面说的，预付款对买主而言越少越好，对卖主而言越多越好。那么少到什么程度才能接受，多到哪里才算知足？要我看，买主购买版权预付款一般不要超过首印版税的 80%；如果是比较有把握的书，达到 100% 也可以，但是要经过比较准确的测算。权利持有人出售版权，预付款的比例不能少于 50%。

四、策略

不论是买主还是卖主，"分金恨不得玉，封公怨不得侯"❶ 是经常出现的情景。然而当人们对最佳条件翘首以待的时候，一瓢凉水下来，不仅最佳条件得不到，中等甚至心理底价都保不住，那就太遗憾了。可以这样说，报价时首先要保证的是底价；要想"保底"成功，不丢生意是关键。如何留住客户，怎样做成生意才是最大课题，尤其是经济形势不佳、交易量下降的时候更是如此。

1. 有高又有低。虽然出售或者购买版权没有定价，可是有版权贸易操作经验的人对版权贸易预付款的区间都会知道得八九不离十。此时此刻，如果你心里只有高价，没有中价或者低价，不仅最佳价位有可能拿不到，中等或者下等价位也可很容易丢失。

2004 年北京国际书展期间，韩国时事出版社社长来北京参加书展，

---

❶ 洪应明. 莱根谭 [M]. 北京：新世界出版社，2000.

跟他一起来的是他刚刚聘任的一个韩国助手。这位助手虽说是韩国人，可是汉语讲得却十分地道，更麻烦的是这个人在北京五道口一带住了好多年，真可谓一个中国通。他告诉我，他的老板要购买我们出版不久的一套汉语学习用书，那个时候汉语学习用书很火，价格也比较高。时事出版社让我报价，我报了预付款 4 000 美元一本，对方不答应，说太贵，问我 2 000 美元可不可以，如果没问题就在书展上签约付款，我没答应。当时我的心里底价是 3 000 美元。等书展结束了，我们继续协商价格，可是对方没有回信。我隔三岔五就给韩国这家出版社驻北京的代表打电话，对方说他的老板还没有回信。两个星期以后，对方回答，他们老板说这套书不买了。倘若我当时把心理价位定在 2 000 美元一本，书展上就把问题解决了。如今不仅 4 000 美元一本没拿到，2 000 美元一本也丢了，损失很大呀。

2. 高低有距离。卖版权的时候要报高价，定低价；买版权的时候要报低价，定高价，这样可以进退自如。不过有一点需要注意，那就是高低之间要拉开距离，有个梯度，就像高考时填报志愿，这样两个价位才会起到各自应有的作用。

日常购物时，我们会发现，当你想买一件商品的时候，卖主经常会问："您准备给多少钱？"这个时候，有的买主会战战兢兢地说 50 元，其实他的心理价位是 55 元，这个时候卖主说了："不行呀，距离成本还有一大块呢，您给 70 元，我不还价。"结果买主心一软，70 元买走了。倘若你把心理价位与报价距离拉开，那么你最终很可能就会得到满意的价格。

我在第五章中提到过《会有天使替我爱你》，那本书卖给泰国出版商的时候是 1 050 美元，大家看了这个预付款价格肯定会觉得很奇怪，怎么还有整有零呀？一开始对方报的预付款是 1 000 美元，我们不同意，我们给了一个报价是 1 200 美元。我们想的是，只要在 1 000 美元的基础上增加一点就行。谁知道，泰国出版商口很紧，版权代理公司也未能说服对方，结果最后只好以 1 050 美元达成一致。这跟我们的报价

版/权/贸/易/经/略

与我们的心理底价距离太近有关。

就像在城门口打仗，没多长时间城池就让人家给攻破了。如果你把战场推进到中间地带或者对方家门口，结局也许是另外一个样子。从那以后，不论是报价还是还价，我都牢记这个规律，那就是心理价位与报出的价位一定要拉开距离。跟外国出版商洽谈版权输出，这是我最常用的杀手锏。

有一年，国内一位著名武侠小说家跟越南出版商洽谈其作品的越南版权授权问题。开始时，越南出版商的报价是版税率为5%，预付款不到150美元。后来作者找到我，由我担任代理人。我逐渐提高报价，最后达到800美元一本，当然这是我的报价而不是我的底价——要知道达到这个价位并不容易，我心里很清楚。可是如果我不把价格叫到800美元，我就无法获得一个满意的价位。

3. 邮件报价最妥当。贸易双方坐下来，寒暄过后就开始谈价钱，你一言我一语，您是不是觉得有点尴尬？反正我是非常讨厌这种面对面唾沫星子乱溅地谈价格的方式。对我而言，见面叙友情，电话说心情，唯有电子邮件或者航空寄信才能谈商情。现在生活工作节奏加快，电子邮件逐渐取代航空寄信，成为熟人之间洽谈版权买卖的主要形式。

有一年，我社准备从英国帕尔格雷夫·麦克米伦公司（Palgrave Macmillan）引进一本书，名字叫《阿拉伯通史（第十版）》（History of the Arabs, Tenth Edition）。洽谈开始的时候正赶上北京国际书展开幕，于是我便与帕尔格雷夫·麦克米伦公司的版权经理约定见面的时间。见了面，我总是开不了口，不知如何报价才好，好不容易报了价格，却让对方一句简单的回答撂在了那里，半天没缓过神来。英国女经理让我看他们的一个纸版说明，上面写着他们的最低标价以及一些其他要求。那意思是说，你要是买版权，就要按照我们的意思办，你愿意得这样，不愿意也得这样——那我们还有什么可谈的呢？也许别人很适合或者很喜欢

第八章　洽谈条件

当面谈生意，我反正不行，从那以后我再不跟任何人当面谈版权。不用说当面，就是电话也没谈过。在这两个场合谈生意，我实在不适应。

也许是我这个人比较特别，不过当面谈生意确实有其不利的地方，尤其是与外国人谈生意。原因很简单，中外文化差异较大，沟通比相同文化背景的人要困难一些。其实，就算同一种文化背景的人沟通也不总是那么容易，只要大家的生活方式和生活地点不同。一旦当面说话不当，就会造成不可挽回的影响。发邮件就好得多，至少能让你有斟酌的时间，从而避免很多误会。也正是这么一个原因，我也不喜欢用电话沟通，比如报价、还价等。还有一点，我这个人善于文字，写邮件沟通正好扬我之长。多年来，我一直是这样，不论是报价还是给客户回复普通的信件，都是字斟句酌，因而在客户那里留下了良好的声誉，为版权贸易的开展创造了有利的条件。当然，每个人情况不同，最好是区别对待，采用适合自己的方式进行沟通。

说到这里，我顺便提一下用电子邮件报价乃至沟通不好的地方。我问过几个美国出版商，他们告诉我，电子邮件非常方便，可是问题也不少。首先，这种形式不是很严肃、庄重。对方又不认识你，不知来者何意。再者说，电子邮件写得快，比较仓促，很多地方考虑未必周到，中途变卦在所难免。其实还有一个原因，人家没说出口，那就是垃圾邮件满天飞，假话谎言一大堆。这倒不是人家以小人之心度君子之腹，有科学研究证实这种情况确实存在。

研究人员把 89 美元交给 48 名正在脱产攻读工商管理硕士学位的研究生，让他们跟另一群人平分这些钱，后者只晓得要分的钱在 5~100 美元。先决条件是，另一方不管得到多少钱，都要照单收下。硕士研究生们有用电子邮件写信的，也有用笔纸写信的，他们在信中说了那笔钱的数量——有如实相告的，有说瞎话的，当然也要说人家能得到多少钱。任何一种情况下都可能有撒谎的，但是使用电子邮件谎报钱数的学生占 92%，用笔写信撒谎者不足 64%。

还有一项研究，其对象是 69 名硕士研究生。研究发现，相互收发邮件的人越熟悉，欺骗的情况就越少出现——尽管他们也会撒谎。用这种研究来推断真实世界的情况是不可行的，至少不能说到底有多少人在电子邮件中撒谎，也说不清多长时间撒谎一次。尽管如此，这一研究还是告诉人们，撒谎这种情况确实在发生。

也许，电子邮件还不是最糟糕的，还有比它更糟糕的。

常年与外国人打交道的经验告诉我，如果你跟西方大公司不认识，希望与他们建立联系，你可以到网站上找他们的联系地址，给他们寄一封信。我要提醒一点，写信一定要按照人家的格式写。如果不熟悉，可以先做做功课，但是决不可没有规矩地乱写。你公司如果有英语的信纸，最好打印在上面，如果没有，最好制作一个带公司徽标的模板，在上面写信。信写好了，还要注意留出位置，在打印好的姓名、职务、单位上方手写签名。这不仅说明信是你本人写的，也是尊重对方的表示。如果事情比较紧急，而且对方也提供了传真号码，可以给对方发传真。同样道理，最好制作一个带你公司徽标的模板，上面要把收信人与发信人的职务和姓名、信件的主题词、有多少页以及年月日写清楚，这样人家收到后对你的来意一目了然。传真的正文跟信件正文相同，也要注意有手写签名。

第三节　还价技巧

很多专家认为，贸易谈判中要尽量争取报价，这样能使自己处于一个有利的位置。一旦对方报价，你只能在对方划的圈子里打转转，这叫"锚定效应"。一般情况下可能如此，不过有时候会有特殊情况发生——关键看是买方还是卖方市场。如果是我们购买版权，而且又是买方市场，我们不报价，照样可以后发制人；如果是卖方市场，即便买主报价，只要不符合卖主要求，照样达不成协议。我们要做的其实只有一件事，那就是利用一切手段使交易变成我方市场；一旦谈判形势对我有利，不论报价与否，我方都能取得预期的效果。

第八章　洽谈条件

一、用事实说话

俗话说，有理不在声高，要以理服人。理是什么？首先是事实。面对买主或者卖主的报价，包括你无法接受或者不合理的报价，你不能生气，更不能一口回绝，也不能用过去的经验或者听说的信息来否定对方的报价。这是因为对方提出多少报价，都是可以理解的，都是基于他自己的判断得出来的。我们能做的就是以事实服人。

前文提到的《百年小平》一书不知各位是否还记得，现在接着介绍那个案例，重点是如何讨价还价。

韩国出版社的报价版税率8%，预付款是1 500美元，按照2004年的行情不算低，可是我却不这样认为，根据我的"情报"、对目标市场的研究以及对那本书成本的了解，我认为对方的价格还是不能令我满意。于是我提出自己的条件，其中版税率为10%，预付款为4 000美元，照片则另外付款。经过双方不断协商，对方接受了我方的条件，只是照片的计费方式还有不同意见。

我想就这一问题多介绍一些情况。第一，我们主张公平合理的做法，那就是根据图片所占版面的大小以及黑白彩色来确定单价，然后根据单价计算照片的总价。第二，书中的500多张照片，有一部分是邓小平的老同事、老部下提供的，还有一部分是邓小平家庭照片，因而是非常珍贵的，甚至是价值连城的。第三，提供照片的权利人很多，有好几十位。根据以上因素，我们提出了将照片分为三类：跨页照片、满页和多半页照片及半页以下的照片，价格各有不同。但是韩国出版社的代理人觉得这样计算照片费用太麻烦，主张采用一揽子价格。我告诉对方，我们的建议是合理的，而且对任何一方都是公平的。韩语版毕竟不同于汉语版，原书上的一部分照片有可能不用，根据实际使用情况计算照片使用费是最合理的。经过反复交涉，对方依然愿意一揽子付款。于是我们根据单价提出了一揽子价格，但是前提条件是韩语版实际使用多少照片与这个价格无关。换句话说，不论你用了多少张照片，照片的总价不变。对方接受了我方提出的照片价格分类计算原则以及每一类照片的单价。我们之所以坚持这一点，是因为我们以前在这方面有过教训。国人做事常常讲究简单，有时候一简单就出问题。按照单价计算，对任何一方都是合理的。

当年10月，我去德国的法兰克福参加书展，双方谈判暂且告一段落。我从德国回来以后，我社有关人员告诉我，韩国方面对价格又有看法了，经过联系我才知道对方原来只看单价，没有合计，更没注意换算成韩元。总数算出来，吓了他们一大跳，执意要我方在照片使用费上给予优惠。我当即告诉他们照片费可以从9 000多美元优惠到8 500美元，这是底线，不能再优惠，尽管如此，还需要请示领导和权利人。当时我正在外面办事，等我回来跟有关方面一商量，为了合作成功，就答应了。临签约的时候，对方还希望将版税率降低2个百分点，我婉言拒绝。最终，双方达成协议。当年11月19日，韩国出版社社长专程飞到北京与我社订立合同，一个月以后预付款到账，其中预付款超过13 000美元。次年4月，《百年小平》韩语版出版，首印3 000册。很遗憾，还是没有在当年出版。

在讨价还价过程中，我重点强调了这样一个事实，那就是书中照片宝贵之极一般人拿不到。我就跟对方开玩笑，你能随便到邓小平家里把人家放照片的镜框摘下来吗？你能把照片摘下来拿走使用吗？做到这一步需要一定的"关系"，当然也需要一定的渠道，这本身就很有价值。再者，照片提供者都是邓小平的故旧亲朋，或有手足之情，或有袍泽之谊，不仅身份重要而且也付出了劳动——你敢说能够无偿或者低价使用那些照片吗？这就是事实，就是对方不得不接受的硬道理。

2013年，我参加法兰克福书展的时候，与英国一代理商见面，提出引进一些有关如何应对幼儿发怒的图书，请对方给我物色。几个月后，对方给我寄来两本样书，其中一本叫 Love Bombing，编辑觉得很有意思，于是我们决定引进，给对方报价后不久收到了对方回信。

英国代理商来信说，Love Bombing 这本书作者的所有作品都能卖到 10 万册。她不久前刚刚将这本书的版权卖给意大利一家出版社，预付款是 2 800 欧元，一个小国尚且如此，对中国这样的大国，首印只有 3 500 册，版税率 6%，预付款 1 200 美元，这是不是太少了？对方提出，版税率至少要 7%，预付款 2 500 美元。我还是用上面对待加拿大和美国人的方式阐述我的看法。与此同时，我也请编辑重新核实成本，最终以 7%、预付款 1 600 美元与英国人达成协议。后来我退休了，这本书出版与否不得而知。

经常搞版权引进的人都知道，跟代理人谈，预付款等条件一般都很高，如果有人竞争，说不定条件会更高，要指望代理人接受比较低的报价，那是很难的。如果代理人给出心理价位，买主达不到其要求，生意基本做不成。可是，上面这单合同做成了，之所以如此，就是要用数据说话。数据也是事实，事实胜于雄辩。

二、用常识说话

讨价还价的时候，我们不仅需要了解书本身的价值，还要有专业常识和知识。前面我介绍过一个从加拿大引进三本传播学图书的案例，不知各位读者是否还记得。接下来，我就介绍一下我是如何还价的。

最初对方的报价是 10 万美元。我给对方写信问他何以如此报价。对方来信告诉我，说要把三本书的所有权利卖给我们，什么电影改编权、电视剧改编权、第一连载权、第二连载权、信息网络传播权，等等。他还说，我要是高兴，也可以在香港、澳门、台湾销售。对这种漫天要价的做法，我只好采用剥竹笋的方法，一层一层地给他讲。首先，我们不会用那三本书去改编电影、电视剧——又不是小说！其次，我们也不会搞什么连载，三本书都是小书，哪一本都不到 200 页。网络传播需要的数字复制权和信息网络传播权我也用不着。至于在香港、澳门和台湾发行，还不知道三本书未来命运如何，怎敢有如此大的胃口。我告诉对方，他不管有多大年纪，不管他在当地如何闻名，在中国他还是一个无名之辈，无名之辈若要高调亮相谈何容易。我这么一说，那位老兄清醒了不少，还价的结果是 5 万美元，而且说这个价格比较合理。我接着对他讲，5 万美元也不行。中国每年新书的品种有 20 多万个，他三本小书出版之后还不是这二十多万分之三吗？还有就是三本书的内容，同类书中国已有不少。相比之下，他的书似乎没有什么抓人眼球的东西，所以还是谨慎一点为好。差不多过了一个星期，对方回信了，这回他觉得自己的报价比较靠谱：三本书预付款 1 万美元。我这次也不跟他废话了，照直讲三本书预付款总共是 1 500 美元，多一分都没有。版税率嘛，照顾一下对方的情绪，给他 8%——按照我原来的想法最多给他 7%。结果怎么样？双方最终以三本书预付款 1 500 美元、版税率各 8% 成交。

之所以谈判能成功，就在于我说服了对方——我是用事实和知识说服了对方。首先，我们希望引进的书是传播学方面的，从内容来判断，根本不存在改编成电影、电视剧等的可能性。其次，这位作者的作品并不适合香港、澳门、台湾等地的读者，因而不可能在那几个地区销售。最后，中国当时每年出版图书有 20 多万种之巨，一个无名的外国人在中国出版这三本小书，而且又是没有什么强大魅力的小书，其命运可想而知，只要一出版，八成会被淹没在"汪洋大海"之中，10 万美元的要价完全不靠谱。

三、用数据说话

数据是无可否认的事实，在事实面前任何辩解或者讨论都是苍白无力的。如果你能将支持你的数据运用得当,那么你不仅少费口舌,而且还能让人心悦诚服,高兴地接受你的条件。

多年以前,我社编辑看中了美国一家代理公司的两本英语学习方面的书,一本是用首尾衔接的方式教授词汇,另一本是美国日常用语。我请对方给我们寄样书。对方有自己的规矩,非要我方表示购买诚意才能给寄样书。经过交涉,对方将样书寄给我们。看了样书,我们觉得不论是从立意还是内容都不错,就决定引进。对方很狡猾,不肯首先开价。我们也装出一副无所谓的态度,不开价就算了。没过两天,对方来信开出了价格。每一本书版税率是9%,预付款1 000美元。

我们根据书的内容以及作者还没有在中国大陆出版过作品这一情况,提出对方的报价偏高。我们的报价是每一本书的版税率6%,预付款是700美元。代理商不同意,认为这个价格太低并告诉我们该作者在中国的其他出版社购买版权时就是这个报价。我立即回信,希望能够与其委托人谈一谈。对方还真不错,将我的信件转给了作者。

作者很快回信了,非常愿意与我们合作。我就写信告诉他,代理商提出的条件太高。我们的报价比较合理。我向他指出,虽然有中国出版社买了他的作品版权,但是其作品还没有在中国问世,也就是说还没有人了解他,更不知道其作品的受欢迎程度,也就谈不上品牌。英语学习用书很讲品牌,不光是出版社的品牌重要,作者的品牌效应也不可忽视。另外,北京的王府井外文书店,有着1 000平方米营业面积,经营外文书数万种,在数万种外文书中,多数是英语学习用书。可以说,英语学习用书种类繁多、齐全,而且每周都有不少新书上架。尽管他的书立意不错,但是面对书海,读者难以取舍,只能选择名牌产品。况且此前有两种类似题材的图书已经出版,可是销售情况一般。如果按照对方的报价,出版社在把握不大的情况下贸然投入会有很多顾忌,这对出版社是一种无形的压力。压力太大,出版社就做不好工作,就像一个足球运动员到了场上压力太大，踢球动作就会变形。我们应该采取循序渐进的方式，逐步树立品牌。到那时候，随着作者影响力的增加，销售情况会越来越好，收益会越来越高。作者回信，同意我在信中对市场的分析，表示在着眼于长远合作的情况下考虑接受我方的条件。我于是趁热打铁，又给作者发了一封信，进一步阐述我的看法，加强作者对我们看法的印象。我特别告诉他不要以为中国有10几亿人口，有1%的人购买就是1 000多万，有1‰的人购买就是100多万。我说你这是一种缺少根据的推测，缺少根据的推测是靠不住的。我也有一种推测，那就是一个人都不买。两种推测都缺少根据，可能成立，也可能不成立。我们不能靠缺乏根据的推测来做事。我们要根据现实情况提出切合实际的目标。最终，代理商给我来信，说我厉害，作者同意了我提出的条件。

在这个案例中，数据虽然用得不多，但是仅有的数据却能说明问题。当时每年新出版的英语学习用书有上千种，可以说能有的题材大概都有了，就连此前很少见的"接尾令"都不缺乏，其中有一种还是台湾作者编写的。尽管形式很新颖，但是销售并不十分理想。在这种情况下，引进这种还没有十分成熟的题材就有风险，对这个风险的判断则来源于我们对市场数据的掌握。

四、用综合手段说话

不论是用事实、常识还是用数据说话，都是一个目的，那就是摆事实、讲道理。可以说，摆事实、讲道理是谈判的基本技巧，而且是一个最能说服人的技巧。不过要注意的是，运用这些技巧的时候务必不可单打一，除非要谈的事项实在太简单。下面介绍的案例就是多种技巧运用的结果。为说明问题，这个案例介绍得比其他案例要详细得多，必要情况下我给对方的邮件也放在里面，让读者感受一下当时的情景。这个案例此前介绍过一部分，有关这个案例的一些情况可以参考本章第二节"报价策略"。

越南一家出版社希望购买我国一位著名武侠作家六部作品的版权，

2007年9月11日发来报价。收到之后，我马上向委托人报告，并向其了解更多的信息，以备回信之用。当然，我还从侧面了解武侠小说在周边一些地区和国家的流行情况。然后根据掌握到的资料，我给对方如下回复：

第一，我的委托人步入文坛虽然时间不长，但已有10本书问世，创作潜力可谓了得。我的委托人创作的作品武侠题材占大多数，而武侠题材在中国有着相当广阔的前景。据不完全统计，我的委托人业已问世的作品平均每一种销售量不下10万册。毫不夸张地讲，我的委托人已经成为中国文坛一位畅销书作者、著名作家。要知道，在中国新崛起的一代作家中，以武侠题材见长的作家有几位，然而深得读者欢迎、博得武侠小说泰斗金庸好评的不多。有的媒体惊呼，我的委托人有可能成为中国金庸第二，前途不可限量。

第二，我的委托人作品如此受欢迎，与其深厚的语言功底以及对大江南北的了解不无关系。我的委托人在中国最著名的高等学府北京大学专修中国语言文学专业，当时已经获得硕士学位。她出生在南方，长期在北方生活，所以大江南北两地的文风兼而有之，简单说就是阴阳相济，刚柔兼容。据我了解，受过如此专门训练的年轻武侠小说作家在中国文坛恐怕是不多的。

第三，根据我了解到的情况，越南读者很喜欢武侠小说，特别是中国的武侠小说。前几年，古龙的作品在越南大行其道，其他中国作家的作品在越南也有销售，那时候越南没有参加伯尔尼公约，所以在越南出版的武侠小说都是没有经过作者授权使用的作品。现在越南对版权管理很严，所以中国大陆作家的作品，特别是武侠作品在越南正式获得授权出版的还很少。我的委托人的作品正好能够满足越南读者的需要，填上这一空白。

基于以上考虑，我建议每一本书版税率是8%，预付款至少在1 200

美元。对方回信，版税率提到6%，预付款为200美元。版税率可以说达到了我们的要求，可是预付款还差得很远。

于是我给对方回信，告诉对方，如果200美元可以接受，我的委托人"将在中国文坛创造一个很不好的先例，文坛上的其他作家也会认为我的委托人水平太低，以很低的价格将自己的作品出售了"。我进一步提出建议，双方各让一步而且公平合理，那就是各让400美元，我方从1 200美元降低到800美元，对方从200美元提高到600美元。对方回信，将预付款提升到每一本书400美元。然而，这个预付款金额还没有达到我的委托人心理底线，但是这次我没有立即给对方回信，而是放了三天，目的是让对方摸不清我此时此刻是何想法。下面是我当年9月17日，也就是收到对方400美元报价三天后给对方的回信原文：

"第一，不知您是否了解，中国从今年以来居民消费物价指数（CPI）直线上涨，1月为2.2%，2月是2.7%，到了6月达到了4.4%，7月是5.6%，8月则创下了历史最高水平——6.5%，相反银行利息一年期本月15日才上涨到3.87%，银行利息早就成了负数，相差几乎3个百分点。同时，人民币对美元的汇率从8.28:1升到7.45:1左右。人民币汇率上升的结果导致用美元结算作者无形之中少收入不少。按照以往的汇率，400美元相当于3 312元人民币，现在则变成了2 900元，少了400元。加上消费物价指数上涨，实际上收入也就是2 800元。这还不包括所得税和银行手续费等。

第二，两年前，我代理了六七个作者的作品，贵国出版社给出的预付款从每一本800美元到1 200美元不等。为表示我们的诚意，我们把预付款的数额降到了700美元，这已经创造了我的委托人卖给越南出版社作品预付款的新低。这一点也是我的委托人和我不得不考虑的因素。

可以这么讲，我们也很愿意让贵方满意，然而现实情况弄得我们也无能为力，非不为也，是不能也。这一点还请贵方予以理解。尽管如此，我和我的委托人不断磋商，看看有什么办法让双方的差距不断缩小。我们同时也希望贵方在这个问题上做出相应的努力。谢谢。静候佳音。"

第二天，对方回信，将预付款提高到每一本550美元并说："跟您商量的时候，我发现您是很有才的人，是很会说服别人的人。我很佩服也很喜欢这样的人。"上面这个预付款金额可以说达到了我们的心理底线，可是考虑到越南的税款比中国高，要想让我的委托人满意，我还要加一把劲，下面是我回信的原文：

"来信收悉。您及贵社的诚意令我们感动。您说贵社已经尽了最大努力，将预付款提高到每本550美元，这一点我是理解的，我相信我的委托人也会理解。我已经将贵社的最新条件呈报给我的委托人，不过我还没有得到委托人的回复。其实，也不是我们故意为难贵方，一定要这么高的价格，只是确有难言之隐。一则，如我所说，通货膨胀实在不堪重负，而且涨价最凶的不是什么耐用消费品而是每天不可或缺的日用品。二则，我的委托人周围也有一些作家，大家年龄差不多，作品受欢迎程度也没有多大区别，可是得到的条件却非常不同，这让我的委托人实在无颜去见江东父老。我会尽量做我的委托人的工作，至于能否成功我实在不好说。

鉴于你们颇有诚意，我倒是有个建议，不知是否合适，供你们考虑。

每一本书预付款600美元，税后，也就是不含税，也不含银行手续费，包括中转行的手续费。换句话说，让我的委托人每一本书实实在在得到600美元。

当然，这个建议我还没有与我的委托人磋商，不过这应该算是进了一大步，我想做工作的难度会小很多。如果这个建议她不能接受，我也就无能为力了，只好辞去代理人的职务。

我们谈判到这个程度，彼此之间已经熟悉了不少，应该说已经有了一个很好的合作基础。一点是，您是一个很实在的人，也是一个很有耐心的人，这点值得我钦佩。另外一点，就是贵社对我国作家的作品这么喜欢，有哪个作家不高兴呢？我希望我提出的最新建议能为双方当事人接受。

　　彼此都有难处，也有苦衷。只要双方有诚意，达成共识就不是一件十分困难的事情。如果我的建议成为双方的共识，您和我的努力也算有了成效，没有白忙。您说呢？请向贵社有关人员转达我以及我的委托人的问候。让您费心了。静候佳音。谢谢。"

　　一个星期以后，对方回信，预付款提高到 650 美元，但是一切税费由我的委托人承担。不过我还是坚持一切税费由对方缴纳，这样我们便于控制。对方又提出每一本书的预付款降低到 600 美元，一切税款由越南方面缴纳。于是双方达成一致。然而就在双方准备合同阶段，越南方面的联系人生病了，等她上班发现她的出版社"地震"了，不知何故 50% 的出版计划被砍掉，其中就包括我们达成协议准备订立合同的六本武侠书。还好，越南出版社的这位联系人经过努力，将这六本书转到另一家出版社出版，由于有了此前的谈判基础，我与新的出版社达成一致，每一本书的预付款虽然比此前那家给的要少一些，但是依然在我们的心理底线之上。

虽然前一个出版社与我们没有做成，可是与后来的出版社却有了两次合作，这不能说与前一个出版社联系人的洽谈没有关系，这个关系就是彼此的了解以及彼此的实力与谈判风格。用事实说话，用数据说话，摆事实、讲道理，一般情况下都会成功。

第八章　洽谈条件

第四节　控制节奏

报价就像一盘棋的开局,而讨价还价则是中盘,也就是僵持阶段。一盘棋能否取得最后胜利,中盘至关重要;中盘搞好了,收官阶段——订立合同就容易得多了。中盘要谈的问题很多,前面已经谈了不少,而且也举了一些案例。不过有一点不知大家是否注意到过,那就是讨价还价的节奏。有时候,事情简单,你节奏缓慢就会失去机会,如果事情复杂,你急于求成,也会中了人家的圈套。那么如何才能让谈判的节奏按照自己的计划走呢?有几个方面提出来与各位探讨。

一、速战速决

这样节奏适合简单且没有任何犹豫的项目。如果项目不简单,买卖双方熟悉也是可以采用快节奏的,因为彼此为熟悉付出的成本早就付出了。

有一年在法兰克福书展,我要去其他展馆参加会谈。正当我推开我社所在展馆大门的时候,迎面进来一位熟悉的新加坡朋友。就在我们擦肩而过之际,对方说:"我看中了你们的一本书,你给我寄样书,如果评估没问题,就按照以往的条件签合同。"我立即回答:"没问题。"就这么几句话,谈判就完成了,事情就解决了。

这个案例是否创造了版权贸易谈判的最快节奏我不敢说,但是总可以说是少见的快节奏吧。

2007年9月北京国际书展期间,一位土耳其出版商找到我们展台,对我社出版的《江边对话——一位无神论者和一位基督徒的友好交流》(Riverside Talks—A Friendly Dialogue Between an Atheist and a Christian)

(下称"江边对话")抱有极大兴趣,希望在土耳其出版该书的土耳其语版。我们之间初步交换了意见,大体达成了共识。不过,我还有两件事情要做。一件是了解一下这样一本书在中国的印刷费用应该是多少,因为对方希望在中国印刷土耳其语版。另一件是弄清作者对授权土耳其语版的态度。这本书有两位作者,一位在中国,另一位在美国,短期内取得两位作者的一致意见并不容易。从展场回来之后,我马上给该书作者之一赵启正先生打电话,得到了赵先生的积极响应。赵先生相信,该书的美国作者路易·帕罗博士(Dr. Luis Palau)也会对这件事情持赞成态度。这下子,我心里有了底。那一天是星期日。

星期一回到办公室,我就请有关方面测算印刷费。当天,印刷费的数据就出来了。我马上给土耳其方面写了一封邮件。到了晚上,我收到了对方的回复,表示已经知晓。就在这时,我查了一下《江边对话——一位无神论者和一位基督徒的友好交流》的出版合同,发现我方并不掌握授权第三方使用的代理权。在这种情况下,我们要想做成这件事且不使土耳其朋友失望就必须获得两位知名作者的授权委托书。赵先生在北京比较好联系,可是帕罗博士在美国而且还是一个来去匆匆的重量级人物,就连当年的美国总统布什都对其尊敬有加。我给其华裔助手写信,没有得到回应。我又给帕罗博士的美国助手写信也没有反馈。

我利用等待美国作者授权委托书的空档,与土耳其方面进行紧急磋商。对方要使用我们的所有照片和封面设计。这样一来就会产生费用问题,我觉得应该跟对方谈这两件事。开始对方还不太理解,经过两个回合,对方明白了。星期三上午土耳其方面告诉我,他们接受了我提出的新价格。接下来就剩下帕罗博士的授权委托书了。

星期二和星期三,我连续两天给美方写邮件,数量多达七八封,然而一直没有得到美方对授权书的回应。我真有点坐不住了,用我给赵先生的手机短信说就是"急死我也"。赵先生说,他准备晚上给帕罗博士的华裔助手赖先生打电话，看看是怎么一回事。我急忙找出一年多以前那位先生给我的邮件，将其电话号码告诉了赵先生。晚上，赵先生联系上了赖先生，他一手听着美国的电话，一手给我打电话——我们来了一个"三方会谈"。此时我才知道，帕罗博士那两天不在办公室，别人不能自作主张。赖先生后来又特地给我打电话，承诺美国时间星期三晚上之前一定将此事办妥。北京时间星期四上午 10 点多，赖先生来电，帕罗博士已经签署了授权委托书，立即传真给我。问题解决了。

经过三天的努力，与土耳其方面就主要条款达成了一致，也得到了两位作者的授权委托书。这么短的时间内促成此事，可以说效率在其中起了很大的作用。如果节奏稍微慢一些，就会推迟很长时间。原因很简单，两位作者都是大人物，日程安排异常繁忙，不会有很多时间等着我们。我体会，跟大人物打交道，而且是跟两个国家的大人物打交道，快节奏是成功的法宝。我们只有提高自己的工作效率，只有见缝插针才能促成这样一段美满"姻缘"。赵启正先生对这样的工作效率相当满意，特地给我发短信表示慰问，要我"工作不要太用力"了。

这种快节奏通常适用于针对性强、潜在买主少且价值易于判断的作品，这是因为只要有买主看上，谈起来就比较容易一些。再比如，我与日本版权代理公司洽谈一本书的过程就是如此。那本书是专门给攻读某艺术专业的日本学生用的教材，出版商和读者群都非常固定，只要双方接上头，不论是报价还是还价余地都不大，以快刀斩乱麻的节奏完成这样的生意是很常有的事情。

跟西方人谈版权一般节奏都会很慢，最慢的能拖上一年多。不过要是双方合作之前有过多次接触，节奏也会快起来，甚至分分钟搞定。

2012 年，有一家出版社要购买一本美国作者撰写的有关如何说服人的版权书，委托我接洽版权持有者。我到网上找到了作者的联系方式，发信之后没两天，作者回信，告诉我版权由一家公司代理，这家公司会给我写信。相隔一天，代理人来信，问我是否记得他——没想到这位代理人是我多年的熟人，法兰克福书展见过多次。于是，我回信提出了报价，要购买的版权书汉语版首印是8 000册，预估零售价是25元人民币，版税率是6%，预付款1 500美元。第二天对方回信，根据我们提出的首印数、版税率和零售价，首印版税是2 000美元，合同期为三年。我给对方回信，鉴于首次合作，预付款1 800美元，合同期最好五年，对方回信接受我的条件。从晚上9点25分到9点49分，往返三封信，双方便敲定了版权买卖条件。

所以，平时没有生意的时候，要多与各色人等多打交道，到了书展，即便没有业务的客户也要见个面。用北京话讲，这叫"闲了置，忙了用"。如此交往，日久天长，彼此之间了解加深，一有机会，生意自然很快做成。

二、放慢节奏

如果你碰到的是文学作品，谈判的节奏就快不起来，原因是这种作品潜在买主可以多种多样，价值认可也是千姿百态，对张三来说100元钱不算贵，对李四来说50元钱都嫌多，这就需要我们有足够的耐心，特别是谈判陷入僵局、谈判双方态度都很强硬的情况下，没有耐心，生意就很难做成。

有一年，泰国一家叫国安两合的出版公司跟我接洽，要购买《宋庆龄传》的版权。双方谈了几个来回就达成了协议，一次性付款800美元。双方很快就订立了合同，但是对方好像并不能马上付款，我印象中是对方先把合同标的物翻译成泰语再付版税。过了好长一段时间，我看对方不付款就写信催问，对方表示还要过一段时间。又等了一些日子再问对方，对方回答还是要等一等且"面"露三分不悦。对方告诉我，现在还不能付款，如果我们很着急，对方就不做了。结果，对方还真就撕毁了合同。这就是我没有掌握好节奏，有些操之过急的结果。

要知道，除了前文提到的书不能采用快节奏之外，买主不同，也要区别对待，尤其是东南亚的买主。我们要知道，这些国家或者地区的买主对中国的图书有需要，但又不是非要不可，更重要的是他们的经济实力有限，出不了大价钱，所以就在价钱上盘算。针对这样的买主，就要打持久战，除非你对要谈的生意无所谓。在这方面，我是有很多失败教训的。这些失败的案例多数来自这些国家和地区，而且多是第一次或者合作次数较少。实际上这种情况在经济水平较高的地区也存在，尽管他们有实力，由于彼此合作很少，谈起合作来就比较难，就需要耐心，就要把节奏减下来。

  数年前，我认识了一家韩国公司，这是一家夫妻店，妻子是中国人。我和对方在北京朝阳区三源里的一家日本餐厅见过面，双方聊得不错，感觉以后会有合作机会。还真巧，没过多久对方就提出来要购买我社一本书的版权，并且拿出了报价。我感觉凭对方的实力，报价有些低，希望对方报价提高一些。对方也接受了。就在双方要订立合同的时候，对方不干了，还是觉得价格太高，合同没签成，从那之后双方再也没有合作。

心急吃不了热豆腐。节奏没掌握，结果很糟糕。

三、快慢相间

说到版权贸易，速战速决是少数，打持久战的也是少数，绝大多数是快慢相间，最终在比较合适的时间范围内完成谈判。

  汉语学习用书曾经是与韩国出版社版权贸易的热门题材，松山出版社当年便是经常购买我们版权的出版机构。根据我的记录，那家出版社三年中从我社购买了七本书的版权。有一年，我社有一套汉语考试用书刚出版，老朋友就给我发来传真，对这套书感兴趣。

  我根据以往经验向对方提出了报价，但是对方以要购买的版权书册数太多不易携带为由提出建议，问能否只买一本。这对我不啻是当头一棒。我立即回信，怎么可能只买一本？剩下三本怎么办？我从对方来信看得出来，对方对这套书特别感兴趣，就是册数太多。因为彼此间很熟，我就坦率地告诉对方，你这样做不太好，你总不能让我把剩下三本扔在一边吧。也不能让其他出版社欲买不成，欲罢不忍吧。后来这位与我打了三年多交道的社长决定购买其中两本，剩下两本无论如何不要。同时对方提出了一个价格，供我考虑。这次我不像好多人那样见好就收，而是放了好几天。此时此刻我若是不控制一下节奏，让谈判进程慢下来，说不定我的结局会不那么美妙。

将近一个星期以后，我给对方回信，告诉他："总共四本书，只买两本我本身就不高兴，不仅如此，价格上还缺少魅力，我就是想卖给你也不行，因为我的委托人不同意。"我向对方建议，能否在原基础上加上 1 000 美元。我说，如果不增加我就告诉我的委托人不做了。对方果然有些急，同意增加 1 000 美元，希望尽快提供合同。我告诉对方，不用急，慢慢来。我过了两天给对方写信，告诉对方增加 1 000 美元让我的委托人非常高兴，也非常感谢。我先把价格坐实了。我说："你把这两本买走了，后两本我也不要了，一起给你得了。不过你可不能就这么拿走。每一本象征性地给一点补偿就行了——每一本 500 美元。"对方回信，同意再增加 1 000 美元。这等于在原有基础上增加了 2 000 美元。双方最后达成协议。合同订立之后，我追问对方什么时候付款，对方告诉我他急得要上吊。我回信说，千万别上吊，上吊了，我找谁要钱去呀。

上面这个案例说明老朋友之间谈生意与平时接触较少的买主不同，就是要善于控制节奏，这叫快慢相间，疏密有序。

下面还有一个案例更能说明问题。

2013 年 10 月有一家香港出版社要购买我社的一本讲中国人性格的图书。我告诉对方版权可以洽谈，按照对方的要求寄送了样书。结果过了两个多月，对方才回复，想购买这本书的版权，于是双方开始报价。我方报价 23 000 元预付款，对方只同意出价 1 万元，为促使生意做成，经与权利人协商，给对方回复，希望双方各让一步，预付款改为 15 000元。对方坚持 1 万元预付款，我便不再回答对方。又过了三个月，对方来信，说正在审核那本书的内容是否适合香港读者，询问全书有多少字。我马上给对方回了信，告诉对方有 24 万余字。

诸位看到了吧？就这么一本书，耗费了好几个月，时断时续，时快时慢，这就是做版权的特点，特别是与东南亚地区，包括香港和台湾地区做版权的特点。

第五节 成功在书外

版权贸易谈的是书，而书是一种文化的象征。如果洽谈图书版权的人跟买卖白菜的人一样，那就太没文化了。如果真是这么没文化，版权贸易的魅力也就少了一大半。通过反复观察，我感觉要想与海外出版商和代理商合作，见面的时候不要直奔主题，用我的话讲就是，"干什么不要吆喝什么"。

记得在一年的北京国际图书博览会上，有一位媒体记者来采访，问我准备谈几个版权。我回答说，我来这里就是为了会见老朋友，结识新朋友，只谈友情，不谈其他。尽管如此，还是有一些海外客人向我询问图书版权的事情，可是介绍的时候我却显得"异常被动"。为什么呢？我没有将重点放在介绍与推荐上，相反我做了一些在常人看来与业务无关的事情。其中比较耀眼的有两件。一件是邀请国内一家媒体在书展前采访我的一个韩国代理商朋友。书展期间，那家媒体将采访记刊登出来，韩国朋友看了喜出望外。于是，我就约韩国代理朋友、采访她的记者与我一起座谈，收获颇多。另一件是组织了一个有韩国出版商和代理商参加的座谈会,在那次会上大家相互交流心得与信息,通过那次聚会,很多朋友至今还保持着联系。一年后,我又故技重演,面对有关人士的询问,依然是那句话,就是见一见朋友,我不仅白天见,晚上也见。结果,我在书展期间没有签一份合同,达成意向协议的也很少。可是,到了年底,我完成的任务却是前所未有——总共有30余种图书授权给海外出版社出版当地版本,而且绝大多数都是在10月以后达成的协议。

看到此处,各位读者是不是应该咂摸出点滋味来了。那就是"干什么不吆喝什么"到底意味着什么。不吆喝生意,那吆喝什么呢?就是多交朋友,广交朋友。毫不夸张地讲,我经常是用90%以上的时间跟朋友聊天。在法兰克福书展上,我跟日本来的代理商谈笑风生。外人看来,我们好像不是在谈生意,而是在闲聊,确实如此。多年以来,在我心里总是朋友第一,朋友之事不论大小,只要跟我说一声,我都帮忙,而且没有分内分外之别。我不仅交友广泛,而且心情愉悦。这样一来,业务越来越省事,越来越轻松,成效也就越来越显著。

2005年,韩国一家版权代理公司要帮助韩国一家出版社购买我社的《三十六计:说话的能力与办事的技巧》韩语版。我们之间从一开始没有就交易谈交易。经过讨论,双方首先达成两项共识。其一,韩方对中国的情况不熟悉,我就帮助他们联系中国的出版社。同时,我对韩国的情况也是了解有限,必要的时候请对方给我们帮忙。其二,不仅考虑到各自的情况,也要顾及各自委托人的心理感受与物质利益。要知道,在中国人们对版权代理商是颇有微词的,我也不例外。但是我与韩国几家版权代理商的合作却非常顺利。

经过沟通,韩国代理商觉得开始的报价确实有些低,于是动员韩国买主提高了预付款金额,还问我是否满意,我就给委托人做工作,让其见好就收,最后双方皆大欢喜。对方需要与国内某家出版社联系,不论是在北京还是在外埠,我都竭尽全力去找,有时候还真费周折。但是每次，我都将一切安排妥当，以便为对方创造方便条件。相互之间了解多了，关系就和谐多了，合作也就顺畅了。此时此刻，合作双方最敏感的东西——价格反而变得不那么敏感了。2013年，这本书经过这家代理公司介绍，与另一家韩国出版社订立了韩语版授权合同。中国的一本书能在合同到期后订立新的授权合同，这恐怕是很少见的。

到现在为止，我与这家公司合作已有十多年。2009年出访韩国期间，我还特地去那家公司拜访。如今双方的合作更上一层楼，势头相当不错。我们不仅向他们出售版权，也开始从他们那里购买版权。碰到好的韩语书，他们也想着我们，韩语版还没出版就给我们发消息，这就是合作顺畅的结果。

很多情况下你越是想做什么，就越做不成什么，你不想做的时候说不定什么时候你就做成了。足球比赛一般都看过，大家是不是有这样的感觉？一个运动员特别想进一个球，机会也有了，不是踢到门框、横梁上就是让守门员抱个正着，有的时候一对一面对守门员，还能让球远离大门而去。可是你看罗纳尔多，在2002年韩国世界杯与土耳其的半决赛中，用脚尖一挑，球就进大门了。我想罗纳尔多当时肯定什么也没想，不过是表演一下自己的绝招而已。做版权就像踢足球，直奔主题谈版权就像一心一意进球一样，到头来有可能竹篮打水一场空，如果功夫在其外，那肯定是"得来全不费功夫"。一句话，这叫"有心栽花花不开，无心插柳柳成荫"。

上面介绍了洽谈条件时的一些做法，虽然所有案例都有说明，但是运用这些方法并非能够包治百病。首先，每一本书的洽谈都有其特殊情况，每一本书的买主和卖主也不尽相同。不同的人对不同的书有不同的价值认可，就是相同的书在不同的人眼里还有可能相差十万八千里，这一点我在前面提醒过。其次，每次做生意，买主或者卖主所处的经济环境与出版环境不同，购买与销售版权的动力也就大不一样。再次，不论是购买版权还是销售版权，有无竞争对手会对买主或者卖主产生非同小可的影响，因而这也是谈判的时候不能不考虑的因素。最后，有的权利人有代理人，有的没有，跟代理人谈与直接跟权利人谈有时差别很大，对此要有思想准备。

  买卖双方达成协议并不等于这桩买卖就做成了，即便是订立了合同，也还有撕毁合同的呢，这一点我在前面的论述中提到过。我的意思是说，我上面提到的案例最后结局未必都是美好的，有时候买卖双方虽然就价格达成了一致意见，可是还没来得及订立合同，就有一方出现重大变故；有时候合同订好了，可是一方因为不可抗力出现而使合同无法履行；还有时候合同订立了，就是不付款，因为付款方所处的环境变了；更有的款也付了，书则没出来，这是非常普遍的现象——毕竟洽谈条件、订立合同与出版发行时间间隔，短则两三个月，多则一年甚至两年，这当中任何风吹草动都会导致承诺以及合同无法履行；即便合同履行了，可是图书出版后错过了机会，就像电影放映错过了档期，也很难取得预期的市场效果。但是这并不能否定我们在相关环节的努力，也不能就此妨碍我们对一些问题的探讨，就像我们因为无法预测明天会不会发生意外而在吃饭问题上踟蹰一样。我们的努力还要一如既往，只有这样我们才能把我们这一环节做好；每一环节做好了，最后成功的概率就会增加许多。

第九章 技术细节

前面我们讨论了洽谈阶段经常遇到的一些"大"问题,给出了一些解决方法,但是这并不意味着我们最后就能订立合同,也不意味着我们之间订立的合同就能顺利履行。这当中还存在诸多"小"问题,如果这些"小"问题不予重视,我们还有可能功亏一篑,甚至不明不白地吃哑巴亏。

第一节 无权代理

直接与作者或者其他版权所有人洽谈购买版权最好不过,可是很多情况下很难做到。通过代理人或者出版社来购买版权是常见的一种方式。在这里,出版社实际上就是代理人。与代理公司或者出版社洽谈版权经常出现一种局面,那就是与我们洽谈合同的人,即版权持有者,拿不出任何文件,证明其拥有作者的授权。这种情形在西方国家可能很常见,因为人家的逻辑是,有代理权才在合同中写上自己对所谈作品有代理权(Control);只要没有相反证据证明,就没有理由怀疑代理的有效性。那么是不是所有的拿不出文件的代理公司都拥有合法代理权呢?还真不一定,有发生过的案例为证。

1994年1月,美国沃尔特·迪士尼公司(Walt Disney Co.)向北京市第一中级人民法院提起诉讼,指控北京少年儿童出版社等数家单位在出版的作品中侵犯其拥有的卡通形象版权。法院经审理查明,沃尔特·迪士尼公司与在香港注册的麦克斯威尔公司于1987年8月订立协议,约定"迪士尼公司仅授予麦克斯威尔公司出版汉语出版物的非独占性权利,只能在中国出售以迪斯士尼乐园角色为体裁的故事书,"但是被授权方不得以任何行为或者通过法律程序对被授予的权利进行转让。更重要的是,协议的有效期为1987年10月1日至1990年9月30日。1991年3月21日,在上述协议失效后差不多半年左右,麦克斯威尔公司经其与北京的某个咨询服务部成立的合资公司——大世界出版有限公司介绍,与北京少年儿童出版社订立了《转让简体本合同》,约定:"麦克斯威尔公司经迪士尼公司授权,拥有迪士尼儿童读物汉语的专有出版权,并有权代理该读物的版权贸易业务,麦克斯威尔公司将迪士尼公司的授权转让给北京少年儿童出版社。"大世界出版有限公司负责向北京少年儿童出版社提供经过外方确认的迪士尼丛书版权合同。

由于北京少年儿童出版社没有拿到沃尔特·迪士尼公司的授权,根据中美之间签订的知识产权备忘录,负有一定的侵权责任。事情的起因显然是麦克斯威尔公司与大世界出版有限公司在没有迪士尼公司授权的情况下与北京少年儿童出版社订立了涉及迪士尼卡通形象的版权合同。北京少年儿童出版社在没有看到迪士尼公司给上述两家公司授权文件时订立合同意味着北京少年儿童出版社在不知不觉中掉进了两个"代理"联袂挖掘的无权代理陷阱。

如果进一步探究会发现,北京少年儿童出版社十分清楚这个授权合同需要沃尔特·迪士尼公司的授权,即便事先没有授权,事后也要追认,这一点有所谓的代理合同为证。结果却是授权作品汉语版出版发行之后,北京少年儿童出版社依然没有拿到沃尔特·迪士尼公司的授权或者对授权合同的追认,于是这家出版社便由正当的版权买主变成了侵权的被告方。问题出在北京少年儿童出版社只有代理公司的承诺,没有代理公司提供的授权书或者对授权合同的追认文件。承诺——即便是书面的,也无法保证授权的正当性;没有了这个正当性,北京少年儿童出版社就要对侵权承担责任。如果当时北京少年儿童出版社坚持索要授权书或者事后追认,拿不到授权书或者合同得不到追认就不出书,就不会成为被告,也不会输掉官司。事情还有另外一面。北京少年儿童出版社从上述两家"代理"那里拿到了权利人的授权，可是当堂对质时，却遭到了沃尔特·迪士尼公司的否认。这个时候，只要北京少年儿童出版社手中握有证据，只要尽到了合理注意义务，上述两家"代理"变成了表见代理，由此产生的法律责任便落在了两家"代理"公司身上。

我手中还有一个案例，也跟授权有关系，不过这个案例虽然没有导致版权买主吃官司，但是却足以让天下所有的版权买主引以为戒。

与我社合作的一家民营公司购买了一足球运动员的传记版权，然后转授给我社出版汉语简体版。由于编辑拿来时没有原版合同，只有一个民营公司与我社订立的授权合同，也没告诉我这本书是从国外引进的，我便将其当作国内合同处理了——因为经常有公司拿来进入公共领域的外国图书与我社合作。结果该书汉语版出版发行后，葡萄牙作者找上门来，说该书汉语简体版的出版侵犯了他的版权。于是社领导赶紧将民营公司负责人找来，询问是怎么回事。经过了解才知道，这个合同是与该书的葡萄牙出版社签署的，且版税的预付款也付给了这家出版社。作者说，他从未委托过那家出版社代理汉语版版权，那个合同是出版社的某个人私自签署的。我看了一下合同，发现那个合同上有出版社的公章，这下子我如获至宝。一般而言，在合同上加盖公章说明这个合同是法人行为，具体来说是葡萄牙出版社的行为，不是哪个个人的行为。如果真是侵权，也是葡萄牙出版社有过错，其行为属于表见代理。作者对版权事务不是很熟悉，一下子无话可说。实际上，民营公司订立的这个合同是有瑕疵的，那就是没有拿到作者的授权书。只是因为出版社加盖了公章，才让我们免掉了侵权的责任。如果按照经常出现的情况，合同上只有葡萄牙出版社的某个人在上面的签名，我们又没有作者授权书，侵权的责任肯定是逃不掉的。

与国外出版社订立版权购买合同，由于西方国家法律文化所致，很多情况下拿不到作者的授权书，可是我却坚持一定要拿到授权书。如果最终拿不到，也要在授权合同上写明，卖主有充分权利将其控制的权利授给买主。如果没有这些措施，一旦遇到上述两个案例讲的那些情形出现，版权买主必将置于被动境地，甚至会被起诉到法院，最终输掉官司。

《合同法》第48条规定：行为人没有代理权、超越代理权或者代理权终止后以被代理人名义订立的合同，未经被代理人追认，对被代理人不发生效力，由行为人承担责任。《合同法》第49条规定：行为人没有代理权、超越代理权或者代理权终止后以被代理人名义订立合同，相对人有理由相信行为人有代理权的，该代理行为有效。

请各位认真学习、领会合同法中的这两个条款，如果看条款不明白，就拿案例来研究，千万不要出现无效代理的情形。

第二节　税务陷阱

版权贸易都是跨境贸易，而跨境贸易的最大隐患就是信息不对称，这个不对称之一就是我们对另一方所处地区或者国家的税法一无所知或者一知半解。税收与版权销售息息相关，不了解这方面的信息，就很难准确计算销售版权时我们所能得到的实际收入有多少。

坦率地讲，有些国家或者地区的预提税税率容易弄清楚，倒不是这些国家或者地区的税法写得简单，而是与之打交道的出版公司传递给我们的信息前后一致，经年累月，不用我们去特意了解，我们也会很清楚这个国家或者地区的缴税规则。比如韩国，多年来我与韩国的版权代理公司打交道多，做成的版权交易大概有上百笔。我从未在韩国的预提税方面得到过矛盾的信息，这样我内心就比较踏实。当然，仅凭交易过程得到的信息还不够，我还亲自询问一些韩国朋友，得到的信息确实不假。当然，今天得到的信息只能证明以往，无法证明以后，因为一个国家或者地区的税法有可能会修改，就像我们国家的所得税减除额前几年修改过一样。

近些年与越南出版商打交道比较多。越南跟我们的某些情形类似，那里的民间公司比国营出版社发展得要好，其中有一些公司的信誉还相当不错。十几年前我从越南出版社和民营文化公司了解到，越南的个人所得税税率是13%。后来与越南客户打交道时又发现，个人所得税税率改成10%。最近一段时间，与越南出版商打交道较少，不知是否又有什么变化。

我与新加坡出版商有些业务往来，但是不很多，对其个人所得税的缴纳规定也就没有深入研究。我从网上搜索得知，新加坡对居民个人收入实行2%到22%的累进税率制度。年收入超过2万新元至3万新元的部分，税率为2%；年收入超过32万新元的部分，税率为22%。各位读者如果有版权卖给新加坡出版商，尤其是标的额较大的版权输往新加坡之前，务必要对所得税方面的法律规定认真核实，以免给自己造成不必要的损失。

向日本出版社销售版权机会更少，对日本的所得税法了解就更加浅显。据中国税网刊载的一篇文章介绍，2007年规定的最低税率是5%，最高税率是40%。其中，年收入不超过195万日元的部分，税率为5%；年收入超过195万日元至330万日元的部分，税率为10%；年收入超过330万日元至695万日元的部分，税率为20%。

同样，向美国销售版权也很有限。根据美国版权买主给我们提供的纳税凭证，11 431.94美元，缴纳联邦所得税是1143.19美元，由此判断，所得税税率是10%。从网上查询得知，美国的平均税率是10%，但是另有边际税率，税率是20%。按照这个信息计算，应该缴纳的联邦所得税是1 200美元才对。

让我最有话说的是台湾的所得税规定。为说明这个问题，先看一个案例。

2007年7月，台湾一家出版公司对我社出版的两本书感兴趣，一本是《语林趣话全集》，另一本是《汉字的故事》，双方洽谈的结果是每一本书预付款 1 800 美元。本来我是要争取税后金额，可是对方来信告诉我说："因为预扣的 20%，我们仍需要上缴'国库'。如果再加上 20%，对公司而言，会是一笔不小的负担。"为了多卖版权，我们只好同意对方这个条件。

我当时并不了解台湾的所得税法，于是就相信了对方的说法。后来经过查询我得到了如下信息。首先台湾个人所得税的课税级差及累进税率是由台湾当局按年度公布，纳税人根据当局公布的税率和课税级差缴税，次年 5 月由纳税人申报。根据现在掌握的资料，仅拿最低税率来说，2007 年度为 6%，适用这一税率的最高所得限额为 37 万新台币，2008 年度税率 6%，最高限额升至 41 万新台币，2009 年度税率还是 6%，最高限额是 50 万新台币，2010 年度税率降低至 5%，最高限额为 50 万新台币。我还通过一些资料了解到，稿费、版税均属综合所得税，就应该按照综合所得税的税率缴纳税款。按照 2007 年 12 月 31 日的汇率，3 600 美元折合成新台币是 117 000 元，这个数字距离那几年的任何一个最高所得限额都差很远。有个朋友提醒我说，小公司经营收入少，缴税少，大公司经营收入多，缴税就高，难道个人收入纳税还跟企业收入多少有关系吗？于是我赶紧了解台湾企业所得税的规定，结果发现当年台湾企业所得税税率有两个档次，一个是 15%，适用这一税率的最高所得限额是 10 万元新台币，另一个是 25%，适用最高所得限额是 10 万元以上。据报道，从 2010 年开始，台湾本地企业所得税税率从 25% 下降到 20%，15% 那个税率还有与否不得而知。本书新版出版前，又去网上查询台湾个人所得税税率信息，结果未有新的发现。

从以上分析看出，不论是按照个人所得税缴税还是企业所得税缴税，当年缴纳所得税都没有 20% 这个税率。是不是因为版税收入要缴纳的税款属于预扣性质就在企业所得税中取了个中间值作为税率呢？还是直接将给付大陆著作权人的版税应缴纳的税款按企业所得税税率计算了呢？完全不明白。由于对台湾的所得税规定搞不懂，如果要向台湾出版商销售版权，依我看最好的办法就是要税后金额。

第三节　算清账目

我在第八章说过，报价要算账，现在又说"算清账目"。千万不要以为这两个问题重复了，相反他们是各有玄机。"算账"说的是我们报价之前要弄清成本，这就需要算账。现在说"算清账目"则是勿让对手糊弄了，到头来该收到的版税没收到，不该缴纳的费用替人缴。先看一个案例。

2007年下半年，台湾一家出版社通过北京一家版权代理公司与我们磋商购买我社《百病信号》汉语繁体版版权事项。由于对方报价只有1 000美元，我觉得偏低，就让版权代理公司转告买主，付给我社的版税应该是净收入，也就是一分钱不扣的收入。没过几天，版权代理公司告诉我，没问题，可以订立合同。然而让我没想到的是，对方传过来的合同中有我方要向这家版权代理公司给付版权代理费的条款，于是我致电这家公司，找到与我联系的公司副总经理："难道你不懂什么叫净收入吗？"对方跟我狡辩："净收入就是不含税款，代理费还是要付的，因为代理费不在给你们的收入之内。"我据理力争，我明明说了是净收入，而且是一分钱不能扣除，如今合同上写着预付款是1 000美元，1 000美元一分不予扣除，到我们手里就应该还是1 000美元。如果你们的代理费在这笔预付款之内，那合同上的预付款就不应该是1 000美元。交涉之后，对方同意修改合同，可是代理费由谁来出我就不知道了。

不过，事情并未结束，而且我也有思想准备。当年12月15日是合同生效的日期。按约定，应该是一个月之内给付预付款。可是四五个月之后，当我与该公司那位副总经理联系付款事项的时候，对方跟我玩捉迷藏；碰巧不久以后一次开会，我又碰到这位副总经理，问起付款之事，对方还说，那家购买版权的公司跟他们很熟，肯定是会付的。我就想人家跟你们熟悉，跟我们不认识。订立了合同就按合同办事，与熟不熟悉没关系。十几天以后，再问那位副总经理，我才知道预付款已到他们公司账上，答应两三天以后汇往我们出版社的账号。又过了几个星期。我给该公司打电话，找到他们的总经理，总经理问到财务人员，财务人员很不耐烦。几经波折，版税总算付了。

所以说，在订立合同之前一定要仔细阅读，尤其是经过对方修改或者对方起草的合同。必要的时候，我们可以要求对方将修改过的地方用彩笔标出，起草的合同中凡是重要条款也用彩笔标出，这样审阅合同的时候就不至于出现挂一漏万的地方。

下面回到本章第二节提到的那个与台湾某公司交易的案例，其中不仅所得税有玄机，其他注意事项也不能忽略。

> 历经大半年，好不容易收到版税，所得税多交了那么多还没来得及消化，仔细一看即便是按20%的税率缴纳所得税，收到的版税也对不上数，跟我计算的数额相差好几百美元。是不是银行手续费呢？以往经验告诉我，银行手续费是很少的，汇2 000美元，手续费也就二三十美元。难道还有什么别的费用吗？我赶紧给对方写信，过了两天对方回信了，承认照片费没有计算在里面，承诺第二天就给补上。多亏我算了账，否则就少了一笔收入，相当于2 000多元人民币呢。就像我在餐厅见到的，买早点服务员唱收唱付，可是两元多钱的早点算来算去竟然是6元多。买主就逐一询问价钱，没等问完，就有服务员听明白了"多算了3元多"。

上面这个案例中提到了银行手续费，下面就这个问题多说几句。不知各位是否有这样的印象，外国出版商，尤其是实力雄厚的出版商卖版权给我们时常有这样的条款：汇款的时候银行手续费由买主承担。实际上，这是一个不讲道理的做法，可是人家处于强势地位，不答应人家的条件，版权就买不来，要想买版权只好忍受"胯下之辱"。有人问我是不是有什么规定抑或国际上有什么惯例。何为规定？又何为惯例？规定不过是强势一方强加给弱势一方不想接受也要接受的条件，惯例则是你多次谦让其养成的习惯。既然人家能这样对我，如果有买主对我而言也是弱势，我效法一番又何尝不可呢？

我现在向越南出版公司出售版权都是采用税后不含银行手续费的做法。不过我要指出的是，从越南向中国汇款是要经过中间行的。如果合同中说银行手续费由越南方面承担，他们很可能就只承担汇出行的手续费，而中间行的手续费还是由你来承担。

> 有一年，我受托将三位作家的作品授权给越南一家民间出版公司出版越南语版。汉语版的合同写得很清楚，版税不包括所得税以及汇出行和中转行手续费。合同收到后没有几天，对方告诉我版税汇出了。由于三本书中有一本书合同订得晚一些，所以版税分两次汇出，其中第一笔汇款是两本书的版税。收到后我发现与合同标的额不符，少了40美元。我料定一定是对方汇款的时候让银行扣除了手续费。我赶紧跟对方联系，结果对方还不在公司。过了几天才收到对方来信，原来对方去美国参加书展了。不过，对方答应我尽快处理，同时希望我到银行查询是不是汇入行扣除了手续费。我当天就去了银行，得到的答复是汇入行从来不扣除手续费。我将这一消息告诉对方，请对方尽快补足亏欠的预付款。越南方面说，扣除的手续费将随第二笔版税一并汇出，果不其然对方第二次汇款时补足了前次扣除的手续费。后来我们又合作过一次，整个过程非常顺利。

不过在银行手续费这个问题上也有不顺利的时候，有些外国出版社很不愿意这样做。再举一个越南的案例。

有个越南出版社购买中国三位作家的六本书版权，合同分别在2008年11月和2009年1月订立，按理说合同生效一个月内应该把预付款汇来了，可是对方却是一拖再拖，直到2009年4月初才汇来第一笔预付款，而且仅仅是全部预付款的34%。不仅如此，中间还少了30美元，一问才知道是对方的银行扣除了手续费。多次交涉，不仅扣除的手续费不给补，剩下多一半的预付款也不知道什么时候才能给付。倒不是对方不付款，而是金融危机非常厉害，越南银行缺少美元。后来因为我催得紧，对方才用从黑市买来的美元付了我们的预付款，两个月后把剩下的预付款汇给了我们。可是令我十分不满的是，对方这次又把手续费给扣了，前后共少了63美元。我跟对方交涉，对方说不是他们的过错，让我谅解。我回信告诉对方，其行为"实在令人不能容忍"，还说要让中国同行知道，他们不讲信誉。这下子对方急了，一个星期后将扣除的63美元银行手续费汇了过来。这回总算把预付款一分不差收齐了——不坚持，就收不齐。

这个过程说明什么？账目一定要算清楚，这不仅是银行手续费的问题，更是将来合作的基础，如果在这个账目上犯糊涂，对方就可能在其他问题上跟我们耍花招，到那时候我们的损失不知该有多大呢。

有个信息提供给各位读者，如今中国工商银行在越南的河内开设了分行，中国银行、中国建设银行、交通银行则在胡志明市设立了分支机构，我曾要求越南客户前往中国工商银行的河内分行给我汇款，不仅顺利，而且高效。如果向越南出版社出售版权，可以要求他们去这四家银行的河内或者胡志明市分行汇款，那样会直接给付人民币，免去了货币兑换的损失。

除此之外，上述四家银行在其他一些国家和地区也设立了分行。如有海外合作伙伴给你汇款，你可查询一下当地是否有这四家银行的分支机构。如果有，可以提请合作伙伴咨询这几家银行在他们当地的机构是否办理人民币汇款业务。随着改革开放的深入，相信将有更多中国的银行在海外设立分支机构，跨境汇款很可能越来越方便。

第四节 明确售价

从海外购买版权时，合同经常约定购进图书出版后的最低销售价。如果是中国出版社或者作者向其他国家或者地区销售版权，载明零售价的可以说几乎没有。我猜想，不是大家不愿意写而是因为实在不知道写多少为宜。

在讨论售出版权的价格问题之前，先谈谈买进版权的定价问题。之所以如此，是因为这个问题简单得多，很容易解决。

多年以前，我社从澳大利亚引进一套学习英语语法的书，分初中高级三册。在给对方报价的时候，需要说明翻译本的定价，当时我从事版权工作时间不长，经验没多少，编辑测算之后，我就把数字报给对方了。很快双方达成一致，准备订立合同。当时预估的定价是每一本16元，可是书翻译出来排好版，加上其他成本，最后确定定价在13元。书出版了，我很快把样书寄给了对方，对方收到样书挺高兴，但是最终定价比当初预估的价格少了3元很令对方不满。我跟对方解释——其实不用我解释对方也应该明白，预估出来的价格很难说准确。即便如此，对方还是几次三番地问为什么会比合同上约定价格低。对方念念不忘价格很让人理解，价格与他们的收益直接挂钩。这件事虽然不大，但是却影响合作伙伴之间的关系。

从那以后，我牢牢记住这样一个原则，那就是预估定价时宁低勿高。然而有时候有些出版社看重一本好书，千方百计要把版权买到手，定价就成了卖主考虑卖给谁的因素之一。换句话说，有时候一旦定价偏低，有可能失去购买好版权的机会。不过据我观察，这个因素所起的作用并非有多了不起，预估出来的价格保守一些一般不会影响版权购买，相反如果预估出来的价格低，最终出版的时候定价高，会赢得卖主的欢心。如果对方在谈判时很在意这一点，你可以跟对方讲明白——是现在高兴好，还是将来高兴好，英语中不是有一句谚语"谁笑在最后谁笑得最好"吗？

下面介绍销售版权书的定价问题，这方面对我们关系更重大，准备多费些笔墨。

2003年，我社向台湾一家出版社销售我们出版的《中国古代建筑》汉语繁体版版权。当时我进入版权贸易领域时间才两年，经验没有现在多，加之听说双方高层早就签署过备忘录，就定价事项有过约定，我就没在意。当然，我也没有看到过那个备忘录，仅仅是听说而已。结果等到对方准备跟我们结算版税的时候，矛盾爆发了。汉语繁体版的样书版权页上明明白白写着定价是1 500元新台币，对方却按990元新台币结算。台湾方面解释说，台湾的书都是如此销售，这样能给读者一个"占了便宜"的感觉。此时，我们无论怎样交涉，对方就是不承认备忘录上有定价的约定，可是碰巧的是我也找不到备忘录的原文。几经谈判，最后对方同意按1 500元新台币结算第一次版税，但是声称，最终还是要按照990来找齐。本来按照约定，对方还要重印一次。可是由于双方在结算价格上的矛盾没有化解，后面的事情也就不了了之。

从那以后，我在向外方销售版权时，尽我所能将预估定价写在合同里。当然，我也碰到过类似台湾那种情况，定价是幌子，折扣才是实价。即便如此，我也有办法，那就是写明最低实际结算价格不低于某一数额，这样写可以防止购买版权的一方随意定价。载明这一条还有一个好处，那就是使其不能随意删减图书内容。可以设想，一旦内容减少，定价势必降低。约定好实际结算价格，即便对方有所删减，收益上我方也不吃亏。事有凑巧，我还真遇到过这样的问题。香港的一家公司就跟我协商能否降低一本书的结算价格，因为他们要删掉一部分不适合香港读者的内容。

经过多年的实践，我总结出了一套自己的办法。如果对方销售版权时没有折扣，就在合同中约定最低销售价不得低于多少。当然，事先要计算一下我们授权使用的书翻译成当地语言之后大致有多少面，还要了解对方一般图书的价格水平。就拿越南来说，当地图书定价一般是4万越南盾左右，按照2017年6月的汇率相当于人民币12元。如果他要打折销售，你就提高最低销售价。还有一种约定方式，那就是把"零售价"改成"结算价"，明明白白，谁也不会误会。如果不分青红皂白，都弄成结算价，那也无妨，只要双方都能接受就可以。还有一点就是结算货币，用美元结算，美元兑换当地货币的汇率一旦贬值，结果对我们有利；如果兑换汇率升值，我们所得到的版税就会缩水。遇到这种情况怎么办？可以采取一个比较简单的办法，那就是用当地货币结算，且在最低结算价上写明当地货币金额，然后在括号中再写上美元金额，这样一来，不论汇率变化多大，即便有损失，也是有限的，这就叫任凭风浪起，稳坐钓鱼船。

不过，要想版权销售不因汇率变化而蒙受较大损失，还是要努力做好两件事情。一个是随时掌握买方价格的变化。有时候我们会遇到这样的情况。我们从合作伙伴获得的信息不是很准确，这当中有一个经济厉害关系问题。一般而言，海外出版机构购买版权的时候都会把定价压得很低，就像我们购买版权一样，定价水平压低了，预付款的计算以及实际版税的结算都会减少。这就需要我们多从侧面了解情况，互相印证。只有掌握了准确的"情报"，我们的应对办法才会有效。如果我们实在不清楚对方的情况，我有一个简单的办法就是到网络上去搜寻，看看对方网络上列举的图书通常多少钱，面数有多少，属于哪一类书。这样即便不能得到十分准确的消息，了解一个大致范围总比一问三不知好得多。还有一个就是掌握对方货币与世界主要货币的汇率。这件事情做起来麻烦一些，因为我们的银行通常只提供一些主要货币的兑换率。不过一些外国网站可以提供实时更新的汇率，而且币种齐全。从那里获得的信息相对来说比较准确，即便与我们银行公布的外汇汇率有些差异，如此制定出来的价格策略依然比较接近实际。

第五节 选择货币

这一节讲选择货币，讲的不是定价货币，而是给付货币。讨论这个问题之前，先谈谈汇率与居民物价指数问题。

从 2005 年 7 月汇率改革开始至 2017 年 6 月，人民币升值幅度达到 21.58%。与此同时，国内居民消费物价指数多数月份在上涨，区别只是时高时低。

选择给付货币之前先说汇率再说物价指数似乎是风马牛不相及，其实不然。做版权贸易就要跟美元一类的硬通货打交道，人民币对美元汇率升值似乎给版权引进带来一些好处，可是对版权销售则毫无利好消息可言。然而，很多人做版权贸易，尤其是做版权销售的人，对此常常是一无所知，之所以如此是因为我们的版权销售数量还不足以令许多人对其予以足够的重视。本来版权销售单项标的额就不高，如果我们再不精于算计，给付货币选择失当，版权销售收入就会随着汇率的变动和消费物价指数的上涨而大面积缩水。

然而情况是在不断地变化，我们不可用一成不变的观点来看问题。前几年美元走势疲软，以美元付款的石油价格上涨，可是我们的版权贸易标的额低，又不是那么抢手，价格上不去，用美元付款就会有所损失，于是我就在可能的情况下使用其他货币来付款。

2007 年 11 月，印度尼西亚一家公司对我们的五本书有兴趣，书名分别是《好姓名好人生》《十二属相起名宝典》《中国人上智》《佛陀妙喻》和《最精彩的中华智慧故事》。双方随即展开谈判。对方报价一出，我即提出用欧元或者日元等坚挺货币付款。对于用当地货币标价、结算的出版商来讲，用哪一种货币给付都是一样的。正是因为这个原因，对方很快同意以欧元给付版税。要知道，报价和谈判如前所述经常旷日持久，时间一长，版税不变，可是汇率就有可能变化，这样我们在收到版税之后，损失就不可避免。如果用坚挺的货币就不同了。果不其然，那笔版税我们是 11 个月之后才收到的，3 000 多欧元若是换成疲软的货币说不定我们就亏了。不是所有出版商都是愿意这样做的——尽管他们是用当地货币标价，因为他们早已习惯用美元给付。在这种情况下，我们要耐心做说服工作，晓之以理，动之以情，直到对方接受我们这个合理要求为止。

从 2009 年以来，希腊债务危机让欧元雪上加霜，到 2017 年 6 月，欧元对人民币的汇率目前已下降到 1∶7.66，就是 1 欧元兑换 7.66 元人民币。如果现在订立合同再用这种货币给付，那恐怕就很不划算了。这时候，你可以选择其他货币。实际上，要想从根本上避免货币贬值带来的损失，最理想的办法是用人民币报价、标价、结算、付款。

越南一家出版商对我国两位作家作品表示出极大兴趣，希望能出版越南语版，一本是韩寒的《长安乱》，另一本是方白羽的《千门公子》。与对方洽谈一开始，我就提出用人民币结算、给付版税，越南出版公司回信说给付人民币没有问题。双方几个回合的商谈就版权许可达成协议并很快订立了合同。这家公司与中国的出版商多有合作，还与我熟知的美国代理商有业务往来，信誉不错。合同订立妥当，对方很快便把预付款汇到我方的账上。这样做既不会因为货币兑换而麻烦，也不会因为几经兑换而出现损失。

对我们来说，在做版权贸易过程中，买版权用外币给付卖主版税，卖版权则要求对方向我们给付人民币，各得其所，各有收获。当然，这样做还要有一个过程。一来我们多年以来习惯于美元等货币标价、结算与给付，二来我们在版权销售中很多情况下还不是很强势。再有一点，就是用人民币给付还有一些限制。如果版权买主所在区域有中国的银行分行，从那里汇出人民币没有问题。

不论怎样，我们在这方面应该尽量有所作为。我的体会就是当我们销售的产品不是很抢手的时候，我们就采用跟对方协商的办法；当我们的产品非常走俏的时候，我们要毫不客气地提出对我们最为有利的结算、给付方式。如此下去，不仅我们，就连海外合作伙伴都会习惯新的报价、标价、结算、给付方式。不过，要注意的是，通过外资银行从境外向境内汇人民币目前还是不可以的。

顺便说句题外话，在很多人看来，图书版权贸易以输出成功为目标，卖多少钱是次要的。我不这么看，越是不讲价钱的东西，在买主心理就越是没有价值，因而也就越不好卖。这是人们惯有的一种心理，用我们过去经常见到的情景就是"买涨不买落"。正是基于这样一种考虑，我才花了相当的功夫与精力在付款问题上大做文章。

第六节　邮寄样书

版权贸易最终结果是出书，书出版了，就要给版权持有者寄样书——这是购买版权一方应尽的义务，即便合同没有约定，也应该这样做，就像报纸上用了谁的稿子，报纸印出来给作者寄送样报一般。然而，如今这个问题复杂了，很多情况下只要你不说，只要你不催促，有的海外出版商无论如何是不会给你邮寄样书的。

多年以前，我们向香港一家出版公司售出了多本图书的汉语繁体版版权，可是合同订立之后，很久看不到书出来。有一次，一个朋友无意中看到对方所购我社图书的汉语繁体版在其网站上出现，更有人在香港书店看到有书销售。于是，我跟这家公司联系寄送样书事宜，对方以准备香港书展为由，希望我们允许其在书展之后邮寄样书。还有的时候，合同上约定是10本样书，对方只寄来三四本，余下的下一次寄。

版/权/贸/易/经/略

针对对方这种做法，合同订立之后，我们所能做的只有催促，催促，再催促。出现这些情况多半与合同约定不明确、不细致有关系。有的合同仅仅约定，当地版本出版后，出版方寄送样书，至于什么时间寄送不知道，用什么方式寄送也没有说明。这样一来，出版方便有了理由，反正也没有约定，想什么时候寄就什么时候寄，爱用什么方式寄就用什么方式寄，怎么做都没关系。不过，有时候即便你约定了时间和方式，对某些人来说也没有作用，因为守不守约要看他的情况，而不管如何约定。

有一年台湾一家出版公司购买我社一本小说，当地汉语繁体版出版之后几个月不见样书。我打电话给对方，台湾同行回答我说早就给寄了，过些天就到了。又等了一个月，结果还是没有踪影。我又问对方，人家回答，是用海运的方式寄的，空运太贵。后来实在收不到样书，对方重新寄了一次，经过一段时间才把样书收到。

其实不光是周边国家和地区的合作伙伴有这种情况发生，国内也常常不按照合同约定给海外合作伙伴寄送样书。不论是国内还是海外，但凡出现这种延迟邮寄书或者减少寄书都是实力颇为有限且信用不是很好的机构。如果你对这个问题特别在意，你就应找有实力、信用好的出版机构共事。如何判断一个出版社是否有实力、是否讲信誉呢？方法很简单，那就是观察这些出版社在一些微不足道且似乎只对合作伙伴有利的事情上做得如何。

一家泰国出版社购买了我社两本青春小说，出版之后给我们寄来了样书。样书收到后，我将其交给了合作伙伴的领导，并有记录证明。可是作者有一天跟我联系说一直没有收到样书，我跟合作伙伴联系，对方已经不记得这件事了。此时，最能有效解决问题的方法就是让泰国出版社立即另寄一套给我。于是，我向对方提出了这个要求，对方一句不问就记了下来。两个星期以后，样书寄来了。这样的海外出版商就是一个有实力、讲信用的出版商。

有的出版社一说寄送样书就推托，而且是越慢好，因为慢了省钱。上面这家泰国出版社二话不说，很快把书给你寄出来。哪个出版社能成为你长期的合作伙伴不是一目了然了吗？目前与这家出版社虽然还没有新的合作，但是双方保持着很好的关系，拥有良好的关系就不愁没有合作前景。

第十章 订立合同

第十章　订立合同

条件谈妥了，接下来就要进入洽谈的最后阶段——订立合同。在一般人看来，条件谈妥了，合同问题就不大了。我以为很多情况下，特别是交易比较简单的时候会是如此。但是，有时就很难说，即使双方达成了口头协议，要落实到书面上还有一定工作要做。

第一节　做好准备

说到"准备"，有些读者会说，谈判都结束了，还有什么可准备的。此言谬矣。谈判有口头进行的，也有通过书面完成的。不论采用什么方式，最终都要落实到合同当中——不论是口头合同还是书面合同，抑或是传真合同。

一、弄清身份再订约

合同订立的一方如果出现差错就会给合同的另一方造成无法挽回的损失。版权贸易与其他贸易不同，代理人往往有好几层。不仅代理层多，有些代理商的代理完全是个人行为。说到这里，我想顺便说一点题外话。代理公司中多由负责不同地区的代理人组成。这些代理人干久了，就可能对所在的公司感到厌倦，离开供职的公司。凭借积累起来的人脉，有的代理人改换门庭，有的则另立门户。有的时候也不排除打着别的公司旗号做些龌龊勾当。这样一来，订立合同的时候就要擦亮双眼，否则吃亏上当都不知道去找谁算账。

多年以前一家台湾代理公司负责版税结算的人员给我打电话，要我们给付某本书的版税，当时我还是这个行业的"新人"。我就跟编辑反映这个问题，编辑说，版税已经通过该公司北京代表处的某个人付了。后来这家公司又来电话，还是追问这件事，我只好再次找到编辑，编辑还是那样回答。后来美国一家代理公司也发信，向我社催要上面提到的那本书的版税。我只好回答，已经将相关费用付给对方的合作伙伴了。美国代理商说，与我们接洽的人不代表与他们合作的版权代理公司。一见这样的来信，我就觉得麻烦了。还好，我们保留着相关的单据，否则我们可真是有理说不清了。

还有一个案例与《上帝的指纹》（Fingerprints of the Gods）有关。令人匪夷所思的是"谁是代理人"这么一个简单的问题我们用了很长时间问了若干相关机构，竟无一人将其解释清楚。

2009年下半年，英国一家版权代理公司给我发来一封信，说我社出版的《上帝的指纹》一书是台湾一家代理公司授权上海的贝塔斯曼股份公司使用的。后来，由于贝塔斯曼股份公司停止了在中国的出版业务，上面那本书的版权已经返回权利人。据称，如今这本书的版权代理商是给我写信的这家英国代理公司。据我了解，这本书最初是国内另一家出版社购买了版权，后来购买版权的出版社因故决定不再出版上述图书。几经辗转，该书给了一家民营公司，这家民营公司便把这本书拿到了我社出版。于是便有了英国代理公司与我社交涉版权事宜的来信。

本书不想对这件事的是非曲直进行评论，我只想说明一点，有时候身份问题让人迷惑不解。而且外国情况与中国不同，权利人更换了代理公司无须诏告天下，可是国内的出版商遇到了这种情况该如何是好？难道就凭一纸书信确认代理人是谁？如果是这样，前文提到的跟我们交涉版税的我国台湾和美国代理公司又是怎么回事？依我看，还是要验明正身，否则是个人都跟你交涉版税，你一旦撞

第十章 订立合同

上李鬼，李逵来了怎么办？

其实不光是购买版权需要验明正身，销售版权同样如此。如今版权归属情形很多，也很复杂。多数版权归作者，可是相当作者的代理权却在民营公司和出版社手中，此时作者无权与境外买主洽谈版权销售事宜。还有的时候版权归作者，而且作者也有相关文件证明版权归自己，然而由于民营公司在操作作者作品方面功劳巨大，有些作者仅仅是名义上的版权持有者，版权的处置还是要听民营公司的。难怪有个在中国做文学作品翻译、推荐的美国人感叹，找到合适的作品不难，翻译出来介绍给国外出版商也好办，唯独在弄清权利归属时困难重重，好像比登天还难——找到作者，作者说不在自己手里；找到投资商，投资商也说没有，真不知道找谁好。

有一年越南一家出版公司要购买中国一位知名小说作者的作品，我经过一番努力联系上这位作者，且在这位作者到北京录制电视节目之余与其共进晚餐并订立了委托代理合同。随后我与越南方面展开谈判。对方很喜欢这位作者的作品，准备一揽子购买其业已问世的五本书的版权。经过讨价还价，双方以每一本书 1 000 美元预付款达成协议。接下来合同起草也很顺利，没用几天双方对合同文本就达成了一致意见。可是就在我准备将合同寄给作者的时候，作者来电话，宣布本次交易取消。作者说他背后的民营公司已经对这套书拟订了一整套的立体营销计划。说到这里我明白了，原来是作者不能当家做主。最终这套书的越南语版通过出版社签给了越南的出版公司。然而，令人意想不到的是，2013 年这套书出版第二部的时候，上面那家越南出版公司希望接着购买版权。再联系掌握版权的民营公司，民营公司又说版权在作者手中。联系到作者，作者又因为当初出版社卖掉版权后没有给付版税而拒绝合作。时至今日，我也不知道版权到底在谁手里，生意自然也就做不成了。

要想做好版权买卖，必须首先弄清版权归属，这个问题一天不解决，就一天不能与合作的另一方展开实质性的谈判，更不可能订立合同。版权归属搞不清，权利人不允许，订立了合同也是沙地起高楼——肯定得倒塌。

二、先订合同后行动

对此，很多人不以为然。我就碰到过类似情况，合作都进行了一段时间，合同还没有订立。我曾经与新加坡一家公司的合作就是这样。我们是一边准备合同一边编辑书稿，很快书稿编辑完成，外方将书稿送工厂印刷，可是双方的合同却还没有达成一致。如果一方有"生米做成熟饭"的心理，另一方就会处于尴尬或者危险的境地。在我们国家，不订合同就开始做事的情况时有发生，有的出版社书出版了好几个月以后才想起来订合同。如果你不走运，碰到一个较真的，就是不答应你的条件或者提出了你不能接受的条件，那你该怎么办？

说实话，在版权贸易中一般都是先订合同后办事，但是也不排除意外，我就碰到过外方不签合同就把预付款汇过来的情况。

> 2009年有个韩国代理商看中了我们的一本书，书名是《生活中的心理战术》，对方说很快提供合同，供我们审核签字。可是等了好长时间也没有等来合同。当年年底，我给韩国代理商发信，询问合同何时能寄过来，对方说等过两天不忙了就寄合同。可是令我没想到的是，这一等又是好几个月。同样令我没想到的是，很快一笔款项从那家韩国代理公司汇到了我社的账号上。我写信一问才知道，原来就是上面那本书的版税。对方解释，他们为了缩短出版周期，就先把预付款给了我们，我们收了钱，韩国出版社就放心了，殊不知没有合同中国的银行是不给托收的，拿不到预付款，也没有合同，我们是不会承认我们曾经授予给韩国出版社出版上述作品韩语版的权利的。如此这般行动的，不光是这一家韩国出版社，还有其他一些国家的出版机构。

也许是人家相信我们，不过这样做在市场经济社会中是不符合规范的——一旦出现变故，汇款方将很难避免损失。我以为，还是先订合同，后行动，这应该是版权贸易起码的准则。

说到这里，我想起一个经典案例。多年以前我国一家体育经纪公司组织拳王争霸战。该公司因与美国拳击经纪人唐·金（Don King）合作流产而蒙受 4500 万元人民币的损失，可是谁又让他不遵守"先订合同后行动"的原则呢？我所说的"先订合同后行动"指的不是有份合同就行，而是要把合同订明确、订准确，然后才能开展合作。这家体育经纪公司恰恰不等与唐·金的合同订立准确、明确，就与赞助商订立协议，没把一切搞定，就开始卖门票，如此这般能没损失吗？小生意损失小，大生意如此不守规则，损失就会非常巨大。后面会结合版权贸易问题对此案例进行详细剖析。虽说这不是版权贸易领域的案例，但是对我们却颇有启示。

第二节　慎用范本合同

订立合同，很多人特别喜欢使用范本合同或者叫格式合同。据我了解，中国版权代理人常用的版权贸易范本合同多半参考了外文出版社出版的大卫·福斯特（David Foster）和莱内特·欧文（Lynette Owen）撰写的《国际出版知识》一书。该书后来在 21 世纪初由法律出版社根据原版修订版重新翻译出版。该书提供了相当多的范本合同，然而据我看，很多范本并不适合版权贸易使用。这样的合同就像一个瓶子，不论什么酒都往里装，弄不好会出问题的。我不说各位也能知道，根本原因是每次交易不尽相同。我们可以从两个方面来讨论这个问题。

一、妨碍合作

合同是用来保证缔约双方合作关系的文件，就应该根据彼此的合同关系订立合同。合同中的每一条每一款都应该与合同标的有密切关系，甚至是量身定做。

范本合同仅适合一般情况，而适合一般情况的合同被用在某个特殊合同关系上，这个合同就不可能是妥当而完美的。不过话又说回来，合同提供者对自己经常使用的合同还是比较熟悉，即便对自己有什么伤害，那也远远不及给合同另一方造成的损失大。

《亲历历史》（Living History）是美国前国务卿希拉里·克林顿（Hillary Clinton）撰写的一本书，曾经授权给我国一家出版社出版汉语简体版。我没有看到他们之间订立的合同原文，但是我相信他们使用的合同一定是西蒙·舒斯特公司或者版权代理商提供的范本合同。由于合同中没有载明中方出版社就汉语简体版中不妥内容进行修改的权利，又由于签约之前图书还缺少细致审查，出版社在图书制作过程中对部分内容作了"技术处理"。图书出版后，一段时间很畅销，可是作者却发现其中部分内容被删除。于是，作者通过美方出版社与中方出版社交涉。虽然中方出版社承认违约并且道歉，同意恢复其中的部分内容，但是最终因为中方出版社不能全部恢复被"处理"掉的内容，版权持有者收回了上述作品的汉语简体版本的版权。范本合同的使用导致一本书在中国市场的夭折，给中方出版社造成了巨大损失。

我之所以认为这是范本合同惹的祸，不是因为对方给我透露了合同内容，而是根据我与跨国公司打交道的亲身经历得出的。我曾经与两家跨国公司洽谈过版权购买事项，而两次重点谈判的都是与合同标的物的汉语简体版出版前的修改权问题。不论是版税金额还是出版程序，谈得都很顺利，双方偏偏在修改权问题上迟迟达不成一致。

两家公司都不同意对书稿进行修改。经过一段时间的谈判，两家公司虽然同意修改，但是条件却十分苛刻，其中一家通过民营公司告诉我们，所购买的版权书必须忠于原文，不得进行任何修改，除非书中有违反中国法律的内容。从海外引进图书，对原书进行修改在所难免，这当中不仅有法律问题，还有社会风俗和语言表达习惯问题。特别是社科人文类图书和传记类图书尤其如此，因为这类书经常含有作者鲜明和独特的观点，而这种观点有时候与我国的法律乃至习俗以及表达习惯多有不同或者矛盾。如果只允许修改那些违反法律的内容，对其他不适当内容置之不理，到头来不仅会影响读者的阅读，还会妨碍图书的正常发行。经过三个月的洽谈，其中一家公司接受了我们的意见，对合同进行了修改。

另一家态度比较强硬，通过民营公司表示，他们的合同是总部制订的，全世界通用，言外之意不得进行任何修改。范本合同中不符合我们要求的条款如果不能修改，一旦合同进入履行阶段，就有可能让我们陷入被动境地，在这方面前车之鉴不可忘记。我们的态度很明确，如果不对合同中的某些不当条款进行修改，我们就不签署这个合同。经过艰苦的谈判，这一家公司总算接受了我们的意见，对其中的两个条款进行了修改，从而保证了我方的利益不受侵害。

当然有一种情况也是存在的，那就是与我们合作的民营公司因为担心版权引进流产，比较迁就国外的出版公司。当我们直接从国外引进版权时，这种不允许修改的蛮横行为还是很少见的。

  2012年，我帮助一家出版社从日本引进一本书，条件谈妥后进入合同订立程序。对方发来合同草案，经过审查，我提出有的文件需要补充，有的合同条款需要修改。第一，作者要向日本版权持有者提供授权委托书，以使版权持有者有文件证明有权代表著作权人订立正在草拟的合同。第二，合同标的汉语简体版翻译本版权归版权持有者在中国行不通。译者在中国接受版权购买者委托翻译作品理应遵守中国法律。根据中国法律，译者享有版权。再者，合同双方无权约定第三方事项。第三，合同草案说："出版者应向版权持有者给付的价款为出版者向出版者所在国相关当局缴纳预提税后的余额"，应改为"出版者应向版权持有者给付的价款为出版者代表版权持有者向出版者所在国相关当局缴纳预提税后的余额"。第四，原合同草案中有关版权持有者给版权代理人的授权中没有收取版税这个权利，可是版税却要通过代理人给付，这就容易造成"版税即便给付了，只要版权持有者没有收到，出版者就要承担没有给付的责任"一类的问题。于是我提出，将版税直接付给版权持有者，并在合同适当位置加上版权持有者的银行账户信息，以便出版者付款。只要出版者按照合同提供的银行信息及时付款，出版者就履行了自己的付款义务。对方回信，承认他们提供的合同是范本合同，部分内容不适合这本书的实际情况，同意按我提出的修改意见修改合同草案。

如果上面这些问题不解决，合同条款不修改，说不定会在授权、付款以及代缴税款方面出大问题。

二、自我损伤

有时候，提供范本合同的人自己不仔细看，送达另一缔约方审阅时合同中还留有前次交易的痕迹，让人贻笑大方。如此这般不仅损害了对方的利益，也让到手的机会溜之乎也。

2009年，我们与国外一家大型出版公司讨论赵启正与奈斯比特夫妇合作撰写一书的合同，我仔细看了这家著名出版公司发来的合同，发现很多条款是其他交易用的，给我发合同的人根本就没有仔细审阅合同草案。就算改过的部分，也是不符合这个合同的要求。这个合同实际上是以赵启正为一方、奈斯比特夫妇为另一方、以那家大型出版公司为代理方、以我社为出版方订立的合同。那家公司是奈斯比特夫妇的代理人，这毋庸置疑，可是作者的另一方赵启正呢？这是因为赵启正与奈斯比特夫妇是共同作者（Co‐authors），不论是版权还是版税都是共同分享的。很明显，那家公司只能代理一部分著作权人而非全体，因为那家公司提供的合同没有将自己在合同中的法律地位界定清楚，这样的合同是无法谈下去的。我们提出了自己的版本，可是对方又不接受，于是双方陷入僵局。此时此刻，作者别无选择，只好与出版方直接订立了合同。

如此拘泥于范本合同，煮熟了的鸭子最终飞走了。当然，这种合同最要紧的是体现了一种交易中的强权态势，其结果是有的人接受，有的人就不接受，一旦你碰上了不接受这种不平等合同的人跟你较真，不修改就不签署合同，你的损失可就大了。

还有一种情形要注意。如果是自己起草合同，千万不可懒惰；如果只在范本合同上改个书名或者数字了事，那样是很危险的。这是因为如此订立合同，即便生意做成了，也不值得肯定，说不定最终还会蒙受重大损失。与其做一桩赔本的买卖，不如不做。

第三节　切忌笼统

与海外出版商、代理人订立合同，很多人喜欢简单，写上七八条就可以了。也有的虽然合同不是七八条，可是条款订得太粗略，有些至关重要的地方约定不详细、不具体。如此订立的合同双方是无法按时按质履行的。谓予不信，先看一个非版权贸易的案例。

2000年，长城国际体育传播有限公司（下称"长城公司"）与唐·金合作，准备在中国北京举办世界重量级拳击争霸赛。双方在当年2月草签了比赛合同。此后双方你来我往多次。长城公司董事长牛立新多次飞往美国与唐·金谈判，唐·金也来中国"踩点"。唐·金一到中国就喊"我早就盼着来中国"，与此同时还不忘盛赞牛立新是中国"最精明的体育产业开发商"。为表诚意，长城公司给唐·金公司的账户汇去了200万美元的定金。双方于2001年10月1日在美国订立合同，可是合同刚订两天，牛立新尚未离开美国，唐·金就提出比赛改在美国举行。当时"911事件"发生不久，唐·金说转播拳击比赛的电视台担心去中国转播比赛存在安全问题。比赛改在美国举行意味着长城公司此前为比赛举行所做的一切付诸东流,这样一来,包括名誉在内长城公司蒙受的各种损失将高达4 500万元人民币。据称,唐·金之所以如此是因为他没有与转播比赛的电视台达成一致,这让唐·金公司无法获得预期利润。当然,这个理由是不会端到桌面上去的。牛立新在总结经验教训的时候表示:"我真没想到他能这么钻我空子,瞅见合同上没规定具体日期就跟我今天拖明天。"合同没订具体,牛立新及其长城公司的损失巨大呀。

唐·金可是世界上大名鼎鼎的公众人物,一般人不会想到,这样一个公众人物也会终止合同!然而事情确实发生了,之所以如此就是因为合同上没有对比赛日期进行约定。既然没有约定,唐·金就说不上违约,不过是延期比赛而已,至于延期到哪一天只有唐·金自己知道。

下面再看看版权贸易中的一个案例。虽然这个案例的标的额与上面拳击赛的标的额不可同日而语,然而某些事项不事先约定,损失来了那可是自己的。

我社有一套英语学习用书,一共七本,被一家台湾公司看中。双方经过谈判,约定预付款为12 000多美元。合同订立后,对方如期给付了预付款,我社也将授权图书的电子版发给了对方。对方编辑开始对七本书进行编辑。过了一段时间,对方跟我联系,说七本书的英语有一些问题,需要做些修改,我回答"可以"。可是,又过了一段时间,对方来信说,书中的英语太糟糕,如果要出版,内容就要推倒重来。对方希望让我们给其更换图书。我知道对方在变相索要预付款,可是这话不好说,就变通为更换图书。合同上虽然没有约定预付款返还问题,但是根据中国大陆的合同法,给付定金一方无权要求返还定金,预付款属于定金性质,所以不应返还。如果要更换图书,已经给付的预付款只能抵消新书的一小部分预付款,因为前面那一套书的预付款绝大多数都付给了作者,我们总不能再从作者口袋里掏回这笔钱吧。好在对方还比较讲理，双方没有为这件事进一步纠缠。

从上面这个案例可以看出，合同不载明详细约定是很危险的。如果碰到不那么通情达理的，硬要按照合同办理，那场纠纷的结果还真是很难说。所以说，合同必须签得很细致，很到位，否则出了问题就说不清，就会给自己带来无穷的麻烦，甚至还要有经济上的赔偿。

一、多用数字

订立合同的时候，一些只有数字才能说清楚的事情，切忌笼统、含糊、简单。我们经常看到这样的版权贸易合同，提到销售价格的时候弄一个"大约 20 元"，那么到底是多少呢？是 19 元还是 21 元？很多外国提供的合同常有如下的条款：

On copies of the full-priced hardcover edition sold in the United Kingdom and elsewhere other than provided for Article 16B hereof: A royalty of twelve and one half percent (12.5%) of the British published price on all copies sold to five thousand (5 000) copies a royalty of fifteen percent (15%) of the published price on all copies sold thereafter. （以全价在英国售出的精装本（第 16 条 B 款所涉情形除外），5 000 册以内按英国定价的 12.5% 计算版税，5 000 册以上按 15% 计算版税。）这里的 full price 是什么意思？英语中还有 cover price 和 list price。根据我的理解这三个说法意思相同，就像我们常用的"定价"。不过，这个"定价"具体是多少，订立合同的时候就不明确，可以是"10 元钱"，也可以是"20 元钱"，更可以是"30 元钱"。如果我们在合同中的约定能用数字表示，就像我们前一章提到的越南案例，我们就不要使用 full price 等一类的表达方式。

写到这里，我想起了美国出版的一本书上对定价和版税给付的论述。由于篇幅的关系，我不准备多加引用，而是介绍几个非常普通的术语，比如 retail price 意思是"零售价"，total sales revenues 是"销售收入"，net publishers' receipts 是"出版者净收入"。那么美国出版商如何计算作者版税呢？如果一本书零售价是

35美元，卖给批发商或者书店的折扣是五二折，应该是18.2美元，如果给作者的版税率是10%，每一册的版税是1.82美元。出版商在向作者给付版税时通常要考虑退货的问题，所以很大一部分出版商从给付版税中扣除一部分以应对退货，另一部分出版商则从以后结算中扣除退货的版税。❶

再比如税款的问题，海外出版社向中国出版社销售版权的时候，都不忘就所得税款在给付版税中所占比例约定在合同中，这样他们就知道实际收入是多少。在这一方面，我们就不是那么清楚，所以我们在向海外出版商销售版权的时候很少有约定所得税（预提税）按多少比例缴纳的，原因有二。一是我们的出版商在做版权销售的时候缺少具体约定的意识，"凡事差不多"是很多人的思维定式。二是人家不愿意如此约定，就像我们从西方国家出版商购买版权人家不愿意出示作者的授权委托书一样。实际上，合同上约定结算价格以及税率本身是一种彼此不信任的标志，然而现实告诉我们，你若不约定，有些海外出版商就会像唐·金一样钻空子。

还有一项有的时候也为人所忽视，那就是与国外订立的合作出版合同。这种合同虽然不是严格意义上的版权贸易合同，但是其本质还是以版权许可为缔约标的，只是没有预付款作为对价，而是以有了利润结算为承诺，这样一来版权销售方的利益就处于没有保证的危险之中。美国麦格劳-希尔公司与中国出版社进行版权合作时就采用这种方式。原本这类合作的合同对麦格劳-希尔来说风险要大一些，但是麦格劳-希尔在中国开展业务已有时日，对中国情况以及相关部门十分熟稔，似乎不需要担心；如果中国出版商也以同样的方式与美国出版商合作，情形就有可能大不一样——毕竟中国绝大部分出版商还没有海外开展业务的经验。之所以如此担心，就是因为合同中没有约定付款数额，也没有付款日期。没有履行合同标的日期的合同有何危险，牛立新的案例足以说明问题，无须我赘言。

---

❶ GRECO A N. The book publishing industry [M]. 2nd ed. Mahwah: Lawrence Erlbaum Associates, 2005.

二、重视细节

有一部电影叫《冲出亚马逊》，那是一部跟国外合作拍摄的片子。据有关人员讲，那部片子的合同有 70 多页。篇幅如此之大的合同在我们国内的经济活动中恐怕是很少见的，到了国外却平常得很。就拿国外演员与电影公司拍片来说，有些合同的详尽程度简直令我们瞠目，就连一场戏拍摄完毕后，如遇恶劣天气不能及时赶到下个片场是否由专车相送都有约定。乍看起来，这么详细好像没有必要，实际不然。真要是赶上狂风暴雨，没有专车把演员送到下个片场，说不定就会迟到，就会违背与下一场戏制片商订立的合同。可以这么说，有了合同，双方不用说一句话，完全按照合同办事就是了。如果当初订立合同不严谨，不细致，损失就不可避免。不光出现经济损失，还会影响你与合作伙伴的关系。这也正是很多合作最终沦为一锤子买卖的缘故，当然有时候笼统还会使合同未等履行完毕就半途而废。

我在本书第三章"版权代理人"中提到我与美国律师事务所谈判《宋庆龄传》的情形。那个谈判最终因为美国方面变卦而流产，不过美方律师提供的合同却让我对美国版权合同重视细节规范留下了深刻印象，让我们学到不少东西。

这个合同由一个备忘录、三个协议以及一个说明构成，可以说是个一揽子合同。我们以往订立合同，最多有个简单的附件，这个合同则不然。这些合同的组成部分不仅可以单独使用，而且还能并入整个合同之中成为其不可缺少的一部分。除此之外，合同中还有五个方面让人感受到细致得非同一般。

第一，为让买主少担风险，律师将"期权"用于版权贸易中。我知道有"期货"这个说法，也听说过"期权"，可是从不知道版权贸易中也有"期权"的概念。处理完这个合同，我不仅知道了"期权"是怎么一回事，也知道了如何运用"期权"让自己的风险降至最低点。这个合同的"期权"有效期，也就是行权期有三个。第一个行权期为

18个月，为此买主要按照约定的金额给付费用。在第一个行权期到期之前，买主书面通知卖主准备行权，即刻给付下一个行权期的费用，如此下来，买主获得了三个行权期。为保证买主行权期中行权有效，卖主与买主还要订立授权合同。这样，一旦买主决定行权，就可以立即付诸实施。

第二，对产权记录的要求非常详细。这也是买主规避风险的一个重要手段。在这个一揽子合同中有若干地方就此进行了约定。一个是产权记录、所有人保障，还有一个就是电影脚本说明，就连出版者的授权也不可或缺。当然仅仅有这些还不够，合同还约定，所有人还要提供作品版权持有者本人签署的授权文件。约定这些内容的目的只有一个，就是避免因为行使合同许可的权利而招致第三方主张权利或者做出违法的事情来。也就是说我买的权利要有一个完整的合法链条作保证，不论是你作品本身还是作品引用的各种材料以及访谈对象是否同意，都要有一个明确的说法。

第三，对权利的约定。合同用一页多的篇幅约定各种许可的权利以及根据许可的权利产生的新权利，包括现已知晓现在使用、现已知晓以后使用、以后知晓以后使用的所有权利。合同对卖主保留的权利也有详细的约定，这跟我们以往的做法有很大的不同。通常情况下，没有明确授予的权利都归卖主保留，可是上面这个合同就详细列出来了，买主明确了自己得到的权利，卖主也知道自己还有什么权利保留下来。还有一点就是司法救济权利。这一点也是很重要的。合同订立双方一旦发生争议并进入诉讼程序，就有个损失赔偿问题，所以合同对买主的司法救济作了约定，以免给买主造成更大的损失。

第四，争议解决机制。合同是根据美国普通法和版权法以及加利福尼亚州民事诉讼法写成。合同约定，合同双方发生争议，可以按照JAMS或者ADR方式仲裁，前者是一个叫作司法仲裁与调解服务中心制订的规则，后者是选择性争议解决方式。合同还对仲裁员的遴选以及裁定生效、上诉、费用支出等方面进行了约定。在我国出版社的版权合同上顶多写上一句，"双方一旦发生争议，本着友好协商的态度解决，协商不成，交由北京仲裁委员会仲裁或者提起诉讼"。人家的合同中没有"友好协商"一说，有的只是详细而且一看就明的约定。

第五，对己方的保护。合同的美国当事人是一家电影公司，但是人家并不出面，出面的是其代理人——美国洛杉矶的一家律师事务所。这家律师事务所的律师只承担国际法律业务。对方不仅精通法律，对版权贸易很熟悉，谈判手段也十分了得，其所提供的合同更是特点鲜明，能从各个方面保护自己的权利不受伤害或者少受伤害。根据这个原则，对卖主的要求很高，也很苛刻。

三、表达准确

版权贸易不论是用什么语言订立合同，都存在一个对合同语言的理解问题，如果合同订立双方，因为合同语言笼统而导致理解不同，这个合同就很难履行下去了。用外语写成的合同我们一般都重视条款用词，这是因为我们对外语，尤其是对外语合同的法言法语理解常常存在不足，对其背后深层意义理解上也经常缺乏深度，故而小心有加。其实，不光是用外语写成的合同是这样，即便是用汉语写成的合同有时候理解上也会有误差。然而，合同的纠纷恰恰就产生于理解上的差异。此时此刻，如果诉至法院，那就看法官如何理解了。也正是这个原因，外商提供的合同常对一些术语进行解释，以免生出歧义。可是多数情况下，合同订立都是采用简略粗线条的方式，这样一来就容易留下争议的伏笔。

中国一出版社与韩国一出版商订立版权授权合同。在约定给付预付款的条款中韩国出版商加了"扣除相关本数"这么一句话。对方代理人解释，那句话的意思是，以后再给付版税的时候，需要冲抵预付款。如果对这一点不弄清楚，将来很可能会出现不同的解释，一旦产生纠纷，权利人很可能要蒙受损失。这一中国出版社与我联系，问我对此有何看法。我告诉对方，这一类容易产生理解偏差的语句不能放在合同当中，必须改掉。如果对方不改掉，就必须予以澄清，而且澄清的说明要作为合同的一部分签字盖章。

还有一次，一位著名人物的作品授权给贝塔斯曼股份公司代理美国和加拿大的俱乐部版，合同收到后发现，对方有两个不同的版税率，一个是4.5%，另一个是4%。打电话一问才知道，"4.5%"是针对俱乐部老会员的，而"4%"是针对新会员的。这跟我们习惯上优待老客户的做法背道而驰。经过双方磋商，最后改成了统一的给付标准。这样一来，不仅计算起来容易，还会避免误解。如果不去询问，就不知道新老会员有如此差别待遇，不知道这一差别，一旦收入出现了差别，就有可能影响合同的履行。

第四节　信息网络传播权

图书版权贸易目前以纸书为主，因而纸书授权依然是图书跨境授权的主要约定事项。不论是购买版权还是销售版权，基于数字复制权与信息网络传播权而产生的电子书、移动阅读、软件模块等形式的授权通常列入附属权利当中加以约定。

2012年9月，作家曹文轩的作品《青铜葵花》经由汉语版出版社委托，通过我将英国英语版授权给英国沃克尔出版社。授权合同在约定纸版书权利的同时通过约定附属权利授权的方式将电子书、听书等权利一并授予英国出版商。

如前文所说，这样做不仅是彼此信任的结果，也是商业开发不可缺少的基础。国内很多作者受目前状况的限制，更喜欢将不同的权利，尤其是电子书的权利分别授给不同出版商。国情不同，应对有别。从全面考虑，包括将电子书授权一起约定在合同中的做法比较符合作者的根本与长远利益。

也有不少合同将电子书的授权约定放在与纸版书同等的位置上。

2013 年，由我代理国内一家出版社从美国出版社那里购买一本书的版权，该书名字叫《科学与宗教是如何联系起来的》(How to Relate Science and Religion)。订立合同时不仅将汉语简体版和汉语繁体版版权买到手，还将该书的电子书版权拿到手。这几项权利的约定采用与汉语简体版并列授权的方式。

目前还有一种电子书的授权方式，那就是批量授权硬件生产商。面对这样的买主，一两本书满足不了对方的胃口。他们通常采用订立一个一揽子协议的方式，不停地提供新书便可。不论是放在附属权利当中约定授权，还是单独约定授权，无一不是由纸版书"引"出来的，都是跟纸版书一起授权的。这第三种则不同，不仅需求量大，且与纸版书无关，这样就不能不令我们小心谨慎。

2013 年，我前往法兰克福书展，应约与美国一家硬件制作商见面，商谈电子书的授权问题。如我所说，对方准备在订立合同之后分批购进我社的电子书版权。我回国后收到对方发来的合同样本，发现合同约定较之随同纸版书授权电子书合同的约定复杂得多，篇幅达 17 页之多，且内含相当多的软硬件技术及其相关的法律责任和义务。加之合同是用英语写成的，本来我对技术表述就不熟悉，用汉语以外的语言写成，我就更摸不着头脑了。打电话给国内同行，有的已经与之签约。我问他们对合同条款是不是了然于胸，他们不置可否。我又向美国硬件制造商索要汉语版合同，对方回答他们与中国出版商订立合同都用英语。合同一时看不明白，我是不敢订立合同的。结果生意没有谈成。后来我找来了汉语版合同，对其中的很多东西依然不懂。

面对新技术、新形式与新载体，版权代理人出于职业本能以及对委托人的责任感，对很多事情必须搞清楚，比如授权拷贝的计算、销售数据的提供。这是因为与纸版书授权不同，电子书授权通常没有预付款——当然如果你处于强势地位，不给付预付款不订立合同，那也是可以的。在这种情况下，将合同所用术语的定义搞清楚，各个条款的约定搞细致至关重要。就拿版税率来说，由于电子书这种形式问世不久，版税率的约定五花八门，有的约定是净收入的10%，有的是22.5%，还有的是25%。如果考虑不周，约定不细、不准或者不精，就有可能做了赔本的买卖。

第五节 其他事项

从事版权贸易的人士对"本协议中规定的所有条款和条件构成双方的完整协议并取代以前任何口头或者书面通信和承诺"这样的字样不会陌生。合同中加上这样的条款不为别的，就是为了让合同当事人知道，此前的任何协议和承诺都将服从正式订立的合同，如有冲突，将以正式订立的合同为准。

这样我们对合同的要求就很高了。除了上面提到的若干问题，下面几点也是不可忽略的。

一、不懂就问

与西方国家订立版权贸易合同，通常都是用英语写成。据我观察，英语版合同大同小异，不过有时候也有让人不是很懂的地方。经常有同行问我一些合同问题。依我之见，如有不很明白的地方一定要问提供合同的人，不可自己琢磨，也不可去问第三人。要知道，每个人对合同的理解都是不同的，如果你请教的人给你的解释与合同提供者的本意恰恰相反，那你对合同的理解说不定就会南辕北辙；如果是关键条款理解错了，那还有可能导致重大损失。

比如 calculated on the Publisher's retail price exclusive of VAT，这句话理解起来的难点在于 exclusive of VAT，意思是不含增值税。这部分英语整个意思是"根据出版方版本的零售价计算（版税），该零售价不含增值税"。很多人错以为这里的 VAT 就是我们常说的所得税或者预提税。人们之所以这样理解是因为他们对西方一些国家的税法不甚了解。据我所知，我们去英国、法国、美国、日本这样的国家消费，除了按价付款外，还要缴纳增值税。这笔税款由商家上交给当地政府的税务部门。如果版权买卖合同中没有上面这样的约定，权利持有人就得从销售版权收入中拿出一部分作为增值税交给税务部门，这样他的版权收入就减少了。如果合同中有这样的约定，权利持有人就无须向当地税务部门缴纳增值税。

下面这句话也是来自实际使用的合同中，不了解内情还真弄不清是什么意思。

It is agreed that the Publishers shall be responsible for clearing and bearing any costs of permissions in the said Work wherever necessary for their editions.

上面这句话中两个词要注意。一个是 clear，意思是"结算"，另一个是 permission 意思是"允许"，至于这个"允许"是什么意思，我在第二章中讲过，读者可以参考。整个句子的意思是：双方一致同意上述作品出版者版本问世时如有必要使用第三人享有版权保护之作品，出版者负责结算并承担授权使用费。

再比如前文提到的美国律师起草的将《宋庆龄传》改变成电影的授权合同。其中有这样一句话：Owner hereby grants to Company the sole, irrevocable and exclusive option to acquire from Owner, forever and throughout the universe and in any and all languages, the "Rights" in and to the Property（所有人兹授予公司唯一且不可改变独家期权以从所有人处永远获得上述财产所含以及与上述财产有关全球所有语言之权利）。Option 在此应理解为"期权"，就是一种选择权，即期权购买者在未来特定时间可以行使某项权利的约定，在此就是获得上述作品的电影改编权。

如果你对合同语言十分陌生，对英语的合同语言更是一窍不通，最好提醒对方用你熟悉的语言——汉语写合同。如果对方坚持用英语起草合同，你可以告诉对方，你理解英语合同很困难，如果因此而产生偏差导致合同履行出现争议，你方将不承担任何责任。如果对方不懂汉语，那就只有一个解决办法——起草汉英语两种语言版本的合同。合同载明，两种语言版本的合同拥有同等效力。

总而言之，万万不可因为什么其他原因而对不明白或者难以理解的地方忽略不管，更不要勉强用汉语以外的语言订立合同。

二、约定全面

西方国家的出版商购买版权的时候合同约定非常全面，这对维护买主的权利和利益是一个不可缺少的保证。

> 一位著名作者与美国哈珀·柯林斯旗下的一家出版社签署了图书出版合同。这个合同给人印象最深的是全面。整个合同长达14页，23条，六七十款。要说类似篇幅的合同也见过，可是如此之长且没有一条是"摆设"的合同，还是第一次见到。就拿版税给付来说分得极为细致，其中有精装本和平装本、大众版平装本、电子书、视听图书、成品书出口以及预付款、推广用书、破损图书版税的计算，大概有十几条规定。

如此全面的合同在我们国家的版权贸易中是极为罕见的。这大概源于两个原因，一个是我们对合同在市场经济活动中的意义认识不透，另一个是我们本身的需要还没有达到这一程度。就拿成品书来说，外国出版商购买图书版权的时候很多情况下都会有这个条款，那就是他们购买了我们图书的版权，不光要在本地出版发行，还会有一部分出口到其他国家，甚至连出口到哪个国家也要写上。如果没有这个条款，就会出现违约行为。可是，我们国家出版商购买版权的时候却很少有这样的条款，一则我们没有这种需要，二则担心权利拿多了，版税就会提高。实际上，图书出版之后，授权以外的地区有没有销售，出版商不仅说不清，甚至鞭长莫及。这样一来，一旦版权卖主发现授权以外地区销售授权版本图书，很容易与合作方产生龃龉。这种争执不仅耗费不必要的精力，而且还会损害版权买主的名誉。有些国家和地区的出版商，特别是汉语流行的国家和地区的出版商不愿意与中国出版商合作，原因盖出于此。

有一年与台湾一家出版商联系汉语简体版版权购买事宜。好不容易联系上版权负责人，对方一句话就让我大失所望，那就是不愿授权。详细追问才知道，大陆出版商从该公司购买过版权，可是等汉语简体版出版后，相当一部分流回到台湾市场，这让对方大为光火。经过了解，并非大陆出版商有意为之，而是中盘商操作导致。

三、落实书面

口头承诺的最大特点是核查困难。如果口头承诺者信誉好且承诺事项不大，口头承诺是可以的。但我认为还是采用书面合同方式最为妥当。换句话说，如果你对合同另一方的口头承诺非常在意，而且对方的口头承诺对你关系重大，你一定要将其纳入书面合同中，使其变成一种书面承诺。

多年以前，我社与新加坡马歇尔·卡文迪什私人出版公司洽谈《趣味汉字》一书汉语简体版的续约问题。该书是我们 1998 年引进的。由于销售非常不错，我们决定与新加坡出版商续约。双方就续约条件很快达成了一致，可是在合同条款上却产生了分歧。对方提出，汉语简体版的版权归他们，而且说这是他们一向坚持的条件。我们则认为，汉语简体版版权归对方，我社使用起来就会处于侵权的境地，对方说不会，只要双方订立合同，我社出版该书的汉语简体版就是合法的。既然如此，我就请对方作出书面承诺，而且作为附件放在合同后面。

这样做有两个好处。一个是不纠缠一些词句。有的时候有的出版商的合同就那么写，甚至用我们前面提到的范本合同。如果我们为此纠缠不休，就会影响合同的订立。可是如果我们不坚持，一旦那个条款发生作用，我们就会陷入被动局面。要求对方解释是一个不错的主意，然后将其解释放在合同后面作为附件使其与合同正文构成完整的合同文本并拥有相同法律效力。

四、违约处置

合同既然是约定，就要穷尽各种违约情形，而且违约赔偿的条款必须十分清晰、具体，任何人都不可有别的解释。从现在版权贸易情况看，不论是外方提供的合同还是中方起草的合同，不论是购买版权还是销售版权，虽然都有司法管辖权的约定，可是大多数都没有违约处置的条款。这样一来合同对司法管辖权的约定便形同虚设。

违约处置条款是合同不可缺少的一部分。这类条款的作用有两个，一个是对缺少信誉的缔约方起震慑作用，犹如达摩克利斯之剑悬在头顶一般。有了这样的条款，一些本来在履约方面不那么认真的人会小心一些。另一个是缔约双方一旦因为争执提起诉讼，违约处置条款则成为法官判决赔偿的依据。

2010年7月，我作为大陆一家出版社的代理人与台湾一家版权代理公司洽谈三本书的引进事项。版权持有者对我提出的报价没有异议，只是询问合同订立后汉语简体版什么时候出版，是不是都在合同订立后18个月之内出版。版权代理公司提醒我，一旦签约，就要在约定的期限内出书；如果逾期不出，就要按照一定比例缴纳滞纳金。这就叫"先小人后君子"。

还有少数代理公司提供的合同中有这样的约定，那就是"预付款与版税的给付不得延期，一旦延期将按照高于英格兰银行基准利率的利率给付利息"。虽然这个约定不是很精确，毕竟比没有要好得多。同样，我们在向海外销售版权的时候也要在合同中写上违约处置条款，这对维护我们的利益大有益处。千万别嫌麻烦，千万别抱侥幸，一切约定在先，永远不会被动。

第十一章

细说合同

前一章谈的都是有关合同的事情。看上去篇幅不短，案例也不少，实际上还是远远不够的。这是因为要把版权贸易合同做好，就不能只研究版权贸易合同，相关合同也要涉猎，比如图书出版合同。光研究出版合同还不够，还要分析一些与版权贸易和图书出版有关的案例。光研究成功的案例还不够，还要剖析侵权案例的是非曲直。本章就将介绍一些与出版领域有关的合同问题。可以这样讲，下面要讲的内容无一不与版权乃至出版合同息息相关。如果你稍加留意，隔不久就会有类似案例见诸报端。届时用在本章学到的合同知识，你会对看到的案例有一个自己的分析。如此下去，日久天长，你在版权贸易合同领域的起草、研究当中一定会很有心得。

第一节 名称与目的

第一节主要关涉合同名称与合同目的。我之所以把这两个内容放在一起来说，就是因为它们都与明确法律适用范围及合同当事人的权利责任密切相关。一旦当事双方就合同条款或者履行问题发生争议，首先要搞清楚上述几个关键问题。

福建的一位作者因为合同纠纷找到我。她与北京一家民营文化公司签了两本书的合同。书倒是按时出版了，稿酬却拖着不给，超过期限好几个月。她问我怎么办？我让她把合同拿来看看。果然不出我所料，合同上面赫然写着"图书出版合同"。根据我国合同法，这应该属于"无名合同"，因为《合同法》所列 15 种合同中没有"出版合同"。如果当事双方订立的是无名合同，发生问题时其适用法律与权利、责任等就要通过《合同法》总则、甚至《民法通则》来调整，那样一来就有可能对当事人产生不利的法律后果。

我仔细看了作者提供的合同，其内容就是约定书稿的名称、质量、出版、付酬等事项。从内容上看，这个合同更像一个作者委托民营公司代理出版事项的合同。如果双方对此加以确认，合同法中的"委托合同"更符合自己的合同目的，应为这一合同起名为"……委托合同"，用有名合同能最大限度地保护自己的权益。可以这样讲，合同的主要内容符合某一有名合同特征的应该用有名合同来命名，次要内容作为特别约定。如果合同的主要内容不属于任何有名合同，应该尽量避免用有名合同来命名，特别要避免包含有名合同的不利条款，争取通过《民法通则》进行调整。换句话说，合同的实质性条款不仅要体现缔约人的意志，还要约定清晰准确，这样一旦合同的非实质性条款——名称与合同的实质性条款"名不副实"，被侵权人会在最大程度上得到法律救济。

《合同法》强调比较多就是合同目的。有些人不太了解合同法，就认为合同目的不过是合同中的"虚言"。我们还以上面那个合同为例，民营文化公司与作者订立的是无名合同。根据该合同，缔约双方"就合同作品的出版事宜达成如下协议"。这样一来就有问题了。民营公司不具备出版权，如果要出版一定要与国家批准的出版机构合作。该合同的目的能否最终达到并不完全取决于合同双方是否履行合同，而是要受制于第三方。这样一来，承诺"出版"的一方就承担了很大的违约责任。与其说这是一份出版合同，还不如说是一份约稿合同。合同的目的仅仅是约请对方撰稿，能否出版要看书稿的情况另行约定。如此约定，一旦发生违约，责任将会大不相同。

其实，目的与内容或者实际履行能力不符的合同很容易看出来，也比较容易纠正。最难辨别的是那种目的与内容一致的合同，看上去没问题，实际上与相关的法规背道而驰。我见过一个电子书出版的合同，起草合同的人"就电子书销售分成达成协议"。显而易见,这是个规范电子书销售所得分成的文件。合同由十条组成,内容除了一些原则性条款之外,只有分成的约定。问题出来了,电子书的出版首先要解决的不是如何分成问题,而是授权约定;没有授权,谈何分成?这就好比你要把我家的电视机搬到你家去看,我还没说愿不愿借,你就给我放下500元钱,明眼人一看就知道这是不行的。电子书的出版首先应该解决授权问题。在著作权法上有关侵权情形的规定中,第一条就是关于未经权利人授权发表其作品。

合同起草者对相关法律不清楚,一上来就把合同目的确定为"分成",接下来合同内容也跟"分成"有关,授权事项只字未提。如此订立合同非常危险,一旦合同双方发生争执,到了法庭,这份合同无法保证当事人的合法权益。假如提供内容的一方否认自己曾经授权给另一方使用合同所涉电子书,合同的另一方还会因为侵权而承担赔偿损失呢。

总之,合同的名称与合同的目的既非可有可无,也非无用的摆设。起草合同之前,要把相关问题研究透,也要把相关法律搞清楚。只有这样,我们订立的合同才能成为当事双方正常交易的保护伞,才能有效地维护双方的合法权益。

第二节 主体资格

这一节,我们来介绍合同当事人的民事主体资格问题,也就是订立合同双方是否具有符合法律规定的身份问题。实际上,这个问题前文有所涉及,不过这一节要详细加以介绍。

一家出版社与一个机械设计大典编委会订立了一个出版"合同"且都在上面盖了章。根据"合同",前者从后者获得《中国机械设计大典》专有出版权。随后,机械设计大典编委会向出版社交付了书稿,出版社也给付了稿酬。然而，没过多久双方就出现了纠纷，大典编委会与江西的一家出版社合作，出版了《中国机械设计大典》。这下子北京的这家出版社急了，把那个大典编委会告上了法庭。结果怎么样呢？法院不予受理，因为"合同"当事一方——那个所谓的大典编委会没在有关部门核准登记，不具备民事主体资格，双方订立的"合同"无效。虽然后来出版社将领取稿费的"大典编委会""秘书长"和"总编辑"作为被告诉到法庭且拿回了12.5万余元的稿费、工作经费等费用，可是为此投入的人力、物力和一部分财力却打了水漂。很简单，"大典编委会"没办法告，江西那家出版社也没办法告——人家得到了作者的授权。

根据我国的《合同法》，合同是平等主体的自然人、法人、其他组织之间设立、变更、终止民事权利义务关系的协议。我国的著作权法也有规定，著作权人包括作者以及依法享有著作权的公民、法人或其他组织。我国的《合同法》还规定，当事人订立合同应该具有相应的民事权利能力和民事行为能力。我国《民法通则》规定，法人的要件包括依法成立、有必要的财产或经费、有自己的名称、组织机构和场所、能够承担民事责任。大典编委会肯定不是自然人，既然未在政府有关部门登记，也就不是法人。那么它是否属于"其他组织"呢？

根据我国《民事诉讼法》第48条和《最高人民法院关于适用〈中华人民共和国民事诉讼法〉若干问题的意见》第40条的规定，依法成立、有一定的组织机构和财产但是又不具备法人资格的组织可以成为诉讼主体。这些组织包括依法登记领取营业执照的私营独资企业、合伙组织；依法登记领取营业执照的合伙型联营企业；依法登记领取我国营业执照的中外合作经营企业、外资企业；经民政部核准登记领取社会团体登记证的社会团体；法人依法设立并领取营业执照的分支机构；中国人民银行、各专业银行设在各地的分支机构；中国人民保险公司设在各地的分支机构；经核准登记的乡镇、街道、村办企业；符合法律规定的其他组织。对照最高人民法院的意见，大典编委会也不属于"其他组织"，因而不能成为诉讼主体。既然不能成为诉讼主体，也就不能成为合同当事人。

在出版行业内，有两个情况经常碰到，一个是作者年龄日趋低龄化，与其订立出版合同时要仔细审查其主体资格是否符合法律规定。根据我国《民法通则》的规定，十八周岁以上的公民具有完全民事行为能力，可以独立进行民事活动。十六周岁以上不满十八周岁的公民，以自己的劳动收入为主要生活来源的，视为完全民事行为能力的人。一旦准备与你订立合同的是一个靠父母养活且不满十八岁的小作者，你必须征得其法定代理人的同意或者与其法定代理人订立合同——这个时候他还是一个限制民事行为能力人。另一个就是"编委会"，这个称呼在如今出版行业屡见不鲜。实际上，未经政府部门核准登记的"组织"都不能成为订立合同的主体。不过我们可以通过变通方法来解决这个问题，那就是要编委会取得每一个作者内容翔实、界定清晰的授权，然后与买主订立合同，这样将来一旦出现法律纠纷，可以将作者视为诉讼主体。实际上，即便是与合法登记的法人或者其他组织订立合同，也有一个主体资格的时效性问题，未按规定通过年审的法人或者其他组织也不具备民事诉讼的主体资格。

我国的出版社是通过审批设立的，而成立出版社的也都是国营企事业单位。也就是说，民营公司还无法取得出版资格。可是现实中很多作者出书都是通过与民营公司订立出版合同实现的。民营公司没有出版资质，作者与民营公司订立的出版合同难道就没有效力吗？要看合同，特别是实质性条款是否符合法律规定；合同的实质性的条款符合法律规定，即便合同名称与实际有些出入，合同还是有效的，这已为司法实践所证明。

第三节　合理注意义务

2009年3月，三个年轻人攀爬野长城回城抄近路"闯"入八达岭野生动物园，结果一人被园内饲养的老虎咬死。事发后，有人说野生动物园缺少醒目警示牌。动物园则表示，动物园的四周设有三道防护网及"内有猛兽，禁止入内"的警示牌。双方争论的便是我们这一节所要讨论的问题——注意义务。

一个自然人、一个法人或者一个组织在实施某种行为的时候，应采取相应措施，以免给他人的人身或者财产造成损害，这就是注意义务。同时，注意义务应该限制在合理范围内，应该以正常人认知水平为基础。如果你的行为带来的潜在危险比较高，比如野生动物园饲养猛兽，你的注意义务就有加重情节，因为猛兽伤人你是知道的，你有责任对老虎施加格外的监管措施。

注意义务在民事关系中比比皆是，图书出版属于一种民事行为，因而注意义务也是不可缺少的。出版过程中，注意义务更多体现在订立合同的时候。那么，缔约人，特别是出版社一方，怎样做、做到什么程度才算尽到了合理注意义务呢？

若干年前，演员汤丽（又名汤加丽）状告摄影师张旭龙和吉林美术出版社未经授权出版她的写真集，侵犯了她的肖像权。2005年，北京市朝阳区人民法院大屯法庭作出一审判决，判令被告张旭龙停止侵权，赔偿原告30万元并且公开道歉，判令吉林美术出版社承担连带责任。后经北京市第二中级人民法院终审，维持一审法院作出的判决。这个案子时至今日依然值得回味，其意义就在于出版社订立出版合同时应该如何对待合理注意义务才是合法有效的。

据相关媒体报道，张旭龙以盘子女人坊的名义与吉林美术出版社订立了三本书的出版合同。合同载明，甲方，也就是张旭龙，必须向乙方（吉林美术出版社）保证，确实拥有授权作品的著作权，或者依法取得了出版授权作品的代理权，乙方可以放弃对授权作品著作权合法性之审查。如有第三人足以证明授权作品有违反著作权法或者其他法律、法规且由此导致任何形式的纠纷的，甲方愿负全部责任，致乙方经济损失，甲方应予以足额赔偿。订立合同的时候，张旭龙向吉林美术出版社提供了与汤丽订立的拍摄协议。

结果怎么样呢？张旭龙提供的所有与汤丽签署的协议上无一没有"本次拍摄"的字样。换句话说，汤丽并没有授权张旭龙去出版写真集，是他自作主张，因而侵犯了汤丽的肖像权。从张旭龙与吉林美术出版社订立的合同看，吉林美术版社也特别说明放弃著作权合法性的审查，这一莫名其妙的条款更让吉林美术出版社陷入被动之中，白纸黑字写得很清楚，你没有尽到合理的注意义务，而审查版权的合法性是出版社订立合同时必须做的第一件事情，是最基本的义务。

可能有人会问，将"放弃合法性之审查"那一款删除或者写上"已经尽到合理的注意义务"是不是就可以了呢？尽没尽到合理注意义务，不仅要体现在合同上，还要体现在实际措施上。

从合同上讲，不仅要看缔约者的相关证明文件，缔约者如果是代理人，还要看其是否取得版权持有者的真实授权。我就发现这样的情况，代理人的签名与版权持有者的签名笔迹相同，这可是非常危险的，一旦出现纠纷，出版社必定要承担没有尽到合理注意义务的责任——签名笔迹相同难道没有引起出版社的疑问吗？有的代理人代理的是多位版权持有者的汇编作品，因为联系版权持有者困难，就自己来订立合同，那就更危险。还有的人将付给版权持有者的报酬交给某个代理公司，那也是不可以的。要知道，《著作权法》的法定侵权行为中第1条就是"未经著作权人许可，发表其作品的"行为。当然，作品的审查，是否为独立创作，有没有引用他人的作品，引用情况如何，都是体现你是否履行了合理注意义务的事项。

从某种意义上讲，尽到合理的注意义务更多的不是合同上的事情，相反是出版过程的一个前提条件。2002年，最高人民法院发布《最高人民法院关于审理著作权民事纠纷案件适用法律若干问题的解释》，其中第20条规定，出版者对其出版行为的授权、稿件来源和署名、所编辑出版物的内容等未尽到合理注意义务的，依据《著作权法》第47条的规定，承担赔偿责任。出版者尽了合理注意义务，版权持有者也无证据证明出版者应当知道其出版涉及侵权的，依据《民法通则》第 117 条第 1 款的规定，出版者承担停止侵权、返还其侵权所得利润的民事责任。出版者所尽合理注意义务情况，由出版者承担举证责任。因为没有尽到合理的注意义务而出版侵权作品，要承担法律责任，其中有关精神赔偿一项，北京市高级人民法院早在 2005 年就发布了《北京市高级人民法院关于确定著作权侵权损害赔偿责任的指导意见》。根据该意见第 23 条的规定，精神损害抚慰金一般不低于 2 000 元，不高于 5 万元。非法出版他人作品，不用说没尽到合理注意义务，即便是尽到了，损失也是巨大的，这个事情万万不可大意。

还有一种情况也要特别引起注意。有些人订立合同的时候不尽力做一些审查工作，而是喜欢摆弄"甲方愿负全部责任，致乙方经济损失，甲方应予以足额赔偿"一类的条款，企图将自己不作为带来的后果转嫁他人。实际上，无论你的合同怎样写，只要是侵犯第三方的权利，你就逃不掉，至于你跟缔约方的纠纷，那就请你们另行处理。侵权与索赔是不同的法律关系，不可混为一谈。

第四节　第三者"插足"

说到"第三者"，人们最先想到的是夫妻关系。一旦夫妻关系中有了第三者插足，这个婚姻轻则红灯闪烁，重则分崩离析。

其实，婚姻本身也是一种契约关系，也就是我们常说的合同关系。婚姻这种合同关系有第三者插足的可能，涉及出版等事务的其他合同也会出现"插足"现象。在叙述这个问题之前，有个概念先要澄清。在我们国家，婚姻这种契约关系只涉及两个人，可是其他合同就不一定了，有的时候是三方或者四方，也就是多边合同。一句话，只要不应出现在合同中的，都称为"第三者"。不过，从实际情况看，"第三者"有两种，一种是故意制造的，那是为了将来摆脱责任。还有一种是弄巧成拙的,最终侵犯了"第三者"的权益。

在我审阅过的合同中,常有下面这类条款,"上述作品的报酬由某某公司给付"。可是细察之下发现,准备给付报酬的这家公司根本不在合同中,这个第三者"插足",可以说是故意设下了一个陷阱,一个用来推卸责任的伏笔。当然,也有这样的情况,订立合同的时候没有第三方参与,可是履行出现瑕疵的时候,订立合同的一方便一分为二,多出了一个所谓的"第三者",这也是侵犯他人权利的一种手段。跳水冠军高敏打的一场版权官司就碰上了这样的"第三者"。

2005年4月,高敏的委托代理人与上海文艺出版社代表订立了一份图书出版合同。根据合同约定,上海文艺出版社当年7月15日以前出版高敏的《追梦》一书,10月15日以前给付应该付给高敏的版税,结果合同的这个约定没有按时履行。交涉未果,高敏将上海文艺出版社告上了法庭。据报道,法庭上,被告代理人承认没有给付高敏《追梦》一书的版税,不过他们有理由,其中之一是上海文艺出版社在北京设有办事处,北京办事处拖欠上海文艺出版社一笔投资款项,高敏的版税由北京办事处代为给付。一般人可能看不懂这其中的弯弯绕,我根据经验判断,当初与高敏接洽的一定是上海文艺出版社北京办事处。由于北京办事处不具备法人资格,合同最终要拿到上海文艺出版社签字盖章。这样一来,与高敏订立合同的,实际上不是什么办事处,而是上海文艺出版社。签字盖章,就要履行合同规定的义务,一旦违约就要承担法律责任。在这个问题上,北京办事处欠款的事情只是一个"内部矛盾",跟这个合同的另一方高敏毫无关系。也就是说,当初订立合同的时候合同当事方只有高敏与上海文艺出版社,如今拉进一个北京办事处作为"第三者"肯定是不起作用的。结果不出所料,一审和终审判决都是高敏胜诉,用高敏跟我说的一句话就是"大获全胜"。

这个案子给我们的启示是,之前谁接洽的不重要,最后谁签字盖章谁就是合同的当事方。换句话说,此前的具体操作者的一切行为都是代表签字盖章者的职务行为，履行之中出现问题，签字盖章者要承担责任，推诿给任何第三者都无济于事。我之所以提到这个问题，是因为实际操作中类似问题"潜伏"着很多危险。比如很多民营文化公司以出版社名义购买外国版权。合同由出版社订立，可是合同中规定的义务却是由文化公司履行，一旦履行不成，违约的一定是订立合同的出版社，承担法律责任的也一定是出版社——文化公司则成了"第三者"，你拉人家当"第三者"，人家还没资格呢。具体操作是一回事，订立合同是另一回事，合同上的当事方才是真正的当事方，其他的都属于"第三者插足"。

还有一个案子更是值得玩味。2002年，文汇出版社出版余秋雨新版《山居笔记》，书中使用了大雅文化传播公司（下称"大雅公司"）提供的48幅照片。令人感觉蹊跷的是，事隔多年，照片提供方以及该公司高管王仁定提起诉讼，要求法院判决文汇出版社、余秋雨以及两个第三方侵犯版权。不管个中缘由如何，照片提供方当年没有与使用方订立合同倒是真的，这为有关各方走上法庭留下了隐患。没有订立合同就使用人家的照片，无疑是将照片提供方置于"第三者"的境地，有了"第三者"你的日子想必是很难安生的。鉴于这个案子涉及照片的原始主体很复杂，最终原告与被告在法院主持下和解，文汇出版社对大雅公司给予经济补偿，大雅公司对余秋雨给予经济补偿，已经印行的新版《山居笔记》继续销售，新版再版时不再使用涉案照片。虽然和解了，这种做事很随意的风格若是不纠正，侵犯第三方权利的事情就很难避免。一旦法院判定侵权成立，你就要为自己的这种随意性缴纳巨额"学费"了，上一节提到的汤丽的案子就是这样。

说到这里有一点还需要强调，订立合同的时候合同主体一定要明确。我发现，法人行为当中经常有自然人的影子。上面这个案子既涉及大雅公司这个法人，又跟这个公司的高管有关，这种公私不分的现象在民营公司中很常见，似乎是一个巧招，实际上如此行为势必会成为履行合同的拦路虎、绊脚石，也为"第三者"的出现创造了良好的条件。其结果，只能是聪明反被聪明误。

第五节 合法授权不能少

我前文曾经假设过这样一种情景。你来我家，没等我说"愿意"，撂下500元就把我家电视机搬走了。当然，有人"见钱眼开"，只要给钱一切好说。我不行，我认为你对我也太不尊重了。如果我以侵犯公民财产为由将你告上法庭，结果又当如何？

不经主人授权就拿人家东西一听就是违法行为。把人家东西拿走还不算，还用人家东西给自己赚钱，那更是不能容忍。听起来很愤怒的事情到了出版界，却是理所当然。一位编辑曾经对我说，要出版一本多人作品合集，可是其中多数作者都在国外，联系不到那可怎么办？按照一般逻辑，找不到主人就不应该"惦记"人家的东西。在我们日常工作中，这个问题却此起彼伏。每当我审查合同遇到汇编作品的时候，都要仔细了解汇编者是否得到了全体版权持有者的授权。还别说，得到的回答十之七八是找不到权利人。难道找不到权利人就能成为擅用人家作品的理由吗？

找人这种事情有时候确实很难。对守法者来讲，得不到授权就舍弃再正常不过了，我们这里却不行。只要我铁定要出你的作品，你就跑不了。汇编作品如此，单行本也是如此。

上海文艺出版总社所属上海音乐出版社先后与版权持有者订立两份合同，获得在中国境内独家出版《约翰·汤普森钢琴教程》《约翰·汤普森简易钢琴教程》和《约翰·汤普森现代钢琴教程》汉语简体版的出版权。2002年，上海文艺出版总社在上海音乐书店发现，南京音像出版社和南京雅迪音像公司出版发行的《汤普森简易钢琴教程》和《汤普森现代钢琴教程》与其享有专有出版权的两本书如出一辙，遂将后者告上法庭。法院经审理不仅认定被告侵犯了原告的专有出版权，而且未经著作权人授权擅用原告两本教程制成音像制品而侵犯了权利人的版权。法院判令两被告公开赔礼道歉，赔偿原告经济损失 10 万元人民币，判令上海音乐书店停止销售库存的盗版碟片，判令南京迪雅音像公司的股东香港裕兰公司承担连带赔偿责任。不仅如此，法院还对南京音像出版社作出没收其库存侵权复制品并罚款 10 万元的民事制裁决定。

当然，"未经授权出版"不光有这一种形式。合同到期不续约就加印也很常见。

天津有一位叫黎华的译者。1998 年，他将自己翻译的 300 多首普希金诗歌编成《普希金诗选》一书，交由广西某出版社出版，合同有效期内双方合作非常顺利。没想到，2004 年，在双方没有续约的情况下，上述作品以首次印刷的形式再次出版，不仅如此，还冠之以"教育部的新课标"字样。几经交涉无果，黎华只好将该出版社以及出售该书的书店告上法庭。面对法官，出版社的代理人说出了三条理由。第一，重印是出版社的权利。第二，图书版权记录写"首次"还是别的什么是国家对出版社的要求，不能成为作者起诉的理由。第三，即使纠纷的版本不属于重印，出版社以编辑形式享受出版权也是应该的。法院判定广西这家出版社侵犯黎华依法享有翻译作品的复制权和获得报酬权，赔偿原告损失 23 850 元。销售侵权作品的书店，由于能够说明涉案侵权作品的来源，不承担侵权责任。

其实不论是重印还是首印，都应该是在合同的有效期内，超过有效期继续复制合同约定的作品与没有合同毫无区别，都是非法的。那么合同有效期结束之后，如何处理合同期内印刷的作品呢？合同怎么约定，就怎么做。合同约定允许销售的，可以继续销售直到销售完毕；合同约定一定期限内可以销售的，到期之后即便还有库存，也不能销售。

"未经授权出版"还有一种形式也不可取。找不到权利人，有些出版机构就给自己想出了一个主意，找一张报纸刊登声明，上面基本上是"无法找到作者，请作者与出版社联系"云云。声明是单方面的，也是很笨拙的，因为授权使用问题还是没解决。有一年一家出版社出版的外国文学作品选集中有已故哥伦比亚作家加西亚·马尔克斯的若干文章。由于未经授权使用，被人家的代理人告到了北京市版权局。尽管出版社翻出了当初的"声明"，可是出版社的侵权责任却是板上钉钉。当然，登报声明也不是一点作用没有。当你要出版一部无主作品的时候，登报声明就应该是一个可行的解决方法，否则你永远也解决不了授权使用的问题。

"未经授权出版"中有一种形式颇有欺骗性。在某些人看来，寻找权利人的宗旨就是能把报酬给出去。既然如此，很多地方都有代理公司，跟他们订立一个合同，把钱给他们不就行了吗？要知道，著作权法规定的侵权责任分若干种。首先是未经授权出版。第7条才是用了人家作品不给报酬，而且这一条是针对法定许可而言。另外，据我了解，一些代理公司一年才给权利人结一次账，就算这家公司与作者有委托关系，一旦出版与取得授权使用打了"时间差"，使用者也是不占理的。找不到权利人并非是一个不可逾越的障碍，只要你愿意，你可以委托著作权集体管理组织解决授权使用问题。

总而言之，与作者订立合同最保险；如果作者不能出面，与获得作者委托的代理人或者代理公司订立合同便是关键。反过来讲，一旦你与不合法的合同主体订立合同，你的权利肯定得不到法律保护。一旦有第三方主张权利且证据确凿，赔偿人家损失便不可避免。如果性质恶劣，还会受到法律制裁——那可是得不偿失的。

第六节　仔细认真很重要

合同是保护当事人权益、确立当事人合作原则、方式以及行为的法律文件。

在国外，有了合同，当事人在合作或者交易过程中，不用再说一句话，也不用再写一个字。这话听起来好像有点绝对，实际上合同应该涵盖合作过程中可能会出现的一切事项、交涉方式以及沟通手段。这样，合同才能成为当事人合作或者交易的保证。如今我们国家已经实行市场经济，可是对待合同的态度依然有让合同成为摆设的情况，很多民事纠纷盖出于此，出版纠纷也不例外。

新浪网援引中国新闻网的消息报道说，韩寒与北京汉阳文化公司订立了一个合同，授权后者出版自己的作品《毒3》，后者则给付了定金40万元。韩寒承诺，合同订立七天后交稿。等到韩寒的助手按照日期交稿的时候，北京汉阳文化公司拒绝收稿并要求韩寒退还此前给付的定金，理由是韩寒交付的稿件不符合合同"已在报纸等发表的内容不得超过整部作品的二分之一"的条款。韩寒不退定金，北京汉阳文化公司便提请北京仲裁委员会仲裁。裁定结果是韩寒退还所收到的定金。另据报道，北京汉阳文化公司向上海市第一中级人民法院申请强制执行，上海市第一中级人民法院判决北京仲裁委员会的裁决失效。

韩寒本人在接受记者采访时承认"不该草率地就把合同签了"。韩寒的朋友路金波也说，韩寒拿到合同，"每次一分钟不到就签字"。纠纷发生前韩寒对待合同的态度在我国具有相当的普遍性。我发现，很多人对待合同似乎有一种"无可奈何"的心理——不订立个合同好像没做成事，心里没谱，合同订复杂了又觉得耽误时间，没什么用处。当然，很多人嘴上不会这样说，可是潜意识当中这种想法非常强烈。

一公司向法院起诉一电视台女主持人，要求被告归还欠款270万元。法院调查结果是某年3月10日被告向原告出具一张欠条，注明欠款280万元。五个月后，被告还款给原告，欠条加注"还欠款270万"。欠条上大小写齐全。被告说，当时还款270万，还差10万未还。官司打了七年，一审、二审、发回重审、撤诉、又起诉、上诉、又再审，最终调解结案。当初为什么不写清楚了？多写两三字耽误不了一分钟，可是少写这两三个字却浪费了七年的工夫，哪个更划算呢？

如果仔细搜索，你会在网上找到多起这样的纠纷，纠纷起因何其相似！中央电视台有个"法律讲堂"节目，我看到上面讲过类似的案例，当事人之间欠条的措辞都跟我前文讲的完全一样。看来，吃一堑，人们未必就长一智呀。我本人就遇到过这样的事情。

2008年年底，我社与一家公司准备订立一份图书授权出版合同。我把合同草案发给对方，对方看了好几天，回答我可以签署了。可是当对方来到我办公室签约的时候，对方发现合同标的涉及的图书有十几种而且薄厚不均，不能按照统一价格来计算版税。于是我们开始修改，然后重新打印。刚刚弄好，对方又提出合同的标的总额有问题，我们再次计算一番。这次弄好了，对方拿着合同看了好长时间，最终签了字。在授权图书行将付印之前，对方要我审阅一下版权记录。阅过之后，我加上了一条"该书只允许在英国销售"。对方立刻给我打电话，说如果发行区域只限于英国，销售就会大受影响。我拿出合同，一字一句念给他听，上面白纸黑字写着只允许在英国销售。对方告诉我，他当初没有看到这一条，希望我能考虑他的实际情况。合同审阅了好几遍，最终仍有未看的，很奇怪。合同中每一个条款都是有用的，岂能不看？

还有一个案子也比较有意思。

有一次，我去我社社长办公室，正碰上一位作者跟社长交涉。社长给我讲了来龙去脉。来人是一位作者，跟我们订立了一份出版合同，合同标的是一本图多字少的书，版税率是9%。等给付版税的时候，对方有意见了，说9%的版税率太低了。这位作者说，他从这本书得到的版税还不够给付绘画者的稿费呢。这能怨谁呢？谁让你事先不算清账目呢？这不是事后诸葛亮吗？

合同一经订立便生效，因而是不可以随便修改的，更不要指望订立合同的另一方给你通融，除非当事各方都认为应该修改。说到这里，我想起出版界一位官员总结台湾金石堂事件教训时说过的一句话，华人重感情，轻合同。本文提到的几个案件，都有这个共同点。可以这样讲，出版业要发展，合同是一个至关重要的环节。要把这个环节的事情做好，以认真、仔细、专业的态度对待合同是不可缺少的。

还有一点也要注意，订立合同要有相当的前瞻性和预见性。要知道，合同可是要管你好几年呢！也可以这样讲，你能预见几年的事情，你就订几年的合同，实在无法预见的事情不要放在合同中，这样就不会给自己找麻烦。与其花好多年打官司，还不如用几小时或者几天时间把合同研究透了。孰轻孰重，孰近孰远，你懂的。

第七节　订了合同还"协商"？

我在上一节中说过这么一句话，有了合同，"当事人在合作或者交易过程中，不用再说一句话，也不用再写一个字"。这不是我理想化的合同，而是西方法制健全国家中极为常见的情形。有的演员跟出品人订立拍摄合同的时候，就连赶场时碰上暴雨怎么办都约定得很详细。

我们的合同则不同，就我见到的合同而言，多数很简单，十几条，一页多纸就解决问题了。该写入合同中的往往没有，相反却用一句话加以概括，那就是"未尽事宜，双方协商解决"。与"未尽事宜"相映生辉的是"等"，这个字经常出现在该罗列而不罗列的场合。一旦双方为"等"字后面是什么各执一词的时候，估计就该"协商"了。可是结果呢？

上一节我提到的韩寒与北京汉阳文化公司的合同中有这么一个条款："已在

报纸等发表的内容不得超过整部作品的二分之一"。这个条款中的"等"是什么意思？是不是后面还有"未尽事宜"？如果有，这个未尽事宜就那么难以约定出来？韩寒与北京汉阳文化公司当时为什么没有"等"出来下文我不知道，按照常理，"等"后面的事项很容易想到，只要看看韩寒都在什么载体发过文章便一目了然。于是争议出现了：北京汉阳文化公司说书稿不符合要求，韩寒说当时双方约定的是以"博客文章为主的一本书"。按照韩寒的说法，从订立合同到交稿才一个星期时间，谁能在如此短时间内写成一本书？一个"等"字省掉了几个字，却带来了几十万元的争议，而且是无法协商的争议。

经常与西方国家的版权代理、出版机构打交道的人一定会记得，人家提供的很多合同都有"此前任何形式的谅解、承诺以及约定一概无效"之类的条款。前文提到，我曾经与美国洛杉矶一家从事国际业务的律师事务所洽谈一本书改编电影的合同，双方仅就合同文本商谈了三个月，合同翻译成汉语有 15 000 字左右，但凡能想到的都写在上面。即便如此，合同中还有这样一句话值得我们学习：This Agreement expresses the entire understanding of the parties hereto and replaces any and all former agreements, understandings and representations relating in any way to the subject matter hereof. No modification, alteration or amendment of this Agreement shall be valid or binding unless it is in writing and signed by the party to be charged with such modification, alteration or amendment. No officer, employee or representative of Company has any authority to make any representation or promise not contained in this Agreement and Owner acknowledges that Owner has not executed this Agreement in reliance upon any promise or representation not expressly set forth in this Agreement. （本协议表达了协议双方的完整理解并取代以前就此事项以任何方式达成的一致、谅解与陈述。未经因本协议的修改、变更、修正而承担义务的一方书面签字，任何对本协议的修改、变更或者修正都将无效。公司的任何职员、雇员或者代表无权作出本协议不包括的陈述或者承诺，所有人承认所有人签署本协议并非依据本协议没有清晰表达的承诺或者陈述。）这个约定是不是有点意思？

人家的合同一经订立，对合同演绎的余地几乎没有，大门关得死死的。我们的合同呢？我们不仅不关门，反而尽量敞开，让当事双方去"协商"，这样的条款听着是不是很可笑？一旦出现利益纷争，谁会心甘情愿地跟你协商呢？所以说，订立合同就是要尽最大努力把能想到的都要想到。韩寒与北京汉阳文化公司所订合同中的那个"等"字后面包括什么载体，要尽一切可能列举出来，如果实在列举不出来，也要用一句兜底的话将其兜住，比如可以这样写"已在报纸、杂志、图书及其他一切业已出现的平面、立体、电子和网络载体……"，这样一来，博客这个载体就被包含在里面了。再比如上面提到的那个改编电影的合同。提到改编权买主拥有什么权利的时候列举了六大类十六种权利，其中仅用于标的物商品化的权利就有游戏、计算机、录像和其他电子游戏、玩具、连环画、服装、食品、饮料、招贴画以及其他商品、服务或者项目，即便如此还觉不够，还要加上一句"包括但不限于"这样的词语。从这个合同的文本不难看出，人家的合同十分精细，就像砌墙，砌好了墙还少不了水泥勾缝，不留一丝一毫的缝隙。

简而言之，不论是合同所列条款还是合同语言都要尽量详尽清晰，万万不可指望双方发生争议或者纠纷以后再去"协商"或者跑到法院去"解释"。到那个时候，不管你多困难，不管你多委屈，不管你多吃亏，不管你多倒霉，只要你事先没订好合同，损失永远是你的。

第八节　表达精而准

上一节我们谈到合同订立后遇到争议的协商问题，这一节我想从另一角度进一步探讨这个问题的解决方式。

合同可是当事双方共同协商的产物。既然是协商好了的为什么还会出现争议呢？根本原因就是双方对合同中的一些术语或者词汇的意义出现不同理解或者解释。我在前文中提到过一个案例。一个公司与一电视台女主持人就是因为一个多音字的理解有差异而诉诸法律。倘若当初双方在欠条上多写一个字，将"还欠款"写成"归还欠款"还会出现争议吗？少写一个字，剩下那个又是多音字，理解上的不同导致双方诉诸法律。多音字尚且如此，一些不起眼的词汇一不小心也会引起合同双方理解上的天壤之别。

2009年6月，作家杨红樱与21世纪出版社打了一场官司。据《北京晚报》报道，杨红樱在市场上发现了名为《杨红樱作品精读》的图书，遂与21世纪出版社进行交涉，交涉无果后提起诉讼，指控被告未经授权擅自出版她的作品。出版社发表声明称从未出版过《杨红樱作品精读》系列图书，原告起诉的图书是"马小跳作文"系列的一种。"马小跳作文"是经过杨红樱授权的，授权本系列图书品种为30到40种。然而，令杨红樱不解的是，市场上出现的"马小跳作文"则有130余种。据杨红樱回忆，她只审读过16本书的书稿。最终杨红樱一审败诉，而造成杨红樱败诉的一个关键因素就是对"种"之意义认定多有不同。杨红樱授权出版社可出版图书30至40种，出版社则认为可出版30至40个系列。一审法院判决认为双方合约没有对"种"的概念进行具体约定，故认定"一种书"可以包含很多册。由此看来，当事双方没有对合同涉及的一些关键术语进行精确约定。当初不约定明白，出现争议时乞灵于法律保护有时候也是无济于事的。

说到这里，我想起了我经手的一个合同，从中或许可以学到一些对我们有益的东西。

这是一个授权美国某电子公司出版一本汉语拼音词典电子版的合同，全文15条25款，其中第2条是"释义"，被释义的术语有7条，包括词典、被授权领域、被授权材料、转授权的运用。比如"词典"

一词指的是词典内文中的一切文件,包括引语、其他与词典有关的材料以及以后对其作出的修改、改编、增编等。再比如"净收入",指的是转授权获得且扣除折扣的毛收入。释义还说,"净收入"不包括向顾客收取的如下费用:包装、运输、保险、进出口、销售、增值税、关税、安装费以及非授权人收取的其他费用。合同如果没有这些解释,双方很容易对这类术语是何意义出现争议,甚至会诉讼到法院。到那时,法官只好根据法律或者通常意义加以解释、认定,这样一来当事双方必有一方为此付出巨大代价,杨红樱在与二十一世纪出版社的官司中败诉就是这个道理。

真正有效的合同不仅要表达准确,避免"还(huán)""还(hái)"不分,在必要的情况下,还要对一些至关重要的术语,特别是在本合同中含有特别意义的术语作出特别的约定,这样不仅可以避免争议,还可以在出现争议时找到解决争议的依据。就图书出版而言,有些词汇和含混不清的表述必须进行解释,比如图书出版过程中涉及的"种""授权""税款""违约""合理期限""适当赔偿"以及其他一切容易引起争议的表述。就拿"违约"这一表述来说,什么叫违约?违约应该包括哪些内容?经销商未经出版方允许在授权以外区域销售授权作品责任是否应该由被授权方承担?如果承担,应该承担到什么程度?再比如"合理期限"这个表述用得很多,出版方对书稿进行修改之后交给授权方,授权方应该在合理期限内答复出版方,这个"合理期限"应该是多久?还有"适当赔偿",多少才算"适当"?

除了经常见到且容易引起不同解释的术语、词汇和表达方式,还有一些看上去微不足道、有时候却对你挽回损失有着重要作用的内容,比如通信地址,这在很多人看来是一个小问题,一旦当事双方界定的通信地址含混不清而出现重要文件没有及时送达,损失可就是你自己的了。再比如,如果用外币付款,就应该明确载明以什么时候的汇率为准。如果没有界定,合同订立之后赶上汇率变动剧烈,双方就有可能为此产生争议,因为这关系到当事人的利益。

总而言之，凡是关系当事人利益分配以及保证的术语、词汇和表达方式，都要明确，如果当事双方对这些文字的理解与普通意义不同，就要在合同中加以阐述，阐述得越清楚越明确越好。只有这样，这个合同才能达到约束当事人行为、保证当事人利益的目的。

上一节讲的重点是告诉人们合同一旦订立，即便有不明确或者未曾约定的地方也是难以协商的，也就是说马后炮不管用。这是因为当事人双方距离利益分配节点越来越近，望着即将到手的利益，谁肯跟你商量呢？这一节则是提醒人们凡是可能引起争议且对双方利益影响巨大的术语、词汇以及表述方式一定进行清晰且无任何其他解释的定义。前者是战略性的提醒，后者是战术性的安排，两者合一意味着表述精确是合同的生命，也是有关各方利益的最有效的保证。

第九节　如何行使解除权

多年前，深圳的一个作者朋友跟四川的一个民营机构订立了一份合同，委托对方出版她的一本小说。约定的出版期限眼看要到了，可是小说出版还是没有眉目。我的这位朋友几次三番联系这家机构，敦促对方遵守合同，对方回答"快了，快了"，可是朋友却对此没有把握。果不其然，期限到了，小说还是没有问世。这明显是违约在先，朋友问我怎么办。要知道，他们可是订立了五年的合同呢。

跟出版社打交道，作者往往处于劣势。一方面是作者多，出版机构少，可谓是"僧多粥少"，另一方面是作者大多对与出版业务有关的法规和操作常识缺乏了解。如此出版，作者一旦遭遇违约行为便不知如何是好，常常处于两难的处境。我的这位朋友遇到的便是这种情况。订立合同前，她对这家机构并不怎么了解，对这家公司的信誉以及操作能力更是缺乏调查。之所以选择这样一家机构代理出版事项，还不是急于要把写好的作品出版？

其实遇到这种情况作者并非没有退路。如果你有确凿证据表明对方履约能力明显降低，有不能履约的现实危险，你可以中止履行合同，同时以适当的方式通知违约方，要其在一定合理期限内恢复履约能力。如果违约一方在接到中止合同的通知后在合理期限内未恢复履约能力且没有提供适当担保，权利人可以行使合同的解除权。在解除合同的时候，要给对方发一个通知，合同关系在通知到达对方时解除。如果对方违约还给你造成了损失，你可以在解除合同之前与对方交涉，如果交涉不成，你可以向法院提起诉讼，要求解除合同并赔偿损失。这便是不安抗辩权的行使。有一位叫姚中坚的作者就是因为正确行使了不安抗辩权，避免了可能给自己造成的损失。

1998年，原告姚中坚与科学技术文献出版社订立了一份合同，授权后者出版《汽车故障快速排除手册》（下称《手册》）一书，《手册》如约在2000年出版，第一次印刷的稿酬也按照合同给付。一年后，《手册》第二次印刷，2003年上述作品第三次印刷。姚中坚认为，被告没有按照合同给付稿酬，被告辩称，第二次印刷稿酬已经付给原告，第三次印刷稿酬原告不去出版社领取。原告表示，合同第7条约定，被告向原告给付稿酬的方式和标准为基本稿酬加印数稿酬：每千字25元/千字×千字数＋印数稿酬。合同第10条约定，作品重印、再版应按第7条的约定向姚中坚给付报酬。被告认为，按照国家有关部门规定，图书重印只给付印数稿酬，不再给付基本稿酬。本案所讲的第二次印刷与第三次印刷用行内说法就是第一次重印与第二次重印。原告的诉讼请求是解除原被告之间的合同，要求被告按照合同第7条约定给付两次重印的稿酬。法院经过审理认为，被告提供的是格式合同，也就是我们前文说的范本合同，因而应该承担更多的审核义务。一旦因为格式合同提供方疏于审查导致合同履行过程中出现争议，不论是从利益的平衡角度考虑，还是从过错角度权衡，只能作出对格式合同提供方不利的解释。有鉴于此，合同第 10 条约定的给付报酬包括基本稿酬和印数稿酬。最后法院判决，支持原告按照基本稿酬加印数稿酬的方式给付重印稿酬，双方解除合同。

这样一个有效期长达十年之久的合同解除了，原告拿到了按照合同应该拿到的报酬。不过要注意的是，根据法院的判决书，姚中坚起诉之前"与科学技术文献出版社多次交涉均无结果"，不仅如此，姚中坚还向法庭提供了若干证据，其中包括原被告订立的合同、稿酬给付凭证、付款凭证以及《手册》的第一次和第三次印刷的原书。这就是我们前文所说的解除合同要出示证据，也要有适当的通知，这是非常重要的；没有证据，没有通知，你再有理，也不会得到法律的支持。

判决书上有一句话让我另有想法，那就是"实践中并非所有的作者都具有足够的法律知识或交易经验"。看到这句话万万不可得出一个错误的结论，那就是作者只管创作，别的事情可以不管。作为一个参与社会生活的自然人，最好的做法是尽可能多地了解或者掌握相关的法律规定。至于交易经验，如果不足，可以采用委托专业人员代理的办法加以弥补。这样做的结果不仅能让合同顺利履行，更能让自己免去很多不必要的麻烦，也不会为此劳神费力，降低创作效率。

上面这个案例不仅对作者有启发，对版权贸易照样有借鉴作用。我在第九章"技术细节"中提到过一个案例。

> 越南一家出版社从中国购买三位作家的六本书版权。根据合同，合同订立后一个月之内给付预付款。可是一个月过了，对方没有给付，两个月过去了对方还是没有给付。直到合同订立后三个月之后才有第一笔版税汇过来，而且还不是足额给付。我于是开始行使不安抗辩权，警告对方如果不在一定期限内给付预付款以及不应扣除的银行手续费，我将安排作者解除合同。经过我方敦促，对方终于履行了预付款的给付义务，双方的合同得以继续执行下去。

合同的解除权是交易过程中维护合同当事人自身权益的底线，我国的《合同法》对此有明确的规定。什么情况下可以中止合同，什么情况下又可以解除合同，这些在你订立合同的时候必须搞清楚。当然，行使不安抗辩权以及解除权的目的不在于最终解除合同，而在于继续履行合同，这才是最要紧的。

第十节 如何确定争议管辖地

凡是订立过合同的人都知道合同最后往往有这么一条，那就是双方在履行合同过程中如果发生争议，可以向人民法院提起诉讼，出版合同与版权合同也不例外。不过，在很多情况下，合同订立之时正是觥筹交错、酒酣耳热之际，有谁会想到日后双方会撕破脸皮、走上法庭，更有谁会为在什么地方打官司而头疼不已呢？这样的人不敢说没有，即便有也是非常罕见的，否则就不会出现下面这样的案例。

2003年3月，陈有进、张耀铭与丁守和就与哈尔滨出版社出版合同纠纷一案向北京市中级人民法院提起诉讼。哈尔滨出版社在法定答辩期内向北京市中级人民法院提出管辖权异议，认为图书合同签订地在哈尔滨市。合同的履行地也在哈尔滨市，这是因为图书出版合同的履行关键是出版，其次才是编辑加工、印刷、发行。另外哈尔滨出版社每出版一本书都要经过哈尔滨市新闻出版局的审批，核发书号、条形码、办理图书在版编目以及印刷委托等事项亦在哈尔滨进行。另外，本案合同的标的也是在哈尔滨编辑的。基于以上理由，哈尔滨出版社认为上述出版合同的履行地也在哈尔滨。原告以稿件交换、校对、印刷在北京市就认定北京市是合同履行地没有依据。根据《民事诉讼法》第23条的规定，哈尔滨出版社认为北京市第一中级人民法院对上述案件没有管辖权。

然而，北京市第一中级人民法院却不这么认为。根据《民事诉讼法》第23条的规定，因为合同纠纷提起的诉讼可以由被告住所地或者合同履行地人民法院管辖。被告哈尔滨出版社的住所地在哈尔滨，哈尔滨人民法院拥有管辖权确定无疑。合同履行地的人民法院同样拥有管辖权。就这个案件而言，合同对履行地点没有明确约定。针对合同履行地点不明确的，《合同法》第62条第3款规定，给付货币的，在接受货币一方所在地履行，给付货币或者不动产以外标的的，在履行义务一方所在地履行。上述案件是出版合同纠纷，陈友进、张耀铭、丁守和有按照合同约定的时间向哈尔滨出版社交付稿件的义务，哈尔滨出版社有按照合同约定出版图书及向作者给付稿酬的义务。陈友进、张耀铭、丁守和既为接受货币的一方，又是交付合同标的稿件履行义务的一方。在此情况下，应当认定陈友进、张耀铭、丁守和所在地北京市为本案合同履行地之一，所以北京市第一中级人民法院对上述案件拥有管辖权。根据《民事诉讼法》第35条规定，两个以上人民法院都拥有管辖权的情况下，陈友进、张耀铭、丁守和有权选择管辖法院。哈尔滨出版社不服，向北京市高级人民法院上诉，北京市高级人民法院驳回哈尔滨出版社的上诉，维持原裁定。不过，北京市高级人民法院指出，当事人就有关合同的履行地点约定不明确，按照合同有关条款或者交易习惯仍不能确定的，应当适用《合同法》第62条第3款的规定来确定履行地点。但是，在上述案件双方诉争合同的实际履行地已经明确的前提下，原审法院仍然适用上述条款显然不妥。

大军未动，粮草先行。这个"粮草"就是明确管辖法院的问题。不同法院对同一个案件的判决会有多大差异这一点不得而知——一个案件让两个不同地区法院审理尚未见过，可是人们对到"客场作战"大多心存畏惧，因为到人家地面打官司会有很多麻烦和不可预料的问题出现。在中国打官司如此，更不用说去外国了。要知道，我们在购买或者销售版权的时候经常会碰到这样的情形，缔约双方绝大多数条款都意见一致，就是对管辖法院互不相让。用中国的法院管辖，外国人接受不了；让美国或者美国某个州的法院管辖，中国人也不同意——连美国的法律都不知道，怎么去美国打官司？从某种意义上说，司法管辖权问题有时候还真会成为彼此之间合作的绊脚石。

有一年，越南出版社要购买我社图书的版权，不论是版税率还是预付款抑或合同有效期，双方谈得都很顺利。可是却在一个大家觉得不起眼的问题上卡壳了，那就是司法管辖权的问题。既然是卖版权，我们比较坚持管辖权归中国法院。越南方面反对，认为那不公平。后来我就问对方，难道去越南的法院打官司就公平吗？后来还是对方提出了一个"可行"的建议，那就是合同由新加坡法律管辖，有了争议到新加坡法院提起诉讼。中越两国做生意却要第三国的法院来当裁判，用时髦的一句话讲"真是太有才了"。没有办法，为了双方能合作下去只能如此。还好，双方在合同履行上没有发生什么争执，也就都没有机会领略新加坡法院的威严。

从上述案例可以看出，就版权合同纠纷案件而言，合同没有约定的，由被告住所地或者合同履行地人民法院管辖。这个"或者"的出现就导致两个以上法院拥有管辖权。既然是两个以上法院都拥有管辖权，那么诉讼双方就要作出选择。一旦在管辖法院上发生争议，那么就会进入管辖权的裁定程序，从而增加诉讼时间与诉讼成本。

为避免出现上述情形，订立合同的时候，就要对管辖法院进行明确的合同约定，这就是合同约定管辖。所谓合同约定管辖，主要是指合同的当事人可以在书面合同中协议选择原告住所地、被告住所地、合同签订地和合同履行地人民法院管辖。除了约定唯一的管辖法院，其他任何约定都有可能导致管辖法院的不确定性。原告与被告之间瞬间转换，因而约定原告住所地或者被告住所地毫无疑义。合同履行地，由于司法解释的存在，有时候根本无须约定，但是要注意控制履行地点并保留证据，就像上述案例中的原告那样。合同签订地则不同，可以保证管辖法院的唯一性。

说到级别管辖。版权合同纠纷案件，原则上由中级以上人民法院管辖。但是根据最高人民法院的有关规定和精神，各高级人民法院根据本辖区的实际情况，可以确定若干基层人民法院管辖第一审版权民事纠纷案件。大概因为这个原因，我看到很多出版或者版权合同指名道姓地让某个具体法院来管辖。然而，如此约定常常会产生意想不到的问题，比如诉讼标的额的变化会引起管辖级别的变化，而管辖法院的约定又与法律规定产生矛盾，从而让自己处于非常不利的境地。一般情况下，尽量约定为"合同签订地人民法院管辖"或者"合同履行地人民法院管辖"。

　　了解这一点对我们对外销售版权以及购买版权合同的订立有极大的好处。首先，我们要尽力保证合同约定的管辖法院的唯一性。当然，你也可以通过仲裁方式解决纠纷，不过我国实行的是一裁终局制并适用司法监督程序。其次，由此引申另一个问题让我们不得不予以极大关注。一旦你与之合作的外商处于强势地位，在选择管辖法院方面，我估计你没有太多的发言权。不过你可以像我前文指出的那样与外商协议，选择用中国法律解释，由第三国法院管辖。这或许对双方都很公平。由此引发的第三个问题就是美国法律问题。很多人害怕跟美国版权持有者订立合同，因为合同中大多要约定合同由美国某个州法律解释并受美国某个州法院管辖。遇到这种情况不要害怕，根据美国合同法中的实质履行理论，只要你的行为实质性地实现了双方订立合同的主要目的，即便你未能做到尽善尽美，对方当事人也不能借此无伤大雅的履约瑕疵来拒绝履行自己应该承担的义务——当然，法律允许对方就你不尽人意的履约行为提出赔偿。❶ 正因如此，订立合同的时候你要给自己留有充足余地，以免因无回旋余地而无法履约或者出现履约瑕疵。如果合同标的额巨大，你更要小心再三。

　　总而言之，国内版权合同纠纷选择管辖法院前须对国际版权合同潜藏的"伏笔"有更多了解。如果合同当事人对上述问题有较清醒的认识并且能防患于未然，图书版权贸易就会顺畅得多。

---

❶ 李响. 美国合同法要义 [M]. 北京：中国政法大学出版社，2008.

第十二章

博学多知

做版权贸易实践很重要；没有实践，就不会获得第一手材料，就永远是纸上谈兵。当你有了相当的经验的时候，再到纸上谈谈兵，说不定会对你今后的工作有很大的益处。不过有一点我想强调的是，我们在纸上谈兵的时候，不仅要谈跟版权贸易密切相关的东西，也要谈距离稍微远一点的东西，道理很简单，世界上很多东西都是相通的，举一反三、触类旁通就是这个意思。不过，下面要谈的仅仅是我涉猎过的，也许还有很多东西需要我们学习与研究。只要我们肯探讨问题，就会发现版权贸易与生活和工作的很多方面都有联系，都有相互借鉴、相互学习的必要。

第一节 展台安排

图书的版权贸易离不开国际书展，各种国际书展离开了版权贸易便失去了存在的意义。换句话说，国际书展的最重要功能就是推广版权贸易。要让这种推广达到预期目的，就要把参加国际书展当作一门学问来研究。

参加国际书展需要做些什么准备、参展过程中需要注意哪些问题，我在第七章"版权推广"中进行过详细介绍。在这一章中，我要谈的是展台设计与展品摆放问题。有人会说，展台设计不是版权代理人的工作，展品的摆放不需要什么特别的考虑。有的人甚至说，我们是为购买版权而去，展台安排无所谓。实际上，不论是购买版权还是销售版权，只要你有展台，就必须研究展台设计与展品摆放问题。

作为版权经理，我参加北京国际书展 14 次，参加法兰克福书展 9 次，参加伦敦书展 1 次。20 世纪 90 年代，我还作为编辑部主任参加过美国的图书销售商大会（ABA），现称美国图书博览会（BEA）。退休后，我依然参加北京国际书展，但是仅仅是为会见朋友，观察行业发展变化。每次参加国际书展，我都密切关注国外展台的设计与布置，对不同出版社的特点进行对比研究，从中发现一些值得回味的门道。

我首先关注的是那些不知名的中小出版社。所谓中小出版社，我基本上是根据展位面积大小来判断。接下来，我再看他们的展台，包括桌椅是怎么摆放的。

新加坡怡学私人出版公司就是一家小型出版社。他们每年参加法兰克福书展基本上都是十几平方米的展位。面积小，他们就在展位的设计上下功夫。他们把展台设计成了封闭式的曲线型，这种设计的最大优点是只有一个出入口，人们进去的时候可以浏览一遍展架上的书籍，参观完毕仍要原路返回，借此让其把所有书籍重看一遍。如此设计，思路很是巧妙。

有一年，我在参加法兰克福书展期间去拜见这家公司的老板苗耀华先生。他告诉我，开展虽然仅有两天，他们已经订了 10 余项版权交易合同。要知道，他们可是每年只出版 40 种书的小出版社。

创办十年，这家公司取得了不俗的成绩，最后被美国一家著名出版公司收购。

小公司就像艺术大师惜墨如金一般惜"位"如金，目的是让每一寸展位高效能地发挥作用。每次去法兰克福书展，我都会留神一些小公司的展台设计与布置，还别说每次见到的情景都是很局促的。我甚至发现，一些参展商实在太累了就坐在书架前的台子上——因为他们根本没有摆椅子的地方。

大公司，特别是那些知名的跨国公司，多采用开放式或者半开放式，因为他们占地面积大。先从书架说，书架很高，书脊朝外摆放，就像家里的书柜一样。

一般而言，大公司的书架都是东一个西一个，彼此的位置并不协调，可以说没有什么美观可言。看着硕大的展台，参观者却难以靠近，那是因为但凡没有书架的地方都摆了桌椅，为的是与合作伙伴洽谈生意。有的公司还在自己展台的中心地带隔出一个小房间，权且充作贵宾室。有一些大公司出于生意的需要，将展台设计成封闭式。我就见过这样一个公司，他们的展台三面是"墙"，一面是有人值守的"门"。我靠近一打听才知道，不事先约定，你是进不去的。

除了展台设计、展品安排很讲究，外国参展商在人情味上也做足了功课，奇思妙想层出不穷。在前文提到美国图书销售商大会上，我就看见一些展台摆放着小玩意儿或者糖块、咖啡什么的。有的参展商在展位旁边还支上篮球筐，供参观者，特别是小孩子嬉戏玩耍之用，以便让大人集中精力做生意。这样的展位安排不想吸引观众眼球都难。

第二节　广告策略

版权贸易需要推广自不待言，有关推广问题在第七章"版权推广"中有过论述。我这里要介绍的不是一般意义上的推广，而是利用广告学原理进行推广的问题。广告学涉及的问题很多，由于篇幅所限，重点介绍一下"独特的销售主张"，以期解剖麻雀，让读者得到更多的启发。

1919 年，美国有一种叫喜立兹（Schlitz）的啤酒，销售形势每况愈下，在全美 10 大啤酒厂商中排名仅列第八。厂家请来了广告大师克劳德·霍普金斯（Claude Hopkins），又是给他作介绍，又是带他看设备，霍普金斯就是不抬眼皮。就在大家往工厂大门走去的时候，霍普金斯突然跳了起来——原来他看见工人正用蒸汽给空酒瓶子消毒。老板告诉大师，啤酒厂莫不如此，没什么可大惊小怪的。霍大师说，是不是都这样做不重要，重要的是消费者并不知道谁在这样做。结果，凭着霍师傅"每一个啤酒瓶都经过高温蒸汽消毒"这个独特的销售主张（Unique Selling Proposition），不到半年，喜立兹就消化了库存，而且还创造了市场销售第一的奇迹。所谓独特的销售主张，讲的是预先占有权。预先占有权具体来讲就是谁率先声称自己拥有某种产品或者品质特征，这个观念就归谁所有。即使这些产品或者品质特征并非为其独有，即使这些产品或者品质特征在业内非常普遍，只要是他第一个提出来，那就是他的。一旦广告围绕这个观念提出诉求，就会取得非同寻常的传播效果。广告大师罗瑟·雷斯将其解释得更直白，那就是"向消费者说明以往广告没有提到过的个性"。

实际上，图书版权贸易跟商品、服务买卖没什么两样。商品、服务买卖需要推广，做版权贸易也要推广。推广靠什么？方式方法很多，广告便是其中一个很要紧的推销手段。过去叫推销或者推广，如今也有这么叫的，不过还有一个好听的说法，就是"营销"。不论是推销还是营销，意思上可能有一些差距，但是本质却是相同的，那就是尽可能地多卖东西，多卖服务，对我们来说就是多卖版权。怎么才能通过营销手段增加销售呢？近代商业发展几百年，好主意、巧方法不老少。不过，也要注意在适当的时候采用适当的手段，这样才能达到我们多赚利润的目的。如果营销手段不对路，有时候还不如不营销。不营销，煮熟了的鸭子有可能会飞走。营销不对路，即便熟鸭子没有飞走，要是栗子卖出倭瓜价来，还不是照样让人窝囊吗？

推销或者说营销方法多种多样，霍师傅的拿手好戏——"说明以往没有提到过的个性"就是一个十分不错的策略，可以说是屡试不爽。当然了，这个"个性"可以是五花八门，关键就看你怎么提炼，如何认识。

我曾经代表一家出版社跟韩国代理商洽谈一本京剧脸谱的版权销售问题。韩国人预付款的报价是 1 500 美元，而且声言，就是这个价，韩国市场很不景气，不可能再增加。出版社于是委托我来做这件事。经过初步接触，我发现对方的口气确实很强硬。根据以往的经验，我深入了解了标的物的情况。数日之后，我得出结论，提高价格的空间还是存在的。我这次把功夫下在跟对方算细账上面。一本书有将近百张照片。而这近百张照片是根据画家画出来的作品拍摄下来的。换句话说，这些照片无一不是凝聚了两重劳动——实际上，这类画册基本上都是这样的，都是两重劳动的结果。如果你不说，买主就没有印象，更不会意识到这两重劳动所含的价值。如果按照对方的报价，扣除代理费、预提税以及出版社分成等费用，最后算下来，每一张照片不到 7 个美元，绘画和摄影各得 3 个美元。如果算上文字作者应得的部分，绘画和摄影者就所剩无几了。我就问对方，如此价格，你给得出去吗？这一算账，就算出了明堂，就算出了这本书隐含的价值以及它的个性。不这样做，对方恐怕还觉得给得很多呢。结果，双方最后以 2 500 美元而且免代理费和税费的结果达成一致并订立了合同。

还有一个例子也可以说明这个问题。

有一年我去南京送女儿上大学，顺便会见了一个出版社朋友。她跟我同行，在一家少年儿童出版社供职，工作是编辑兼版权贸易。聊起版权贸易，我们谈兴大发。她拿过一本书，指着上面的字介绍起她的生意经。谈价格的时候，她很重视一些细节的介绍——实际上也是一种推销。她说，儿童书与成人书不同，设计上都是很有讲究的。比如，每个故事的标题，她都用楷体，目的是让小读者一边看书，一边学习汉字的书写笔画。之所以这样做，是因为楷体是所有汉字字体中最能体现汉字通行面目的字体。小孩子正处在吸收知识的黄金时期，第一印象也许会伴随一生。如果给了不规范的东西，说不定就永远也不会纠正过来。当然，在书的其他部分，为了吸引孩子的兴趣，可能会用一些别的好玩儿的字体，但是那是建立在学会书写方式的基础上的。这样介绍，买主就会发现，编辑们对每一本书的每一个角落都下了功夫，因而价值也就出来了。卖主提出来的价格就很容易为买主所接受。你要是不说，谁也不知道孩子的书会有这么多讲究。

当然，我们在销售版权的时候，要提及的价值远不止这些，要纳入这个范围的还有不少。我曾经代理一个作者将其作品卖到越南。在洽谈的过程中，如何在他们报价基础上提高要价是一个很头疼的事情——作者不接受对方的价格。要达到这一目的，需要运用多种策略。就对方容易忽视或者不了解的信息进行反复说明也是很重要的。比如，作者在中国国内的知名度，其作品的销售业绩，都是需要用数字来说话的。尽管对方对作者有所了解，但是看了我的详细介绍还是感到很振奋，就像很多人从国外购买版权的时候总是盯着排行榜一样。排行榜一类的东西对某些购买者来说确实很有说服力，是巧妙撬动价格上升的一个有力杠杆，但不是唯一的杠杆。

第三节　经济走向

版权贸易一方面与图书出版密切相关，另一方面与经济走向不可分开。可以这样说，经济走向是版权代理人需要时刻关注的问题。

说到经济走向，可以从两个角度研究。一个是中国的，这叫"知己"，另一个是外国的，这叫"知彼"。比如，我们要向越南推广我们的版权或者与越南洽谈版权销售合同，我们首先要知道我们图书的价值以及决定价值的市场因素和经济走向。

我们首先要了解我们正在洽谈的版权在中国市场的销售情况，上市一年内卖了多少，上市以来累计卖了多少。这还不够，在中国物价变动如何，居民消费物价指数是上升还是下降，如果是上升，上升的幅度有多大。仅仅了解中国的情况还不够，还要知晓与海外交易的其他一些非常重要的市场变量，比如汇率。美元兑换人民币是 1∶8.3 还是 1∶6.2 看上去变化不大，实际不然，在与越南这样出价较低的国家做版权贸易，一丝一毫的变化都会对收益产生显著或者巨大的影响。

我跟越南这样国家的买主洽谈的时候，经常将上述因素搬出来，以强调这样一个事实：如果不按照我提出的数额给付的话，我们的作者就会蒙受巨大损失。于是我跟对方展开多轮谈判，第一轮是"漫天要价"，目的是为"就地还钱"创造足够的空间。第二轮，当对方拒绝我的报价时，我便使出第二招，那就是"价值跟进"，有根有据地阐述洽谈作品的价值，这种阐述切忌说空话，一定要有数据作支撑，唯此才会将谈判对手赚至榖中，进而使对方接受你的说法。第三轮，如果讨价还价的结果还达不到你的底线，就要"市场开路"，即从我方经济走向以及市场变化角度阐述我的主张。这样做当然还是离不开数据，比如汇率变化。如果人民币升值，对方若是以美元给付，无形之中对方付给我们的预付款就会大幅度缩水。第四轮，如果双方还达不成协议，我就要"指数说话"，进一步说明我们的经济处境，那就是居民消费物价指数的变化。如果物价指数总在高位运行，作者收到的预付款在汇率变化上被"切"一刀之外，又让一只看不见的手"拿"掉一块。

现在我们再来看海外买主所在市场的情况，比如越南的货币——越南盾与人民币的兑换率。2005 年的时候，2 000 越南盾可以兑换 1 元人民币，越南图书市场定价通常是 20 元人民币，也就是四万越南盾。2017 年 6 月，20 元人民币却可以兑换 66 838 越南盾。反过来计算，4 万越南盾如今只能兑换 11.93 元人民币。也正是这个原因，我们卖给越南的版权不提高价格是不行的，以此为由说服对方接受我们的价格应该是非常有可能的。就算达不到我们的预期目标，买卖双方共同承担汇率变化带来的后果更是合理且难以拒绝的。

当然，对越南市场的了解还十分不够，一则我没有去过越南，对越南的情况没有亲身感受，二则我不懂越南语，不能直接阅读有关越南的第一手材料。尽管如此，我还是尽量去了解，因为了解一些总比一无所知要好得多，盲人骑瞎马吃亏是早晚的。

其实不光是越南，对其他国家和地区也是如此，要尽可能多了解对方的经济发展情况，从中窥探对方图书市场容量和一般读者购买力的情况。就拿韩国来说，不知大家在往韩国销售版权的时候对韩国的经济情况是否了解。据新华网2014年1月23日援引韩国中央银行公布的统计显示，2013年韩国经济增长率为2.8%，比2012年多0.8个百分点。KBS韩国国际广播电台网提供的消息称，韩国人均年收入2003年是13 000美元，从那时开始到2007年达到21 000美元，四年中平均年增长幅度为2 000美元。2008年金融危机开始，韩国人均年收入连续两年下降，每年2 000美元。最近几年，韩国人均收入又有大幅提高。据韩联社援引韩国中央银行的数据报道，2011年韩国人均收入是24 302美元，2012年达到24 696美元，2013年则达到26 205美元。2002年韩国图书平均定价是9.63美元，按照当时的汇率应该是11 970韩元，占同期人均国民收入的0.1%。再看看美国和日本。2002年美国成人精装书平均定价是27.52美元，占同期人均国民收入的0.08%；少儿精装书平均定价15.78美元，占人均国民收入的0.046%；成人平装书平均定价15.77美元，所占比重与少儿精装书一样；少儿平装书平均定价7.3美元，占人均国民收入的0.021%。日本2000年图书平均定价是10.24美元，占当年人均国民收入的0.028%。[1] 上述三国相比，韩国的定价水平相对要高一些，韩国出版社购买版权的时候给出的定价一般在9 000韩元左右，远远不到平均水平。了解了这些情况，在与韩国出版社洽谈版权销售的时候心里有底，应对自如。

当然，上面举的这些例子不过是为了说明问题，要研究的问题很多，要搞清的事情也有很多，还是那句老话，知己知彼，百战不殆。其实，我们无须百战不殆，只要每战不亏便是不错的结局，毕竟版权贸易的功能更多体现在文化传播上，经济价值不过是一个传播杠杆——没有杠杆不行，但是也不能喧宾夺主，关键是用得妙。

---

[1] 张青. 中外图书定价比较 [J]. 出版参考，2009（21）：41.

第四节 语言问题

订立合同离不开语言，跟外国版权购买人或者版权持有人订立合同则离不开外语。有一位律师在一个培训班上说，如果你是一个中国版权买主，你不懂英语或者法语，你可以要求对方提供汉语合同。这个说法只能说对了一部分。提供汉语合同没问题，然而不懂外语就从事图书版权贸易从根本上来讲你永远是站在圈外边，因为你跟你合作的人有不可逾越的语言障碍。对版权代理人来讲，精通英语是不可缺少的。如果你能用英语阅读、写作、翻译，那你做版权基本上就不存在语言问题了。不过，话又说回来，如果你懂几国语言，那对你从事这个行业大有好处，尽管有的时候你懂的语言几年才用上一次，一旦那次至关重要，也不算白学。

有一年，阿拉伯基金会看上了我社出版的一本书，名叫《一百个中国人的梦：百姓生活实录》，需要用汉语、英语、阿拉伯语订立四方合同。我拿到这个合同的阿拉伯语版，此前作者已经签名，我很佩服作者，她居然知道在什么地方签名。我看了半天，又对照英语版和汉语版琢磨了好久，也不知道在哪儿签名。后来我隐隐约约想起有人说过，阿拉伯语是从右向左书写的，就像过去竖排的汉语。于是我断定，最左边的一堆阿拉伯语应该是我社的名字，结果大印一盖。把合同拿给中间人，中间人跟我道歉，说应该事先告诉我在什么地方签字盖章，好在我签字盖章的位置并不错。其实，中间人也不懂阿拉伯语，刚拿到合同的阿拉伯语版时还特地反转过来看，送合同的人连说"拿反了，拿反了"，因为中间人并不知道阿拉伯语从右往左看。看到我签字盖章位置不错，这位中间人还夸我"聪明"。

看来，这世界上流行的重要语言都要知道一点，就算你不知道，你总要听到过一些基本常识。我若是没听说过阿拉伯语从右往左写，我还真不知道在什么地方签字盖章呢。

当然，光有一两个常识还不够，还要尽量多掌握一些语言。

我审查过两份日语合同，按照以往规律，看看译文就行了，毕竟我对日语只是略知皮毛，并不精通。如今领导对合同审查要求严格，我不得不仔细阅读原文，真巧还发现了不小的问题。有一份合同汉语译文的大意是"如有非授权第三方出版上述作品，授权方不予承担责任"。我看了看原文，那上面只有"第三方"，并没有什么"非授权"的字样，这样一来问题就大了，授权方如果来个"一女二嫁"我们也不能追究责任？我赶紧请相关人员联系代理人，通过代理人向日本的版权持有人转达我社的意思，这一条必须修改，否则合同无法签署。经过谈判，日本方面最终接受了我们的修改建议。还有一份日语合同上面要求誊写我社账本，对此我坚决不同意，结果对方最终让步，删除了"誊写"的条款。

还有一次，编辑交给我一份韩语合同，我仔细核实原书版权页，发现韩语原书版权页没有注明版权所有，后来又看了几本韩语原版书，有的印着版权所有记录，有的就没印，于是我给版权代理公司打电话，让其解决版权记录问题。如果看不懂韩语，也就无从知晓是否有版权所有记录了。

现在跟越南做版权很多，可是我却不认识一个越南字，这对我来说也是不方便的地方。如有机会，我很想学点越南语，至少图书上的一些记录应该能够看懂。

除了外语，我更重视的是我们自己的语言——白话文之前的古汉语。那是因为现代的白话文是在古汉语基础上发展起来的，古汉语中的不少表达方式至今还在使用。另外，古汉语程度好坏直接牵涉白话文程度高低，白话文水平高低又对外语水平的改进产生关键性的影响。事实证明，经常阅读古汉语或者将古汉语作品翻译成白话文，对一个人的语文修养会有极大的帮助。一则可以改进语言表达的准确性、生动性，从而使自己的思想表达言简意赅且富有魅力。二则可以改善沟通的效果，从而为建立更为广泛的人脉关系创造有利条件。

第五节 法律研究

版权贸易直接涉及的法律要研究，这是很自然的事情，比如《著作权法》。有些法律问题看上去与版权贸易关系不大，实际上也要研究。

一、《民法通则》

有一次，台湾一家公司购买我社一本书的版权，合同上约定管辖法律为中国大陆的法律，对方董事长在上面签了字，可是没有盖章。要知道法定代表人作为当事人的法定代表有权在合同上签名对合同内容加以确认。再说，合同不加盖公章并不在我国《民法通则》第58条规定的七种无效民事行为之列。如果你对《民法通则》不熟悉、不研究，你还追着人家盖章，那可是有点多此一举。

一位编辑让我审阅一份合同。提供这份合同是德国和中国香港双方合资的一家在中国大陆注册的公司，其业务是代理德国图书版权。以往我看到图书版权买卖都是代理人负责联系买主、起草并订立合同、收款等事项，订立合同的时候，代理人大多不以签约方出现在合同中，如果出现，也仅仅是其中的一方。我从未见过代理人取代被代理人出现在合同之中。按照我国《民法通则》第63条的规定，公民、法人可以通过代理人实施民事法律行为。代理人在代理权限内，以被代理人的名义实施民事法律行为，被代理人对代理人的代理行为承担民事责任。我国

《民法通则》第 65 条规定，民事行为的委托代理，可以用书面形式，也可以用口头形式。上面这个案例非常值得警惕。合同中没有被代理人，被代理人也未给代理人出具委托代理文件。我国《民法通则》第 66 条规定，没有代理权、超越代理权或者代理权终止的行为，只有经过被代理人的追认，被代理人才承担民事责任。未经追认的行为由行为人承担民事责任。第三人知道行为人没有代理权、超越代理权或者代理权终止还与行为人实施民事行为给他人造成损害的，第三人和行为人负连带责任。根据我国法律，这个合同的主体存在瑕疵，是无法订立的。

二、《合同法》

说到《民法通则》，就不能不提到我国的《合同法》，因为合同法是在《民法通则》基础上颁布的，《民法通则》上规定的条款，《合同法》上都有相应的规定。上文提到的《民法通则》的第 66 条在我国《合同法》第 49 条有所体现：行为人没有代理权、超越代理权或者代理权终止后以被代理人名义签订合同，相对人有理由相信行为人有代理权的，该代理行为有效。这个条款的意思是，你跟一个没有代理权、超越代理权或者代理权终止的行为人订立合同后出现第三方主张权利并且起诉你侵权。你若要这个合同具有法律效力，就必须出具证据，证明行为人有代理权，否则就有侵犯第三人权利的嫌疑。

当然有关《合同法》的问题还有不少东西需要研究，比如合同无效的情形、什么情况下可以变更、撤销合同、撤销权的消灭、同时履行抗辩权、先履行抗辩权、不安抗辩权、合同的终止、合同的解除、解除权的消灭，等等。掌握《合同法》的这些规定，不仅可以让合同订得更严谨，还可以避免不必要的损失。

三、《商标法》

也是写作本书过程中的事情，若不是对一个商标耳熟能详，险些让其从我手下滑过。

有一份图书出版合同，标的是"某某奥特曼"，这有可能引发一些问题。这是因为从网上查询得知，1994年，日本圆谷制作株式会社在我国注册了"奥特曼"（Ultraman）文字和图形商标，此后陆续为其注册了5个大类75个类别的商标，这还不包括大量含有"奥特曼"字样的商标。准确具体的注册数据可通过国家工商总局所属商标局网站查询。如今"奥特曼"在中国已成为驰名商标。根据我国《商标法》第52条规定，销售侵犯注册商标专用权的商品的，要承担侵权责任。其实，本书前文曾经介绍过一个案例，那就是"彼得兔"商标侵权案。前车之鉴，应该引起足够的警惕。如果一定要使用"奥特曼"这个商标，可以与商标持有人沟通协商，给付一定的商标使用费，即可名正言顺使用。未经授权销售侵犯注册商标的商品蒙受的损失恐怕远比给付商标使用费要大得多。

四、《信托法》

什么是信托？根据我国法律，信托是指委托人基于对受托人的信任将其财产权委托给受托人由受托人按委托人的意愿以自己的名义为受益人的利益或者特定目的进行管理或者处分的行为。前文曾经说过，英美国家的合同中经常采用信托方式为自己争取最大利益。

2007年我社居间促成赵启正与美国宗德万出版社订立了《江边对话——一位无神论者和一位基督徒的友好交流》全球英语和西班牙语版的合同。美国方面起草的合同，除对全球英语版和西班牙语版的出版、发行与付酬作了约定外，还就其他多项事务达成一致，其中包括美国和加拿大精装与平装本的发行与付酬；美国和加拿大大众市场平装本的发行与付酬；全本或者节选录音制品的发行与付酬；精装、平装和大众市场平装本的出口与付酬；各类市场的电子书的发行与付酬；直销与邮购的付酬；全本和节选数字化版本发行与付酬。这些约定实际上就运用了信托的原理。

另外，相当一部分英美国家出版商提供的合同都对侵权追偿作了约定，其中包括诉讼费的给付与赔偿费的处置，这也是运用信托原理的一个方面。根据我的经验，合同中如果加上这类条款，需要的时候将免去不少麻烦。信托条款应该包括如下内容：约定地点和约定期限、收入分配方案、结算方式和各自的权利义务等。

五、《民事诉讼法》

版权贸易乃至出版界涉及的官司多半是合同纠纷。若要避免这种官司就要研究上述几个法律，出现官司要想争取对自己最为有利的局面，就要研究《民事诉讼法》。实际上，如果你对《民事诉讼法》有所研究，进行合同约定的时候就要有意识巧妙地给自己留下"后路"，比如第十一章提到的哈尔滨出版社那个案例，如果出版社在订立合同的时候对法院管辖权进行明确约定，打官司的时候处境也许会好一些。有关民事诉讼法，有几个问题希望引起读者的注意：

《民事诉讼法》第 23 条是有关合同纠纷诉讼的，这条要认真研究。第 28 条是有关对侵权行为提起诉讼的，这一条也必须引起足够注意，因为图书出版合同涉嫌侵权的越来越多，不论你如何"严防死守"，似乎都无法杜绝这类意外的发生。第 35 条，有两个法院拥有管辖权的，由最先立案的法院管辖。第 48 条，公民、法人和其他组织可以作为民事诉讼的当事人。有的时候出版社没有弄清签约主体就订立合同，结果合同履行出现纠纷之后告状无"主"。本书在第十一章中介绍过一个案例，就是因为签约对象没搞明白而蒙受巨大损失。这里再次提醒各位读者，尤其是要注意"其他组织"。有关"其他组织"的问题，第十一章中有详细的论述。第 63 条，有关呈堂证据。根据这一条规定，有八类证据可作为认定事实的依据。在合同当中，经常出现"尽到合理的注意义务"一条，怎么才叫尽到了合理注意义务，就是要有证据；拿不出证据，你就无法免责。《民事诉讼法》有 284 条，需要研究的问题很多，这里不再赘述。

六、美国法律

光研究中国法律还不够，还要掌握一些外国法律常识。当然，有业务往来的国家那么多，不可能都掌握，我们还是重点了解一下美国的法律，一方面中国从美国引进图书版权最多，另一方面美国法律最复杂也最完备。经过初步研究，我发现我国的版权代理人对美国法律相当陌生，经常用中国法律的概念来诠释美国法律，这样会产生相当大的偏差。比如美国版权法，它有一条法则，那就是版权法的目的不是为了奖励作者的劳动，而是为作者和出版商提供经济上的刺激或者物质利益的诱惑，以促进科学技术和文学艺术领域创作的繁荣，从而实现全社会公共福利的普遍提高。[1] 再比如，美国公司谷歌为其扫描、收录美国作者作品与美国作家协会和出版商协会进行了谈判，达成了和解协议。根据美国民事诉讼法规则，一旦这项协议得到批准，其法律效力将涵盖中国作者的作品。换句话说，谷歌在使用中国作者作品的时候完全可以根据美国法律"先斩后奏"。如果对此不甚了解，我们就会无法与对方展开有效的沟通与谈判——还是那句话一定要"知己知彼"。除此之外，如果有精力和时间，除了美国版权法和民事诉讼法规则以外，还应该研究一下美国的合同法——跟美国公司订立合同，不懂得美国合同法是说不过去的，这是因为合同是一把双刃剑，可能被好人善加利用带来福利，也可能被坏人恶意利用带来伤害。[2]

要学习、了解的东西远不止这些；如果你有基础、有时间、有兴趣，你可以尽可能多地掌握一些东西；掌握的东西多了或者精了，工作做起来就会游刃有余，也就更有乐趣，也就更能取得成效。

---

[1] 李响. 美国版权法：原则、案例及材料［M］. 北京：中国政法大学出版社，2004.
[2] 李响. 美国合同法要义［M］. 北京：中国政治大学出版社，2008.

版权评论

前面十二章内容虽然涉及了很多与版权有关的问题，然而所讨论的问题从格局上讲就像经纬线，挂一漏万不可避免。实际上，版权工作不仅与版权贸易有关，与版权保护以及由此引申的很多问题不无牵连。如果一个版权代理人只知道如何做版权贸易，对剩下问题一无所知或者知之甚少，我相信他的贸易也不会做得很精彩。为弥补这一缺憾，我把近些年撰写的与出版、版权乃至文化传播有关的评论、论文编入本书，以便读者对版权乃至整个出版以及文化工作有更多的了解和多角度的观察。本书收入的文章涉猎的主题不仅是版权代理人应该了解的，也是应该关注的。需要说明的有两点。一个是本章收录的文章都注有写作或者发表日期，以便读者查询该文的写作背景。另一个是文章收入本书的时候，不论此前是否发表过，都作了一些订正或者修改，一方面是消灭错讹，另一方面是为使其与全书风格协调有趣。

高敏"追梦"，我们追什么？

近来，出版界有一件事情闹得沸沸扬扬，那就是昔日跳水冠军高敏因版税纠纷状告上海文艺出版社（下称"上海文艺"）。一审判定高敏胜诉，上海文艺于判决生效10天内给付17.4万元的版税。

来龙去脉

据新华网和TOM网站报道，前奥运会跳水冠军高敏就版税问题对上海文艺提起诉讼。在介绍此事缘由时，高敏说，2005年4月9日，她的委托代理人与上海文艺代表订立了一份图书出版合同。根据合同约定，上海文艺在当年7月15日以前出版高敏的《追梦》一书，10月15日以前给付应该付给高敏的版税。该书早已出版并举行多场签售仪式，可是版税却一直未予给付。据高敏说，她的代理人多次与上海文艺负责人及工作人员交涉，要其履行合同，给付版税，然而上海文艺却以种种理由拒绝给付。经过长时间的等待和考虑，高敏决定通过法律手段维护自己的合法权益。2007年7月4日在上海市第一中级人民法院开庭审理。一是解除她与上海文艺的合同；二是要求上海文艺公开赔礼道歉；三是给付全部版税。在法院开庭审理此案之前，高敏通过自己的博客发了若干篇与此事有关的消息，而我们也只能从这里了解情况。媒体上有关纠纷另一方——上海文艺的回应几乎没有。

据报道，在法庭上，上海文艺的代理人承认没有付给高敏《追梦》一书的版税。他们的理由有三。其一，他们是与高敏的代理人而不是高敏本人签署的合同，有关各方没有见到高敏的授权委托书，他们没有理由向高敏本人给付版税。其二，书中使用的照片交付印刷时，照片上并没有"高敏授权"或者"高敏提供"的字样。其三，上海文艺在北京下设有办事处，北京办事处拖欠上海文艺一笔投资款项，出版社表示，高敏的稿费由北京办事处给付。上海文艺负责人接受记者采访时表示，的确没有给付高敏《追梦》一书的版税，这其中涉及很多复杂的原因，现在他们已经请出版社的律师与高敏的律师协商解决此事，"我们也希望通过协商能解决这个问题，如果实在不行，那也只有通过法院解决了。"

拒付理由

这场纠纷并不复杂。从事情的起因来看，是因为上海文艺不付版税，高敏才将其告到法院。事情就这么简单。上海文艺对高敏的诉讼请求，只是给出了不付版税的三点理由。不论是从常理上讲，还是从法理上讲，这三点理由似乎都站不住脚。

根据一般情况判断，上海文艺如果拿不到高敏出具的授权委托书，是不可能与高敏的代理人订立合同的。拿到了高敏的授权委托书，他们就该与高敏的代理人订立合同，将版税付给高敏的代理人；如果没有拿到高敏的授权委托书，那么他们与高敏代理人订立的合同就是非法的，未经授权出版他人作品是要承担侵权责任的。不论是从哪个角度看，上海文艺都是棋输一着。

就照片的授权使用来讲，有两种情况，一种是照片的著作权归文字作者所有，只要图书出版合同明确载明"图书的文字与图片均由作者授权"就可以了，当然合同一定要注明是哪些照片，照片背面有无类似说明并不要紧。还有一种情况是，图片的著作权另有所属，在这种情况下，出版者就要与图片权利人单独订立图片的授权使用合同。既然上海文艺认为照片没有"高敏授权"或者"高敏提供"的字样恐有侵权嫌疑，那么它从一开始就不该使用这些照片。现在书都出版了，肯定是获得了合法授权，而且一定是在付印之前获得的。获得了授权就应该给付使用费；没有获得授权，就应该予以侵权赔偿。不论是根据哪一种情况，上海文艺的理由都难以自圆其说。

第三条理由听起来更是让人纳闷。上海文艺在北京设有办事处，而北京办事处拖欠上海文艺的款项，所以这笔版税在他们看来就应该由他们的北京办事处给付。据高敏讲，她的合同是与上海文艺签署的。如果这一条属实，上海文艺就应该承担相应的义务。这与被告的北京办事处没有任何关系。人家跟谁订立的合同就应该找谁，这是理所当然的。跟张三订了合同，找李四要钱，那是不合逻辑的，也是没有道理的。

两点启示

一点是按照合同办事。随着市场经济的发展，这一条比什么都重要。以前出版社在人们的心目中非常神秘，只要自己的作品能够出版就相当满足了，什么条件呀，什么稿酬呀，统统不在话下。原因很简单，中国有十几亿人口，出版社才有五六百家。近几年，越来越多的人投入写作大军，供求关系进一步失衡。与此同时，越来越多的人增强了版权保护意识，主张权利的情况大大增加。在作者与出版机构的矛盾中，绝大多数情况是作者处于弱势地位。先不说盗版、侵权，单就版税的给付也成了大问题。有的出版社图书出版了，可是版税却不按照合同的约定时间给付。据我观察，这其中有几个原因。一个是某些出版社的决策人缺少市场经济意识，法律概念也十分淡薄，在他们看来资金多在自己手里一天，就能多一分利润进账，作者拿不到版税会怎么想，那就不管了。其次是，图书出版后销售不畅，或者干脆说看走了眼，没有取得预期效果，拿不出钱来付给作者。第三，就是别有企图，那就是借机炒作也未可知。

另一点就是要减少人治的色彩。其实，这个问题与上一个问题属于一个问题的两个方面。之所以提出来，还是我们的出版社体制有问题——体制培养习惯。就拿上海文艺提出的三点理由来说，绝不是一拍脑袋就想出来的。恰恰相反，应该是一种习惯成自然的反应。中国现在是一个法治国家，依法治国是没有任何疑问的。然而，有些单位，尤其是领导，长期以来习惯于凭想当然做事，习惯于"我说了算"。尽管进行了多年的普法教育，很多人的法制观念还是很淡薄，否则"你不还我钱，我就不给他钱"这种逻辑就不会在我们国家仍然大行其道。实际上，不同的法律关系需要不同的案子来处理。你跟高敏签署的合同，你就跟高敏形成了法律关系，彼此负责，与第三者无涉。恕我大胆猜测一把，这种做法的根源可能来自民间的一种说法，那就是"父债子还"。可是，法律是法律，民间的说法或者做法是没有最终法律效力的。

高敏追讨版税，我们追什么呢？如今我国的出版事业比过去有了长足进步，每年出书达到20多万种，在世界上大概都是首屈一指，可是由于我们出版社的市场化程度不高，我们的出版业在世界上的地位还差得很远。在这种情况下，我们不仅要卧薪尝胆精心打造我们的出版事业，更要捍卫我们业已取得的成就。要达到这两个目标靠什么呢？信誉。有了信誉就有了发展的空间，没有信誉，等着我们的只有死胡同一个！信誉的基础是法律，而不是长官意志，也不是感情用事。当我们把法律，也就是游戏规则看得比什么都重要的时候，我们就有了最好的发展环境,也就有了向世界出版大国行列迈进的资本。这恐怕就是出版业应该孜孜以求的目标吧。

(原载 2007 年 8 月《出版参考》上旬刊)

北京书展 PK 法兰克福书展

  国际书展,我通常只参加两个,一个是近在咫尺的北京书展,另一个是远在八千公里之外的法兰克福书展。虽然都是书展,虽然都是以版权交易为主,虽然都是只有四五天的时间,可是在很多方面又大有不同。本文所要讲的既不是他们规模上的不同,也不是影响力方面的差距,而是从专业与大众这个角度进行一下比较。

  经常参加这两个书展的人都知道,书展的前三天为专业场,后两天为观众场。所谓专业场,就是为专业人士前来洽谈业务安排的场次,当然也包括一些与文化有关的演讲、讲座等。观众场则面向普通参观者,也就是面向大众——毕竟读书不是少数人的事情。如今的观众场,更大程度上是普通读者淘换便宜书的大好时机,少花钱多办事,古今中外概莫能外。观察北京和法兰克福书展,就会发现我们的专业场和观众场区别不是很大。先说专业场。

  每当北京书展开幕的时候,我们都会看到很多展位有专业人员来往,签约活动此起彼伏,专业场也罢,观众场也罢,都是以签约活动为主。我们的书展的另一个特点就是热闹,从头到尾一以贯之。我记得有一年参加北京书展,我们出版社的展位就在主席台附近,广播声不断。还有一年,离我们展位也就五六米远的地方有个出版社接连举行活动,大喇叭吵得我们这些专业人员根本专业不起来,跟客户讲话必须要凑近对方的耳朵,就像两个地下工作者在接头,我的外国朋友无奈地直摇头。

　　再看法兰克福书展，就有很大不同。不论是中国所在六号馆还是别的什么馆，除了中国展区以外，所到之处都是静悄悄的。洽谈桌一个挨着一个，有限的空间内坐着很多人，相互之间却并不影响。牛津大学出版社将展台搞成封闭式。如果你是索要书目，对不起，门口就有，无须进到里面去。如果你是来洽谈生意的，那一定是有约在先。如此安排，既可以接待不速之客，也能保证洽谈生意者有一个很好的环境。要知道，谈判需要思考，需要周旋。没听说过，生意谈判可以在集贸市场或者百货商场里举行！

　　进入代理商洽谈区，这种专业气氛就更浓。到了门口，一准有工作人员问你是否有约，没有约的一概不能进入，这样可以避免闲杂人等影响代理商的工作。偌大一个洽谈区，只能听到低低的说话声，别的什么也听不到。洽谈区还出售各种饮品，为的是节省洽谈人员的时间。这种专业性在八号馆和代理商区表现得最明显。有的展馆，比如四号馆是跟艺术有关的，所展出的图书视觉冲击力强，人流涌动就多一些，于是展示成了其专业特点——吸引专业人士前来参观、洽谈。

　　现在说观众场。如前所说，北京书展的观众场跟专业场从场面上看似乎区别不大，除了极少数业务完成了的外国参展商到处溜达以外，经常能看到的确实只有观众，而且是稀稀拉拉的观众。他们来到展场不为别的，只为淘换一些打折书。作为出版社的版权经理，我更喜欢观察出版社的"动静"。此时，出版社十之五六唱起了"空城计"，似乎这种安排对出版社而言可有可无。也难怪，我们除了图书就是图书，别的什么都没有，多少让人觉得有些单调。但凡事情一单调，不论是出版社还是观众，参与其中的积极性大为减少。

　　法兰克福书展则不同。我连续七年参加那个书展，我也观察了好多年。我发现每到面向大众开放的时候，都有成群的青少年前来参观——青少年是读书的大好时光。除此之外，大众特点鲜明的场馆特地安排一些活动。特别是在德国馆的一层，这种情况非常令人瞩目。到了这里就像到了我们北京的庙会，摩肩接踵，人头攒动。在这里我们可以看到小孩子在摆弄显微镜，可以看到学生们席地而坐集体阅读图书,还可以看到玩具、蔬菜与图书混合展示。我在参观的过程中,还看到一群孩子化装成老鹰和其他动物在展馆里作准备活动,可能是到展览中心的广场上进行表演。说到广场,那里不仅有参观者休息的地方,也有娱乐表演,两队男孩子进行对抗,看谁的叠罗汉表演精彩。广场的设计也很有意思,有树木、有草地、有小桥、有流水,还有喷水池,就像进了游园会,好不热闹。

书展分专业场和观众场无非是将专业洽谈和观众参观分开,以免相互干扰。既然如此,专业场就应该有专业场的要求和特点,观众场也应该有自己的东西,倘若二者没什么区别,也就没有必要设置专业场和观众场了。简单捷说,专业场就是为专业人员洽谈提供必要条件和环境的,最基本的就是谈判桌椅,这应该是比较充足的。还有就是相应图书的摆放。我在法兰克福书展的八号馆就看到一个出版社,每个谈判桌的左侧都有一个书架,谈判的时候取书非常方便。谈判的环境要求很高,那就是要安静,而且参展商之间不能相互干扰。具备了这些条件,洽谈才能有效率,成果也就比较容易产生了,书展设置专业场的目的也就达到了。观众场,顾名思义是为了观众而设立的。观众参观书展一来是为了买一些便宜书,还有就是了解图书信息。仅有这些还不够,还要吸引大众参与其中,让其尽情享受读书的快乐。这就是为什么法兰克福书展在该热闹的时候一定要热闹的原因。

书展尽管分了两种场次,实际上只有一个,那就是服务大众,专业场是间接服务,观众场则是直接服务。道理很简单,任何一件事情,特别是涉及大众的事情,如果没有大众积极参与,总是局限于一小部分人在那里自娱自乐,那件事就不可能有生命力,更不会有什么长久的发展。写到这里,我想起了前不久看到的NBA篮球赛,专门请演艺明星来表演篮球技巧,虽然演艺明星的表演有点不够熟练,可是却非常吸引人,借此扩大影响应该是没有什么问题的。本身已经非常大众化的篮球运动尚且如此,图书出版就更没有理由将自己束之高阁了。

(2007年11月《出版参考》下旬刊)

余秋雨上法庭

据《中国新闻出版报》3月10日和12日报道，名人作家余秋雨涉嫌侵权而被告上法庭。连同余秋雨一起上法庭的还有余秋雨《山居笔记》的出版者上海文汇出版社。上海市第二中级人民法院已经受理了此案。

据报道，提起侵权诉讼的是上海大雅文化传播有限公司（下称"大雅"）。该公司的法定代表人称，余秋雨2002年出版的《山居笔记》（新版）擅自使用了原告享有版权的48幅摄影作品。原告说，由于多次交涉未果，他们才将余秋雨以及上海文汇出版社（下称"文汇出版"）告上法庭。文汇出版回应此事的时候说，当年出版《山居笔记》新版之前，出版社要求余秋雨提供一些照片，余秋雨请出版社与大雅联系。大雅随后提供了照片，但是提供照片的时候没有提出任何要求。余秋雨的经纪人说，提供照片的时候他知道，但是双方没有合同，也不是余秋雨委托拍摄的，所以余秋雨对此不需要道歉、赔偿。按照余秋雨经纪人的说法，余秋雨对这件事不应该承担任何责任。

假如大雅有充分的证据证明自己是那些照片的合法版权持有人，假如文汇出版拿不出证据证明是经过大雅授权才使用那些照片的，文汇出版侵权的嫌疑就非常大。再说余秋雨，看上去照片的事情与其没有关系，实际不然。图书出版后，书中的文字与照片已经合为一体，且余秋雨本人对此采取的是默认的态度。如果余秋雨无法证明这些照片的使用是得到合法授权的，那么他将面临两个法律关系纠纷。一个是眼下这个官司，另一个就是他与文汇出版之间的问题。不过这后一个法律纠纷能否通过司法渠道解决，还要看出版社跟余秋雨之间的合同是怎么订立的，这样才能确定照片问题是否包括在图书出版合同中。

现在看这个案子的当事各方是不是很有意思？出版社需要放照片，余秋雨就

版/权/贸/易/经/略

让其联系大雅。大雅也真听话，乖乖地就把照片拿来用了。出版社肯定以为余秋雨与大雅有一种默契，于是就采取了睁一眼闭一眼的态度。大雅也是，那些照片要真是你的，你为什么一声不响就拿给出版社放在了余秋雨的作品中呢？余秋雨也挺有意思，自己没照片让出版社找大雅，好像大雅就是您老的图片库。当年这三个利益攸关方是怎么达成默契的，我们不得而知，如今又是因为什么反目，更是无从知晓。不过有一点是不容怀疑的。按照国人的传统，余秋雨是个名人，站在名人大树底下好乘凉，冒昧地揣测一下，说不定大雅拿出照片让余秋雨用的时候乐得屁颠儿屁颠儿的。出版社也是，能把如此名人的作品拉到自己这里出版心里也是乐开了花的。什么授权，什么合同，谁还好意思提！有句话说得好，天下没有不散的筵席，利益长在，友谊难长在。一旦双方哪天早上起来不高兴或者利益瓜分不均，争执起来也在所难免。到了那个时候，什么话都说得出来，上法庭打官司还算什么。记得有一位书店的老总在总结台湾金石堂事件教训的时候说过一句话，那就是华人讲情讲理，唯独不讲法。这样做的结果不仅官司不断，还会给自己、给他人带来很大的损失。

　　如今是市场经济年代。市场经济的核心就是法制，就是事先订好游戏规则。不懂得这个道理的人恐怕是极少的。既然知晓，为什么还会出现种种问题呢？说了半天，还是个面子问题，或者说是眼前利益的问题。大家都在圈子里面混，抬头不见低头见，红口白牙说出来面子上过不去。还有就是长远利益屈从于眼前利益问题。为了一城一地的得失，该讲清楚或者该白纸黑字写下来的，也就算了。很多人就说，事情还没干成，先讨论责任，先把利益化分得那么清楚，是不是显得很无聊。我们的照片能用在余先生的书里，那是我们的荣幸。余先生的书能在我们这里出版已经不错了，再提条件说不定事情就"黄"了。说点大不敬的话，余先生本人是不是也有点"赏赐"的意思在里面呢？不管怎么说，有关各方是无暇顾及这些了，然而顾及也罢，不顾及也罢，心里的小九九却没有忘怀。这不，过了七年多老账还能翻出来，不惜上法庭。若知今日，何必当初呢？若是当初"先小人后君子"一番，说不定彼此之间的友谊至今不败呢。这可倒好，"赔

248

了夫人又折兵",图什么呢!

(2008年3月17日)

从《鬼吹灯》的诉讼说起

据今天的《北京晚报》报道,上海玄霆娱乐信息公司将搜狐互联网信息公司告上法庭。诉讼理由是搜狐互联网信息公司经营的"手机搜狐网"未经授权转载了《鬼吹灯》等10部网络小说。报道说,北京市海淀区法院已经受理这起版权纠纷案。

《北京晚报》引述上海玄霆娱乐信息公司向法院递交的诉状称,该公司是原创文学门户网站"起点中文网"的运营商,对网站内刊登的《鬼吹灯》《鬼吹灯Ⅱ》《盗墓风水师》等10部作品拥有独家信息网络传播权。原告认为,被告的行为侵犯了原告依法享有的信息网络传播权,要求法院判令被告停止侵权、赔礼道歉并赔偿经济损失123万余元。

看到这个报道,我想起了两年多以前我自己的一件事。一个晚上,我写完稿子,闲来无事去谷歌搜索了一下,看看俺名下都有什么信息。真是不搜不知道,一搜吓一跳。我发在《中国新闻出版报》介绍周边国家版权贸易情况的文章,竟然被24家网站转载,除了中国网有我的授权以外,别的都是偷偷拿去的。过了几天,未经授权转载那篇文章的网站超过30家。当中不仅有新闻出版业内的综合网站,还有一些出版社、新华书店、民营书店的内部网站。最令我喷饭的是北京市海淀区中关村的一个知识产权网站,不仅偷偷转载,而且连个名字都不署。

尽管当时距离国务院颁布的《信息网络传播权保护条例》实施还有几个月

的时间，可是我国的《著作权法》对信息网络传播权早有规定，而且最高人民法院和最高人民检察院也对信息网络传播中的侵权问题进行过规范，并非无法可依。《信息网络传播保护条例》实施以后，我的那篇文章还在某些网站上挂着，明目张胆地侵犯权利人的合法权益。转载我那篇文章的网站如果有什么可以原谅的地方，那就是他们还不以营利为目的，因为很多都是行业内或者单位内部的网站。有些网站拿我的文章卖钱，而且至今分文未付，真是不可思议！

我之所以对《北京晚报》这个案子这么关注，原因有两个。一个是纸介质作品版权的保护尚且不易，信息网络传播权的维护就更是难上加难。另一个就是今天这个案子是我所知道的诉讼标的最大的一个信息网络传播权的纠纷案。从今天媒体的报道看，这个案子不应该十分复杂，只要确定如下几个要件即可判案。一个是信息网络传播权的所有者，一个是被告主体准确无误，还有一个就是证据确凿。人们之所以觉得信息网络传播权维权更困难，关键一点就是取证更加不易，取证的成本更高。你不仅要把网页打印下来，而且要有足够的数量，你还要找公证处公证，否则人家很可能会赖账，即便这样，你都不能保证你获得的证据没有瑕疵。我是搞版权贸易的，最知道版权保护的意义不在案子本身，而是在其产生的影响。我都无暇采取行动，还不是因为搞起来太麻烦、太费时间和精力吗？就算是有了国务院的规定，打起官司来还不是很难吗？

写到这里，鲁迅先生笔下著名人物孔乙己的形象突然映入我的眼帘。当人家说他偷书把他吊起来的时候，他"便涨红了脸，额上的青筋条条绽出，争辩道，'窃书不能算偷……窃书！……读书人的事，能算偷么？'"不论是转载人家小说的网站，还是擅自使用我文章的网站，抑或别的什么播放人家歌曲或者电影的网站，没有一个不是有文化的读书人办的。要知道没有相当的计算机与互联网技术知识，别说办网站，就是听人家讲都听不懂。所以我说，办网站的人，尤其是办大网站的人绝对是读书人。孔乙己先生有偷书不算偷的逻辑，不知今日办互联网的读书人是否也是这般认识。若是时代不同了，认识都相同，那我可真没话可说了。未经授权拿人家东西不算偷，心里一定少了许多负罪感，以后就会更加明目张胆地"偷",甚至会偷得更加理直气壮。要想让信息网络传播有一个良好的秩序,靠打官司恐怕不行,还要靠人们对法律的敬畏感,至少在很多经营互联网的读书人看来,偷东西是可耻的,是非常下作的行为。就像交通管理,如果这社会上大多数人没有自觉遵守交通规则的意识,都不觉得违反交通规则有什么不好,我们的城市里的道路肯定会乱成一锅粥。有人说,可以找警察呀,说得轻巧!北京这样的大都市,就是弄上几十万个警察恐怕也是杯水车薪。不信您就试一试。

今天这个案子,当事双方肯定是心明眼亮。我想说一句,若是真侵权了,您就老老实实道个歉,赔钱了事,倘若您不是这东西的主人,您还"搞什么搞"——有那工夫,大家都去搞点创作比什么都好!

(2008年11月19日)

"山寨文化"不能成为侵权的挡箭牌

全国政协委员倪萍在"两会"期间提交了一份有关"山寨文化"的提案,经媒体曝光引起广泛议论,赞成者有之,反对者更是不少。有人说,推崇"山寨文化""山寨精神"本没有错,但不能让"山寨"成为主导市场的风气。全民都山寨了,谁搞科研?谁去创新?有的人则认为封杀"山寨"不够地道。还有人甚至认为,建议立法封杀"山寨现象"是最为"狠毒"的做法,更有人对提案者进行人身攻击,称其为"山寨夫人"。

2009年3月7日,三八妇女节前一天,《北京晚报》发表对倪萍的采访报道。她之所以提出这样一个提案,用她的话讲是因为"实在看不下去到处都在抄袭"。倪萍举例说,起点中文网有一本小说叫《星辰变》,很受欢迎。接下来,就有了小说《星辰变后传》,从人物姓名到文字风格模仿痕迹很明显。《星辰变》

署名"我吃西红柿",续写者名字则叫"不吃西红柿"。倪萍表示,这种做法一是破坏了被侵权作品表达的完整性,二是剽窃了被侵权作品的创意价值,三是严重误导读者。在倪萍看来,《星辰变后传》是一个低劣违法的"山寨产品"。

看到这则报道,我这个搞版权工作的人不得不说一句,倪萍讲得非常正确而又非常准确。"山寨现象"我不想多做讨论。不论这种现象多受大众欢迎,也不能成为一个侵犯创造者权益的挡箭牌。倪萍说,虽然抄袭现象在我们国家不一定到了"到处"都有的地步,但是却早已不是什么难得一见的现象。远的不说,就拿红遍全中国的郭敬明来说,终审法院判决他侵犯他人版权,他可以赔偿人家的经济损失,但是要他说一声道歉却比登天还难——因为他不"认同"那件事。从那以后,他又有一些作品被人质疑抄袭剽窃他人著作。就是这样一个有错不道歉的人如今还成了一个出版机构的副总编辑。倒不是我跟这位作家有什么过不去的地方,我只想说,社会对这种现象如此宽容意味着什么?抄袭光荣?还是抄袭可耻?去年我国出版图书达到 25 万种,从品种上讲,我们堪称出版大国,但是"真正能够进入欧美国家主流图书市场的中国出版物还很少,能够在世界出版中形成品牌竞争优势的中国产品更少"❶。原因何在?还不是出版跟风、选题雷同、写作抄袭这种类似于"山寨"风格的做法弥漫全国的结果吗?

其实,不光是图书出版行业"山寨"风刮得猛,其他文化领域也是如此。前几年,电视上播放一部反特电视剧《梅花档案》,结果没多久,类似题材的《凤凰迷影》就亮相了。还真巧,两部电视剧我还都看了,可以说里面的剧情与人物安排之雷同令人咋舌。果不其然,《梅花档案》的出品方将《凤凰迷影》告上了法庭,最后终审法院判决后者使用了《梅花档案》剧本,两剧剧情结构安排、故事人物角色选择、悬念设计与布局等故事情节独创部分均构成实质性近似侵权,赔偿前者 50 万元。我曾经从一个材料看,《凤凰迷影》的出品方说他们的电视剧是独创的。若是不经过法院,观众还真搞不清谁是原创呢?不过,让人感

---

❶ 新闻出版总署副署长邬书林 2009 年 1 月 9 日在第二届"三个一百"原创出版工程表彰大会暨首届原创出版论坛上的讲话:深入学习实践科学发展观 不断提升我国原创出版水平。

到滑稽的是《梅花档案》第二部播出的时候，观众发现该剧在情节和人物上与中央电视台播放过的日本电视剧《白色巨塔》十分相似，有"抄袭"之嫌。风水轮流转，这次该《梅花档案》撇清自己是"原创"了。多亏原创在外国，人家不费那个神，否则不知又该轮到谁当被告呢？那时候还没有"山寨"之说，若在今日，肯定又是一个"山寨产品"。

写到这里，我想起了两件事情。一个是前几天著名作曲家谷建芬在一个新闻发布会上的发言。她说："有的歌手一场就拿30万，全国巡演30场，就能拿900万，可是歌曲的词曲作者却1分钱都没有！这是对作者的不尊重！"身为中国音乐著作权协会副主席的这位知名作曲家表示，"现在有多少晚会、歌手都管我要歌，我抽屉里存了很多作品，但我就不拿出来！"作为"两会"代表，谷建芬近些年每次开会都提及版权落实的问题，今年她在上会时又提出了为中国词曲作家增加版税的议题，得到了总理的认可。她介绍说，国外电台播放歌曲都是按分钟来计算作者版权费的，欧洲国家是160元，日本高达960元。可是我们内地现行的标准是每分钟0.3元。温总理听说之后都很惊讶："我们跟日本比差了3 000多倍"。别说欧洲、日本的标准，就是按照港台标准每分钟60元落实起来都很难。翻唱本质上也是一种"山寨"现象。日本著名的GLAY乐队曾经把《歌声与微笑》当作中国儿歌，收到谷建芬委托的日本律师寄送的文函后，很诚恳地给谷建芬付了赔偿金。人家是一不小心犯了法，赶快道歉赔偿，在我们这里看上去是理所当然。

另一件事还是音乐方面的，而且还跟谷建芬当领导的中国音乐著作权协会有瓜葛。有些媒体质疑中国音乐著作权协会的"模糊收费"，还担心人家收费之后揣进自家的口袋。虽说是一家媒体的看法，却反映了整个社会的情绪，那就是侵权盗版并不可耻。联想此前发生的中国音像著作权集体管理协会向歌厅播放歌曲收费引起的轩然大波以及我平时见到的情不自禁的侵权意识，我发现版权包括整个知识产权在我们这里还处于相当一大部分人不知为何物的认识阶段。认识尚且不够，何来主动遵守，又何来拒绝盗版、抄袭、侵权等行为呢？

新闻出版总署的一位领导曾经这样说过，创新是一个民族进步的灵魂，是国家兴旺发达的不竭动力，创新成果和创新能力是一个国家综合国力的重要标志。创新的基础是什么？创新者要有积极性！积极性从何而来？盗版、侵权的山寨产品那么多，创作者焉有不受打击之理？"山寨现象"的草根特点、民间特点需要肯定，但是盗版、抄袭等侵权行为是我们的法律所不容许的，对违法行为摒弃还是客气的，封杀亦无不可。

(2009 年 3 月 19 日 《法制日报周末版》)

如此侵权太"典型"——从林语堂后人维权案谈起

《中国新闻出版报》日前报道，北京市第二中级人民法院成功调解林语堂作品侵权案。虽然案件了结了，但是报道中提到的一些细节却很有普遍性，很值得玩味。这当中对我们最有启发的当属被告侵权的两大理由。

理由一，被告坚持认为，使用林语堂的作品"并非出于侵权的故意"，因为"林语堂的继承人长居国外，联系不便，其已与涉案作品的译者签订了出版合同，尽到了合理的注意义务"。这话听着有点强词夺理。你要用人家的东西与人家联系并取得人家的同意是唯一的硬道理。在这里，关键词是"同意"，不经同意，即便你给人家打了一百个电话，即便你把人家门槛踢破了，那也不行，更甭说根本没联系上。好像你没有取得授权是人家的过错。没听说人家住在什么地方还需要到处张贴广告、四处广播非让你知道不可！还有，跟译者签约是不是意味着你的出版行为就合法了呢？译者不是原文的主人有何权利借花献佛？这样简单的道理，我想没念过书的人都应该知道，更何况一个出版机构了。要我看，这根本谈不上尽到了合理注意义务，相反是故意侵权。用老百姓的话讲就是揣着明白装糊涂。如今抱有这种观念的出版机构和出版者非常多。我差不多每个星期都会碰上这样的"求助者",看着对方焦虑的神情,我就忍不住放声大笑。得不到人家的授权,就不要"偷"人家的东西。《潜伏》中的晚秋都承认自己是"贼",但是人家不偷,如今有的出版社不仅"偷"了,还不承认自己是贼,反而说自己尽到了注意义务!

  理由二,被告哭穷,说什么出版社才成立,财力有限,出版涉案作品并未盈利,因而不能接受原告的索赔要求。侵权的时候没想到赔偿,更没想到赔偿时财力不够。这就像犯罪嫌疑人犯罪之后大喊上有老母下有妻儿生活窘迫,请求开恩。我就不明白,你侵权的时候为什么没想到你成立不久,为什么没想到财力有限?这个理由听起来非常滑稽,也贻笑大方。再有,涉案作品"没赢利"似乎就应该成为法外开恩的理由。侵权之前不尽责,侵权之后哭穷求原谅,甘蔗能有两头甜?还是原告回答得好,林语堂的作品已经授权国内多家出版社出版,未经授权的出版行为当然要付出比合法授权高的代价。要我说,付出高昂代价是必须的,否则永远不会长记性。

  之所以会发生这类低级侵权的事情,还在于我国一些出版社缺少法制观念,习惯"为所欲为"。不少出版机构看到能赚钱的书就出,不管合法不合法,出了再说,伪书、盗版书,甚至胡编乱造的书屡见不鲜,直弄得西方总有一些国家说我们保护版权不利,对我们国家名誉造成巨大损害。出版机构少,所以出版社一直处于强势地位。过去出版社侵权了,作者一般不跟你理论,更不会找你打官司。如今不同了,公民的版权意识逐渐增强,相应的官司也越来越多。前不久,两个出版社的社长打起了官司,虽然是非曲直还不很清楚,不好妄下断语,可是维护作者合法权益的意识却值得称道。更值一提的是,这是一出版社的前任社长告另一出版社的现任社长,社长有了法制观念,这对出版社依法出版具有重要意义。当然,依法出版不仅要求内容和程序上遵守国家的法律和相关政府规章,也要尊重著作权人的各项权利——后者可是你的"衣食父母"呀,没有适销对路的作品,出版社将做无米之炊。

写到这里，我想说几句题外话。与未经授权出版不相上下的是抄袭，如今这种文化上的偷窃行为已经成了文化学术界的一大景观。君不见大学教授、副校长"抄袭门"丑闻接二连三曝光吗？最近新浪网还在报道西安交大六教授因举报同校教授报奖造假而被诉至法院的消息呢。尽管抄别人的东西算偷窃，可是很多人早已没了可耻的感觉，更甭说愧疚感了。抄袭都不可耻，同样是偷窃行为的盗版就更不算什么了，盗版他人作品时对自己良心的谴责也少了一大半，彼此彼此。这也正是如今抄袭、盗版层出不穷的关键所在。对文化人而言，偷人家东西会有辱斯文。一旦文化人斯文扫地，发展文化的重任该靠谁来完成呢？

(2009年7月30日《中国新闻出版报》)

授权：不可替代的前提

《北京晚报》报道，著名作家刘心武最近与中国对外翻译出版公司（下称"中译公司"）打起了官司，要求对方停止侵犯其姓名权和肖像权，法院开始审理。耐人寻味的是，这是一起案中案，案情虽不复杂，但是却能引发人们的思考。

几个月前，一位译者以擅自使用其译文为由将中译公司告上法庭，刘心武因为是涉案图书的主编而一同成了被告。收到法院传票，刘心武如梦初醒——敢情他三年前就开始给中译公司一套丛书"当"起了主编。盛怒之下，刘心武将中译公司告上了法庭。

报道说，涉案丛书是中译公司与一家叫作竞人天地图书公司合作的产物，与编辑和授权有关的事项一概由后者负责。刘心武承认给过竞人天地公司授权，不过"指定的出版社是华语教学出版社，根本就没有授权中译公司。"证人也证明，最初授权出版涉案丛书的不是中译公司。正是因为授权出版机构与实际出版机构不同才导致这起官司的发生。

　　要知道，使用姓名、肖像乃至财产，都需要取得授权才行，否则就是盗窃。不过，得到授权并不意味着你可以随便使用。如果人家是授权你使用三年，第四年开始你还使用，那就是侵权；如果人家授权你在中国内地使用，你在香港也用，人家也会告你；如果人家授权你与某套丛书一起使用，你却单独成书，侵权责任也是你的；如果人家授权你跟张三合作，你却与李四搭帮，你也逃脱不了惩罚。

　　如今，购买图书版权的往往没有合法的出版权，更换出版机构则在所难免。如果要更换，是不是每次都要请权利人重新授权呢？好麻烦呀！确实很麻烦，但是不可缺少，否则麻烦就会找你，甚至让你倾家荡产。不过，也有例外。如果当事双方在授权合同中载明"版权购买者有权更换出版社，但是要知会权利人"这样的条款，事情就好办得多，既可以减少变故带来的麻烦，也可以维护权利人的知情权。

　　说到这里，有两点需要强调，一个是不要将授权问题置于可有可无的境地。《北京晨报》报道，中译公司曾经要求竞人天地公司通知刘心武变更出版单位事宜，可是这个"曾经"无法成为侵权合法的理由。另一个是报酬和样书，只要侵权在先，就算你送来一卡车的样书，就算你给付天价的报酬，那是你的事情，只要权利人没跟你订立授权合同，没有明确表示他事先有过授权，那你就是侵权。也正是这个原因我国《著作权法》第47条将"未经版权人授权，出版其作品的"列为侵权第一条。请记住，得到授权比什么都重要，也是任何其他方式所不能代替的前提。

（2009 年 8 月 13 日《中国新闻出版报》）

免责条款不是故意侵权者的"避风港"

据《中国新闻出版报》报道，近日在一起侵犯华夏联视控股有限公司（下称"华夏公司"）网络传播权的案子中，经营优酷网的合一信息技术（北京）有限公司（下称"合一公司"）被判赔偿前者2.5万元。法院之所以判其败诉，原因很简单，网友在其网站上传未经授权作品，该公司却未尽合理注意义务，阻止其非法传播。

庭审的时候，合一公司辩称，优酷网仅为涉案视频提供存储空间，至于上传内容是否经过授权，他们不得而知。尽管如此，当他们得知上传到他们网站的朱孝天版电视剧《楚留香传奇》未经授权时，就把那个电视剧的视频给删除了。合一公司认为，他们的做法符合《信息网络传播权保护条例》规定的免责条件，不该承担侵权责任。他们所说的免责条款是怎么一回事呢？他们该不该承担侵权责任呢？

《信息网络传播权保护条例》规定的免责条件，俗称"避风港"原则。那是美国1998年制订《千禧年数字版权法》时首创的，我国三年前实施《信息网络传播权保护条例》时也吸收了这个原则。该条例第23条规定："网络服务提供者为服务对象提供搜索或者链接服务，在接到权利人的通知书后，根据本条例规定断开与侵权的作品、表演、录音录像制品的链接的，不承担赔偿责任；但是，明知或者应知所链接的作品、表演、录音录像制品侵权的，应当承担共同侵权责任。"条例为网络服务商不经意间的侵权行为提供了避风港，可是这种避风港是以诸多条件为前提的。首先，接到权利人书面通知，要及时移除所有与涉案作品有关的链接。其次，还要有证据显示从未有过侵权故意。客观上没有侵权行为，主观上没有侵权故意，这才能谈得上尽到了合理注意义务。法院对合一公司的侵权如何认定不得而知，不过我们却可以触类旁通，从类似案件中得到一些启示。

某文化公司获得韩国动画片《倒霉熊》信息网络传播权，可是某视频分享网站未经授权提供了该片在线播放服务，因而被那家文化公司告上了法庭。视频分享网站应诉时说，他们仅仅是为用户提供上传存储空间，况且他们接到原告通知后及时将《倒霉熊》删除了，因而不应承担赔偿责任——其回答与合一公司如出一辙。可是法庭调查却发现，在被告网站首页，分为最热视频、最新视频、电影、电视剧、原创等栏目；经搜索，显示的《倒霉熊》列表均附有该片宣传图片、播客名称、播放次数等信息，网页右侧还有商业广告。显然，被告是有意为之，并非被动侵权。据此法院认定该视频分享网站侵犯了原告的信息网络传播权，判决被告赔偿对方经济损失及合理支出5万元。

还有一个案子发生在科艺百代股份有限公司（下称"科艺公司"）与北京阿里巴巴信息技术有限公司（下称"阿里巴巴公司"）之间，前者起诉后者侵犯录音制作者权。科艺公司书面告知阿里巴巴公司，通过各种形式音乐搜索服务可以在其雅虎中国网站上得到涉案歌曲录音制品，如此做法侵犯了他们的录音版权，要求阿里巴巴公司予以删除。阿里巴巴公司接到通知以后仅将科艺公司提供的搜索链接删除，与涉案歌曲录音制品有关的其他搜索链接却依然存在。法院因此认定，阿里巴巴公司显然是怠于尽到注意义务，放任涉案侵权结果的发生状态存在，判定阿里巴巴公司主观上具有过错。

"倒霉熊"这个案子显然是故意侵权，故意侵权就是明知故犯，明知故犯者怎么可能指望法外开恩呢？科艺公司起诉阿里巴巴就更有意思。你通知我有一个作品侵权，我撤掉一个，你通知我有十个，我删除十个。至于其余侵权作品，只要你不通知，我就装傻充愣，拖一天算一天，只要在上面放着就能挣钱。实际上，不管给不给你通知，只要你侵权，你就要承担责任。如果有一天有哪个权利人给你来个秋后算账，那你的损失可就大了。

商家追逐商业利益本无可厚非，只要守法就没有人找你的麻烦。倘若你明修栈道，暗度陈仓，有了官司，乞灵于免责条款，那恐怕就来不及了。要知道，免责条款只有一个作用，那就是让网络服务商得到一个及时纠正侵权行为的机会，但是绝不可以当作故意侵犯他人权利的"避风港"。

(2009 年 10 月 22 日《中国新闻出版报》)

三百六十天的工夫更重要

前不久闭幕的法兰克福书展刮起了一股"中国风"。据报道，出现这一壮观场面不光是因为中国是今年的主宾国，更要紧的是中国内地参展团图书版权输出达到 3 500 余项。这是不是可以说，只要参加如此大规模书展就能获得如此可观的成绩呢？

今年这场世界最大规模的书展我没有到场，不过根据我七次参加法兰克福书展的经验，不管怎么做，书展的作用依然是有限的。换句话说，书展时间只有五天，连全年时间的 2% 都不到，根本不可能代替书展以外的工作。很多人都有去展销会买东西的经历，前几天我妻子还在农展馆给我买了几件衬衫呢。那种场合购物，我们通常都是选择那些比较容易判断内容和质量的。买图书版权总比买衬衫要复杂得多，如果对所要购买的图书文字一窍不通，非要翻译成自己熟知的文字不可，那样买回来的东西能有多大谱？

从实际经验看，购买图书版权有时候需要相当时间进行评估。有一个日本出版商看中我社的两本汉语学习用书，为此双方接触了多次也没有进入实质性谈判。日本出版商表示，他们出版社出过相关的图书，他们要看看市场反应才能确定下一步的行动。这样一来，平时的市场考察与买卖双方的沟通就成了交易的一个重要前提，少了这些环节而在书展当场拍板，那这个人一定是疯了不成。你见过有谁此前毫无沟通到了房展会听推销人员三五分钟介绍以后就下定金买房子的呢？

生活常识告诉我，如此方式买东西，买回来的东西八成不符合自己的要求。我认识一个韩国的出版商，经常来北京参加国际书展，据说每次都买走一些图书的版权，可是买回去之后，所买的图书多半都被束之高阁。心理学家告诉我们，这是超越态度的情境力量在起作用。本来你不想作出这样的决定或者承诺，可是周围的人都在热火朝天地买，潜在卖主也拼命向你推销，此时此刻你作出什么决定或者承诺，如果说靠得住，那才是骗人的呢，说不定，过不了三五个小时，你就会反悔，你的决定或者承诺也会抛到九霄云外。

这样说来，平时的沟通最关键。不论是买普通的商品还是图书的版权，决定人购买与否通常取决于两个因素，一个是商品的内容是否适合买主的需要，这当中包括价格因素，另一个是卖主与买主沟通是否到位。有的时候，即便商品内容不是令人满意，有人也要买，人家看上你这个人了，觉得你值得信赖。有的出版社购买版权，有时候连图书内容都不问，因为人家看中的就是你的品牌，你的名字就是一种质量的保证。由此看来，要做踏实的交易，要做有规模的买卖，平时沟通与交往比什么都重要。我相信法兰克福书展签署的那么多合同，大部分应该是平时沟通交往的结晶。

当然这并不是说书展不起什么作用。相反，书展的作用也是不可代替的，否则就不会有那么多出版商趋之若鹜，花那么多路费跑出几千公里甚至上万公里。在我看来，书展有几个作用。

一个是展示，这是大家都看到了的。把你的压箱底的书拿出来，把你看家的招牌书亮出来。这种展示无异于一种推广，一种让人产生"众里寻他千百度，蓦然回首，那人却在灯火阑珊处"感觉的广告。当然，这种展示适合那些成立不久或者实力比较弱小的出版社。除了书展，世界上恐怕还找不到潜在客户这么多、推广方式这么直接、投入产出比这么高的推广场合。不过光靠这个还不行，还要有经得起检验或者适销对路的商品才行，否则品牌照样还是立不起来。没有品牌，你的任务就剩下一个了，那就是不断开辟新客户，那恐怕是最原始的一种经营方式了。

其次是点对点的沟通，也就是人与人的交往。做版权交易通常是"隔山买老牛"，见面的机会比较少。可是人与人做交易，见面可以让交易双方相互有一个直观的感觉，这是非常重要的。我给某个国家著名的代理公司写了若干次信，可是人家就是不理我。我有一个韩国的代理商朋友就跟我说过，她从来不跟陌生人说话。从这个意义上讲，书展上见个面就显得亲切得多。人与人一旦消除了戒心，彼此之间就会交往；有了交往，也就不发愁没有生意了。

当然，书展还有一个作用就是了解他人乃至全行业的最新发展。了解他人，书展可是一个绝好的机会，一个需要深度挖掘的宝藏。我虽然参加过多次法兰克福书展，可是每次我都要认真准备，每次也都有所选择地观察，比如人家图书有什么好题材，图书设计有什么新手法，图书起名有什么不一般，树立品牌有什么省力的巧手段。如果你平时还做编辑，学了这些东西回去一消化，琢磨出自己的东西，你参加书展就是"物超所值"。

不过，要做到这一步也不是那么容易，你要有相关的条件，比如语言以及相关方面的常识和人脉。如果你到了书展只见了几个人，推荐了几本书，拿回了几本书目，或者签了几个合同，那你这趟万里之行的价值或多或少就要打折扣了。

总而言之，做版权交易要参加书展。对参展者来讲，书展的最大作用是结交朋友，了解情况。有了这些还不够，还要把功夫下在平时。我们经常看到一些参展商在书展上很活跃，那就是人家平时功夫到位的结果。五天与三百六十天比，哪个更重要，但凡动点脑筋，就能搞得清清楚楚。

(2009年11月《出版参考》上旬刊)

编辑要向"搞情报的"学一手

最近几天跟一些编辑朋友交流经验，大家都觉得做图书编辑不易，市场不好把握，做出来的书常常卖不动。后来跟一位有志于图书编辑的年轻人再次谈起了这个问题。一个出版社从台湾引进一本有关英语学习资源的书，出版时尽管当作重点书打造，可是上市后却没卖出几本。经过了解发现，编辑确定选题之前没做市场调查或者说没做有效的市场调查。就在我们热烈讨论如何做畅销书之际，我的思路突然转到了前不久看过的电视剧《英雄无名》，于是我脱口而出："我们当编辑的真要向搞情报的学一手呀！"

搞情报首先要有对情报的敏感性。1940年年底，阎宝航参加了宋美龄在重庆林园官邸主办的一个迎新晚会。看到紧张的参谋总长何应钦晚会结束后匆匆离去，加上对当时国民党军队调防的分析，阎宝航敏锐地感觉到，国民党将以突然袭击的方式对共产党下手，于是他让手下人将这一情报迅速报告给了延安。做图书出版也要有足够灵敏的嗅觉，嗅觉不灵，好书碰到你的鼻子，你也察觉不出来。历史上就有过这样的事情，很多好书曾经摆到过某些编辑的案头，由于他们反应迟钝，与畅销书失之交臂。美国作家理查德·保罗·伊文斯写完《圣诞盒》之后找过好多出版社，均遭拒绝，后来只好自掏腰包出版。没想到，该书出版后很快上了《出版者周刊》畅销书的榜首，后被译为13种文字，在30多个国家发行数百万册。还是美国作家，一位叫詹姆斯·莱德菲尔德的，将《塞莱斯廷预言》交给出版商，可是被出版商斥之为低劣小说，结果该书出版后销量高达550万册。我猜想第一个接到上面两本书稿的编辑早已悔青了肠子。

其次搞情报要有广泛的社会交往，因为只有交际广泛才会有足够的信息来源。《英雄无名》中的阎宝航是重庆社交圈子的名流，很多上层人士都是他的朋友，这当中就有当时的中国第一夫人宋美龄。他与一般人交往也不少。他通过东北大学的学生地下党员沈慧认识了在德国大使馆工作的翻译卢波，后来又通过卢波与德国大使馆的武官赫尔曼交上了朋友。这里面有一个小插曲。阎宝航第一次与赫尔曼见面，对方拒绝握手，而且理也不理，就连旁边站着的介绍人卢波都看不过去，可是阎宝航一点儿也不计较，坚持跟那位纯种的日耳曼人交往。功夫不负有心人。1941年初夏的一个夜晚，赫尔曼请阎宝航吃饭，酒后德国人漫不经心的一句话让阎宝航了解到希特勒即将对苏联动手的信息。后来，在招待德国情报官的酒会上，有备而来的阎宝航获得了德国即将进攻苏联的"巴巴罗萨计划"细节。没有那个德国武官的一句"醉话"，阎宝航也不可能高度关注德国对苏联的动向，也不可能最终拿到德国发动闪电战的情报。说到我们的编辑，大多坐在办公室，不是在那里看报聊天，就是当校对。社会交往那么少，信息来源那么有限，好选题跑到你跟前的概率能有几何？

再者，搞情报光有信息还不行，还要进行分析判断，从而得出正确的结论，正所谓"去粗取精，去伪存真，由此及彼，由表及里"。阎宝航通过政治手段将军统"特种技术研究室"主任纳入自己的关系网，并通过其提供的情报得知，"日本人正在策划对美国突然袭击"。不过，阎宝航没有简单相信他人的分析结果，而是通过这个关系找来破译出来的日军来往密电。他对电报进行了缜密的分析与研究。联系到日军四个月前突然中止对重庆连续几年的轰炸、将飞机调回本土以及在鹿儿岛秘密进行海上攻击目标的训练等情报，阎宝航得出"日军将在1941年12月上旬对美国太平洋舰队发动突然袭击"的惊人结论。不论是时间还是地点，这个结论最终证明都是正确的。相形之下，我们很多编辑在做书的时候，对市场的感觉总是以我为主，就是调查也是浮皮蹭痒，到书店走上一圈就得出"自己策划的选题有市场"的结论，有的甚至不经调查就自我感觉良好。当然，做图书市场调查得来的信息并不一定要达到军事情报的准确度，但是仅凭一地一处的表面现象或者自我感觉就妄下断语是很不可取的。有的编辑就不同，调查研究与综合分析简直到了无以复加的地步。例如，某个名家散文集什么时候出平装本，什么时候出精装本，平装本的读者多大年龄，精装本的读者又是多大年龄，搞得清清楚楚。这样一来，图书出版之前编辑大概就知道所策划图书的命运，因为他们的结论是建立在对大量信息的综合分析判断基础上的。

军队作战之前要掌握敌情。设想一下，不掌握敌情，不知道敌人的兵力和炮火部署，上来就发动进攻，岂有不败之理？做书也是如此，确定选题之前不知道读者对象是谁，不知道读者对象是什么情况，不知道读者对象的阅读口味和价值取向，你怎么可能确定选题呢？或者说没有市场调查研究，你根据什么来确定选题呢？想当然？还是"我以为"？果真是"运筹帷幄之中，决胜千里之外"？

说到市场调查，对很多编辑而言就是去书店。事实上，调查书店仅仅是调查的一个方面，一个方面的情况不能作为决策的依据。可以说，市场调查方式有多种多样，逛书店是调查，看书是调查，看报纸是调查，看电视是调查，上网看时政新闻或者八卦新闻是调查，开座谈会是调查，问卷是调查，甚至跟有关的人士聊天也是调查。毫不夸张地讲，后面列举的这些调查远比书店调查有效得多，原因很简单，书店仅仅是社会变化的一个部分或者说一个角落，只有掌握了社会动态和变化的整体脉搏，只有掌握了人们的喜怒哀乐悲恐惊，你的书才能做得好。

（原载 2011 年 10 月 11 日《中国图书商报》）

西方读者喜欢读什么题材的小说？

我从事版权贸易已经有十年之久，与国内外作者及出版商和版权代理商交往日趋深入广泛。随着中国在世界上的影响越来越大，我也越来越强烈地感觉到，西方人对中国的小说不无兴趣。这种兴趣有时候不仅不小，而且还很浓厚，我就见到一些老外到处寻找适合西方出版的中国作家作品。可是说到某部作品能否在西方问世，他们就显得非常谨慎，这是因为他们此前有过切肤之痛。就拿德国来讲，20世纪90年代曾经引进过一批中国图书的版权，然而出版之后却不那么理想，甚至让某些出版商陷入窘境。这当中原因多种多样，有我们作品本身的问题，也有在推荐中起极大作用的汉学家的选择角度问题。可以这样讲，汉学家从专家角度向西方出版商推荐中国作品与商业出版似乎并不完全贴切。在这方面，美英一些经验丰富的出版商和版权代理商表现就专业很多，评估与推广也更到位，他们在什么样的作品适合欧美读者方面的意见也就更具实用价值。

那么到底是什么作品适合欧美国家读者呢？结合欧美版权代理商和出版商的意见，经过多少年的研究与总结，我发现具有普世价值的题材最受欢迎。一次北京国际书展上，我跟一位来自南方的出版社同行交流意见，说到"普世价值"，她与我的看法高度一致，那就是歌颂真善美的东西，不论哪个国家，哪个民族，哪个时代都存在，也都容易看得懂。

比如爱情小说，可谓是文学题材永恒不变的主题。《山楂树之恋》是一部讲述"文革"期间两个年轻人恋爱的故事。该书版权借助电影的影响卖到了包括日本、美国在内的十几个国家和地区。美国风靡世界的"廊桥三部曲"，其版权销售到了几十个国家和地区，成品书销量也都达百万。这类作品的特点是，主题永远受人欢迎，不仅没有空间限制，更无时间隔阂，比如英国作家勃朗特·夏洛蒂的《简·爱》，虽然问世于19世纪40年代，时间过了160多年，读者对其偏爱依然不减。据不完全统计，该书已经有了40余种文字的译本。以小说改编的电影也大放异彩，而且每隔一段时间就会有新版上映。据了解，《简·爱》电影至今已有六个版本，最新版本是美国人加里·乔吉·弗库卡纳2011年拍摄的，出演女主角简·爱的是澳大利亚女明星米娅·瓦西科夫斯卡，男主角罗切斯特则由爱尔兰与德国混血演员迈克尔·法斯本德扮演。不仅如此，《简·爱》还改编成电视剧，至今有四个版本，还有一个版本的音乐剧。

以描写女性生活为主题的小说，特别是表现性格坚强女性的作品也很容易大卖。比如韩国申京淑的《妈妈，你在哪里？》，该书版权卖到了30多个国家。这本书还上了美国《纽约时报》畅销书排行榜，而且是获此殊荣的第一部韩国小说。谁都有妈妈，不言而喻，谁的妈妈都有自己独特的故事。如果一个读者带有国际视野，他一定喜欢阅读这类作品。国外期盼着中国也有这类描写自己母亲的优秀作品出现。再有，美食小说也很受欢迎，因为享受美食是这世界上大多数人的喜好。韩国作家赵京兰的《舌》就很受欢迎。小说讲述了一个女厨师的恋爱复仇故事，可是书中却介绍了很多韩国菜肴的做法，非常抓人。据说几乎所有的韩国小说，不论是女性小说还是其他小说，都有大量的烹饪情节描写。如果小说中介绍一些令人垂涎且别有风味的菜谱或者烹饪方法，这部小说一定会大受欢迎。说白了，这就是故事与烹饪嫁接。说到这里，我想起了国内一发行大腕说过的话。他说，现在的人越来越不愿意通过图书看故事了。换句话说，小说若是能通过故事这个载体提供一些理念，读者就会欢迎，比如《杜拉拉升职记》和《蜗居》。一个是故事与某个主题嫁接，一个是故事承载理念，真是不谋而合呀。

介绍某一遥远民族和地区生活与爱情的小说也能引起不同国家和地区读者的共鸣，比如我国作家迟子建的《额尔古纳河右岸》。这部描写我国东北少数民族鄂温克人生存现状及百年沧桑的长篇小说如今已经有五六个国家和地区的版权售出。这部小说之所以能够有这样的魅力，据说作者的语言功底可谓是立了大功的，但凡阅读过这本小说的人都会为书中语言的简约之美所折服，因为爱美之心人皆有之。其实，这类题材受欢迎并不稀奇，《狼图腾》是另外一个佐证。借助几十位知识青年的生活描写来展示蒙古大草原之美，如此编出的故事让欧美读者如醉如痴。据有关部门通报，该书外语版的销售业绩相当不错。

当然，欧美欢迎的主题还有其他一些，比如启发少年同黑暗势力斗争的作品就很受欢迎，成功典范就是英国的《哈利·波特》，版权卖到多少国家和地区虽然没有准确数字，但是每当新的一集出版时，孩子们排队购买的情景已经让大家领略到了人们的喜爱程度。再比如，我国出版的《青铜葵花》，描述的是城市的少女葵花与农村少年青铜及其一家的人间悲喜剧，表现了人间大悲之后的大爱。我看小说从不发古人之忧思，可是看这部小说的时候眼睛却湿润了。这部小说已经出版了法语版，已经有英国版权代理商对其英语版和其他欧美版本产生了浓厚兴趣。❶ 西方人对狗非常迷恋，中国养狗的人现在也不少。如果有以饲养宠物为背景的小说推荐给欧美代理商和出版商，相信会收到不错的反馈。

一言以蔽之，真善美的东西在世界任何地方、任何角落都会让人喜欢，描写真善美的作品，即便放在一个自己不了解的社会和地理背景下，也会博得人们的青睐，前提是故事主题一定要与个人命运息息相关，故事编排一定要引人入胜。生疏的历史、地理背景说不定会成为一个非常诱人的卖点，刺激西方读者读下去——人总在熟悉的背景下看故事会厌烦的。

当然，有时候书的推广仅靠书本身还不够，还需要一些书外的因素站脚助威，比如电影，如果一本书改编成电影并在国际上放映，那对图书版权的销售将会产生极大的推动作用。如果这部电影获得大奖，媒体上有广泛的报道，这样的图书版权就更好卖，因为人家对这样的作品熟悉。如果这样的作品在国内销售超极好，且获得过大奖，版权销售也会容易得多，因为获大奖的一定是在当地读者当中得到认可的。这就是人们常说的"借力使力"，弄好了能起到"四两拨千斤"的作用。

不过有一点需要提醒，推荐给欧美代理商和出版商的作品语言必须简单明了，描写必须简短清晰，简约之美不可或缺。如果小说中尽是复杂的句子以及通过复杂的句子给出的心理描写、环境和社会背景描写，这样的小说别说不易进入欧美代理商和出版商的法眼，就是本民族读者阅读也是很难理解的。原因很简单，人家看的不是语言，而是故事，看的是故事中的主人翁的命运发展，看的是结局是不是给人以美的享受，是不是教人向善，是不是让人坚持诚信。

说到这里，有人会问你上面讲的除了爱情、亲情就是宠物，难道一个国家的文化仅有这些具有普世价值的东西就够了吗？不应该有自己独特的东西吗？还有人认为，只有那些独特的东西才是一个国家真正的文化所在。我不这么看。你用

---

❶ 该书英国英语版已由英国沃克尔出版社出版。

中国出产的瓶子装上中药送给你的欧美朋友，你看看人家要不要——八成会拒绝。如果你用中国出产的瓶子装上汽水送给人家，我估计人家就会接受。中药人家不懂，而且难以下咽；汽水，全世界都知道，接受起来很容易。人家接受了，你就达到了推广文化的目的，因为这瓶汽水来自中国，是中国人给的，中国文化也就传给了人家。欧美国家一向是这样做的，事实证明是成功的，因为它会让你在不知不觉中浸染上他们的文化，在你接受的东西上贴上他们的标签，最简单最有力的就是麦当劳，最有启发的就是《功夫熊猫》和《花木兰》，谁能否认他们所具有的美国标签？推广文化不在于形式，也不在于内容，而在于推广人是谁！谁推广，推广物所承载的文化就是谁的。

（原载 2012 年第 1 期《对外大传播》）

如何向海外销售电子书版权？

出版社做版权销售传统上以纸书为主，间或搞一些图书的影视剧本改编和其他形式的授权。如今数字出版风起云涌，电子书的授权被提到议事日程，不仅中国是这样，其他国家，特别是欧美一些国家也是如此。出版社向海外出售电子书版权通常通过如下几个渠道：

其一，出版社直接向国外技术服务商提供授权，由其根据授权条件发布在相关载体上。这个方式最为普遍。有一本英汉拼音词典，多年前授权给美国一家电子公司用于网络下载。后来通过协商，双方又订立合同，将该书用于更多载体中，其中包括安卓系统手机上用的软件模块。这本书已经授权多年，经济效益相当可观。国内这种经营电子书的电子公司也不少，我就经常收到这样的信息，我有一些作者朋友也经常收到这类询价。

其二，通过图书版权代理公司向海外出版商出售版权。这一点与纸书授权没有区别。不过，电子书版权的授权常常与纸书授权分开进行。这是因为市场需要预热，也需要培养。等相关市场成熟且有读者需要时，电子书才有授权的可能。有一本书叫《对话：中国模式》。先授权纸书版权给韩国出版社，韩语版纸书出版后，市场欢迎并需要电子书，代理纸书版权的韩国代理公司才与出版社接洽，购买该书的电子书版权。

其三，现在出现了一批电子书代理公司，美国、中国有，其他国家和地区有没有就不得而知。这些公司实力如何有待了解，因为我与他们的合作很少。他们与出版社联系，将他们认为合适的书放在他们选中的书目中，然后跟出版社订立一个批量版权购买协议，比如四五十本书一起购买。订立这样一个协议，一下子可以卖掉很多电子书的版权，数字看上去很美丽。不论是国内还是国外，电子书市场还处在"圈地"阶段，这个阶段将作品的版权授给海内外电子公司风险不小，因为此时此刻成熟公司少，有经验有品牌的更少。授权之前仔细考察很有必要，以免鸡飞蛋打。

有关报酬的问题就比较复杂了。先讲一下国内的情况。授权国内电子公司出版、销售电子书收益还不多。我本人曾经与国内某电子公司接洽过电子书的版权授权问题，我记得最后授权了八九本书，过了几年时间才结账几千元。这几千元还要出版社与作者平分，作者能拿到多少可想而知。我就听说国内不少作者对授权电子公司出版、销售电子书疑虑颇深。美国等国家的电子书出版、销售情况似乎好一些，其电子书与纸书的定价之比也比我们国家高，有的甚至达到75%。我看到一些材料说，美国的一些电子书出版商，给电子书的定价比纸书还高。我曾经听过一个演讲，演讲人也有这样的说法。如果属实，电子书给权利人带来的利益就会高一些，权利人的积极性自然就高很多。如果传统出版社要提高电子书的收益率，那就只能是自己制作电子书，然后交给国内外经销商经销。这相当于成书出口，只不过是纸介质换成了数字介质。

授权海外出版电子书，出版社内部的协调机制需要相应变化。如果是仅仅授权他人使用电子书权利,版权部门便可操作,因为翻译、制作都是由外方承担;如果是授权海外使用汉语版权利,如果海外权利购买方需要原版存储文件或者其他技术服务,就需要版权部门与相关编辑、数字出版部门协调。获得的收益除了付给著作权人的那部分,余者全部归出版社。至于出版社这部分收益如何分配,不同出版社有不同的规矩。据我了解,多数是归出版社所有,如果成果突出,对相关人员予以奖励。

经常有人问电子书授权给海外出版商以后如何监控销售与收益问题,这非常难以回答。以前给海外出版社授权纸本书就存在这个问题,因而授权合同中经常有允许核查的条款。电子时代这个问题似乎好解决了,可以通过程序管理相关信息。问题是,任何机器都是由人操作的,既然如此,一切都可以由人去改变。只要交易双方都信守游戏规则,就无须监控;交易双方没有诚信,彼此互不信任,即便搞出世界上最复杂的监控程序,也是无济于事的。交易的根本前提是相互信任。有人问可否搞出第三方监控机制,这似乎没有可操作性。如果彼此之间缺乏信任到了这个程度,这个交易做起来真是了然无趣。

除此之外,还有两个问题需要引起特别重视。一个是电子书的授权使用载体、手段或者场合需要严格加以界定,仅仅一个"信息网络传播权"是不可以的。实际上我们购买国外图书的电子书版权也是受这个限制的,权利界定明确,合同才容易操作,也便于了解收益是否正常。另一个是原书的档案管理,尤其是电子文档的管理。美国一家电子公司对一本汉语学习字典有兴趣,可惜授权方找不到电子档案。正好有新加坡一家出版公司对该书的新加坡纸版感兴趣,这本书才请人重新录入,1 700多页的字典录入不仅耗时多日而且花费极大,光是校订就找了好几个人,做了好长时间。管好电子书稿等与书有关的档案不仅有利于版权输出,还对图书的宣传有极大好处。我就发现有出版社请我推广纸书和电子书版权,结果信息不全,索要多次,依然如此。对方告诉我,他们就知道这些,更多的信息不了解。我猜想出书的时候肯定弄全了,只是后来没有整理,更没有归档管理。档案管理是版权输出的重要前提。

做好电子书的版权输出事情不大，可是事情不少，核心就两个字"认真"；认真对待，勤奋学习，严密管理，电子书版权的输出就会有显著成果。

（原载 2014 年 6 月 20 日《中国出版传媒商报》）

外国人爱读中国什么书？

说到外国人到底爱读中国什么书，我从未专门撰文介绍过。本文试图从这个角度切入，看看这个问题到底是个什么样子。不过有一点必须说明白，那就是我这里讲的只是经验之谈，并无统计数据支撑。既然是经验之谈，只能是就我经历或者了解到的情况介绍，而我的经历以及对相关情况的了解非常有限，讲这个题目也只能是局限在某几个领域，因而仅供各位读者参考。

不要先入为主

一说到外国人爱读什么书，马上就有读者问我外国人对中国的什么题材有兴趣，我们应该提供哪些题材供其选择。坦率地讲，这是一个先入为主的看法，一般而言是不成立的。所以要弄清外国人爱读什么书这个问题，就必须先解决掉这个先入为主的假设。

我们怎么就断定外国人一定对我们的书感兴趣？这种想法多少有点以自我为中心心理作祟的感觉。如果我们经常去国外，尤其是去欧美国家实地观察就会发现，外国人对中国很陌生。我 20 世纪 90 年代中期去美国，美国某书店中的图书分类赫然写着 Imperial China。去纽约的世界贸易中心，工作人员听说我是中国来的，不断地说："青岛啤酒"，大概那是他对中国的全部认知了。尽管二十年过去了，外国人对中国的了解理应深入很多，即便如此我们也不可太乐观。原因很简单，中国对他们而言仅仅是个遥远的国度，了解与否对其生活影响十分有限，不渴望、不积极就是很自然的事情了。

要说对中国了解的外国人并非没有，只是那通常是一些与中国来往密切的人或者研究中国问题的专家。如果你与这些人接触就会发现，他们对中国某些方面的了解有时候比普通中国人还深入。这些人简直就是中国通，与他们谈话不小心就会被问得张口结舌。我就曾经陪同一位美国专家去我国南方地区采访、写作，采访过程中提出的问题常常令一些受访者面露尴尬。遗憾的是，我们的图书大多不是针对这类对象的，而是一般或者普通大众。这也就是为什么我们的图书要想"走出去"必须建立在外国人对中国认知普遍为零或者接近零的程度上，如此制作或者推荐的作品才不会先入为主或者缺乏针对性。

从文化相近入手

外国人是一个非常大的概念，这当中既包括远隔几千乃至上万公里的欧美，也包括我们的近邻。如果说欧美国家的普通大众对我们了解非常有限，我们的近邻对我们的认知就大为不同了。首先，近邻的文化与中国文化有历史渊源，很多东西相同或者相似，这样他们与我们来往就少了很多障碍。随着经济、文化来往越来越密切，图书这种文化载体就很容易顺势走进这些国度的大众当中。我所说的"走进"对多数人而言绝非欣赏，而是生活需要。

前些年，韩国出版商就与我接洽过大量的汉语学习用书，版权购买高潮时甚至达到了不加选择的地步。韩国普通大众，特别是青年学生学汉语目的很简单，多为在与中国有业务来往的企业中谋得一官半职。"实用汉语"系列中的《实用汉语口语五百句》《实用汉语会话二百幕》《实用汉语语法三百点》很受韩国出版商的青睐。语言学习中同样受宠的是汉语学习考试用书，这类书的版权很容易卖到韩国去，比如《HSK 汉语水平考试》《HSK 听力关键词》《HSK 听力惯用语》，其中后面两本书曾两度授权给韩国出版社出版韩语版。近年来，韩国本土作者力量成长起来，对来自中国的汉语学习用书需求显著下降。

周边国家读者对中国颇具中国文化智慧的图书也感兴趣,比如《读史有计谋:5000年最有价值的阴谋与阳谋》《商道与人道》《中国商道——从胡雪岩到李嘉诚》《成大事的十五套学问》。有的国家因自身历史原因,住有大量华裔。为使其后代与中华文化接续下去,读一些与中国历史文化有关的书成了不大不小的需求,比如我与英国人合作翻译的白话与英语对照的《菜根谭》的版权就卖给了新加坡出版商。

近些年来,周边国家引进我们图书的风向有所变动。首先是汉语学习用书在减少。汉语学习用书的最大目的地国——韩国因自身作者逐渐成熟,对来自中国的汉语学习用书需求在减少,要求在提高。其次,这些国家出版商以前感兴趣的一些与中国古老智慧有关的书也不像以前那样兴趣旺盛。取而代之的是经济管理与大众经济方面的作品,比如《一口气读懂经济学》《浪费的都是利润》。日本出版社就购买了《温州人财富真相》,这正好与讲财富的时代气息吻合。还有就是充满中国文化智慧的心理学图书也开始在周边一些国家走俏,比如《你身边的心理学》《玩的是心理战术》《治愈系心理学》的版权就卖到韩国。随着时代的发展,周边国家对我们图书需求的层次也在不断提高,比如韩国出版社对中国一些作家的散文集很有兴趣,经常有人询问这方面的信息。有些国家,由于文化水平与经济水平的关系,对我们的文学作品,尤其是青春小说很看好,仅仅从我手中卖掉的这类图书版权大概就有四五十个,比如《会有天使替我爱你》《泡沫之夏》。有些国家对我们的幼儿教育图书,尤其是具有新理念的幼儿教育图书越来越有兴趣,我就曾经将幼儿教育图书版权卖给越南出版商。还有一种题材在周边国家很是风靡,那就是武侠小说,比如《诛仙》。这类题材大概是所有图书中最有生命力的,兴趣也是最持久的。

背景迥异可求同

周边国家对我们的作品适应性强,题材也就广泛而多样。远隔千山万水的欧美就大不一样了。如前所说,欧美国家的普通人对中国知之甚少,按对待周边国家读者的思路对待他们显然是文不对题。既然他们有那么多地方与我们不同，我们就少在"不同"上想办法，多在"同"上做文章。

先说不同。虽说应对"不同"有很多困难，但也不是一点作为没有。早在几百年前，就有西方人到中国来，中国的一些东西自然而然也就被推荐到了欧美，其中不少东西在那些国家还有了非常不错的基础，比如《老子》《论语》。如果沿着这条路往下走，尽管中西文化有很大差异，我们依然可以取得不错的效果，同时又不需要下多大功夫。在这当中，首当其冲的便是语言，针对一部分西方读者提供一些适合他们的汉语学习用书是很有必要的，也是求之不得的。退休前我就曾经将所在出版社出版的《最新实用英汉拼音词典》的电子版权卖给了美国一家公司。这本词典是专为西方人学习汉语准备的，其最大特点是所有例句均有汉语拼音。读者只要学过汉语拼音，即便没有老师当面教授，也能将不认识的字词读下来，读懂全句也就容易多了。语言之外就是文化。如前所述，有差异不怕，只要有基础，同样可以做一些事情。我退休前供职过的出版社出版过《论语图典》以及讲考古的《中国文明的形成》，这几本书都有版权卖到了欧洲。以上这两方面的"不同"之所以能为现在的外国人接受，就是因为前人做了很多工作，打下了雄厚的基础。

在"不同"方面讨巧的同时，应该多在"同"上花力气。《财富传奇——他们的第一桶金》讲的是民营企业家创业的故事。美国出版商对其有兴趣——他们要了解中国经济的发展走向，民营企业这个因素不能考虑。后来这本书的美国版由美国皇冠出版公司出版。这本书体现的"同"有两个，一个是经济，另一个是"私营"，我们称为"民营"。这两个"同"让我们与美国出版商找到了契合点。还有一个"同"就是健康，这恐怕是人人都关注的。如果我们能提供以中华文化为基础的保健理念，西方人也是非常欢迎的，比如《中医养生图典》《神奇的气功》。两本书都是根据我们国家的传统养生祛病理论撰写出版的。对欧美读者而言，如此保健不仅新鲜，还有可能取得意想不到的效果。

不过这方面的"同"太少，中西相同最多的还是情感的表达与体现，在这方面文学具有得天独厚的地位。中西文化不管差异多大，爱情、亲情、友情、对完美人格的追求应该是非常一致的地方。正因如此，《狼图腾》《羽蛇》《山楂树之恋》《青铜葵花》就很受欧美读者的欢迎。其中，我代理的《青铜葵花》不仅出版了英国英文版，还要出版美国英文版，其英文版的影响将横跨整个大西洋。还有一种题材我们也可以有所作为，那就是与欧美人有关联的作品，这也是一种"同"。这类作品对他们的生活也许没有直接关系，但是对他们的文化乃至认知会产生不小的影响，比如讲中国宗教问题的《江边对话：一位无神论者和一位基督徒的友好交流》与谈论食品安全的《民以何食为天——中国食品安全现状调查》。后者虽然只是一本报告文学，可是听说国外版权却卖了不少。

总之，要想弄清外国人爱看中国什么书，只要弄明我们的文化与读者文化的"同"与"不同"便可知道个八九不离十。如果再进一步调查市场，准确脉搏便摸到了我们的手中。

（原载 2017 年 1 月 25 日《中华读书报》）

出版国际化必须弄清的几个问题

最近几年，出版国际化谈论得比较多，不过总是囿于很小的范围内，声音也不很响亮，影响因而很有限。从国家层面上讲，中国文化"走出去"已经成了既定方针。在这既定方针中，出版是一个非常重要的组成部分。可是从出版界来看，这种既定方针还没有完全深入到整个行业之中。也正是基于这样一种状况，撰写本文就出版国际化涉及的几个问题谈一下本人的看法。

出版国际化意味着什么

我国出版最早担负的职责是宣传党和国家的政策方针、推广中华文化、丰富人民的精神生活。我想这样界定我们最初的方针应该是比较合适的。之所以这样讲，是因为我们的出版机构是按照条块分割的方式设立的，这种布局方式恰恰适合出版机构履行这样的职能。随着中国社会经济的发展与改革开放的深入，我国经济在世界上的影响日趋增强，与各国人员的交流也日益增多。然而，仅有经济与人员交流还不够，还要有文化与之相适应。说起文化，当然是文化"走出去"。那么文化"走出去"中什么形式最简单、最有效、最方便、投入最小、影响最持久呢？要我看就是图书出版。可以这样说，出版"走出去"，也就是我国出版国际化，是我国走向世界，特别是我国文化走向世界的重要组成部分。毫不夸张地讲，出版走向世界是国家整体战略的需要，是出版界必须承担的责任和义务，当然也是出版企业自我发展的牵引力。

如果我们看看世界诸多大国出版业是如何开展业务的，就会更加确认出版走向国际不仅正当其时，而且是大势所趋。从我们了解到的情况看，不论是美国还是欧洲，其出版从未给自己划出疆界。换句话说，他们的出版至少从他们成为世界强国之日起便瞄准了世界各国。我们虽然没有看到对出版的如此表述，却从美国报章对电影的描述中看出了端倪。美国《洛杉矶时报》2011 年 7 月曾经有过报道，说"好莱坞通常不做美国电影，好莱坞制作的是吸引全球观众的电影"。其实，不光是电影如此，西方国家的其他文化形式也从来不画地为牢；相反他们一向是以占领全球市场、影响全世界受众为己任。细说起来，这不仅是经济问题、文化问题，而且还是意识形态问题。

如今我国文化已经具备走向世界的实力，同时我们也有机会和条件借鉴西方国家文化走向全球的经验与理念，这真是适逢其时。我国的出版业，不论是从事哪个领域的业务，都应该站在世界高度做出版，以便向全球受众提供以中国人的审美观包装的具有中国人文化底蕴的文化产品，从而使世界受众了解中国文化熏陶出来的普通中国人的面貌和风尚。

中国出版走向世界不仅是国家战略的需要，也不仅因为有西方国家的经验可以学习，更是因为一些新兴国家在文化走向世界方面早已开足了马力。在这方面,日本开始得最早,影响也比较大。紧跟其后的是韩国。如今韩国,包括电影与出版在内的文化正在大踏步地走向世界。在这种形势下,我们可以说是天时地利人和——上面有国家的战略,前面有西方国家的成功经验,后面有新兴国家的追赶。我们只有上下一起努力,才不会落在别人的后面,才有可能在世界出版舞台占有一席之地。

对出版机构而言,出版国际化是自身发展必须要走的一步,这也是世界上诸多大型出版机构走过的道路。只有将着眼点放在全球市场上,只有将着力点放在世界受众身上,出版才能做通畅,才能树立全球认可的品牌。可以这样说,出版国际化是出版机构必须下好的一盘大棋。

不论是从国家战略需要、国际大型出版机构的经验、新兴国家文化"走出去"的势头看,还是从自身发展空间拓展考虑,出版国际化都是中国出版业不得不走而且是不得不早走的一条路。

《华尔街日报》的启示

出版国际化搞了多年,付出的努力不少,可是坦率地说,效果并不理想。2017年2月,我前往美国探亲,其间逛了几家书店,也去过几家图书馆。所到之处,我均仔细观察一番,与中国有关的图书一本也未见到。

如果看得广些,就会发现令我们不安的问题。如今已经或者筹划在海外设立出版机构的越来越多,可是新形势下在海外建立出版机构效果如何,我没调查,不便评价,但是有一点可以肯定,多数情况下花费不会很少。

其实在海外建立出版机构并非创举。早在几十年前,我国就有这方面的机构出现在欧洲、美国以及其他地区。几十年后,凭我的实地考察与侧面了解,钱花了一堆,影响却十分有限,品牌也没做起来。要知道,出版机构若是做不出品牌,是很难生存、发展的,更别说在异国他乡。

除了创办分支机构,常见的另一思路是与海外机构合作出版中国主题的图书,我就曾经参与其中。事实证明,效果也极为一般,甚至有点令人沮丧。合作出版虽然书上有我国出版社社标，可是受众却未必认可。由于品牌效应不佳，说不定这种合作还会拖海外出版机构销售中国图书的后腿。过了很长一段时间，即便销售了几千册，成本依然没有冲掉。有人会说，再过两年也许就有盈利了，也许是这样，问题是再过两年，书的时效也将消耗殆尽——毕竟我们合作的书不是那种百年或者千年经典。

中外合作共同编写、出版，对此我更不敢苟同。这种合作我也参与过，体会只有一条，那就是涉及太广，耗时特多。如果得不到慷慨资助，这种合作从经济上来讲难以为继。就算耗费巨大之后结出成果，所产生的影响能有几何，也是一个未知数。

还有一种形式，直接请外国人来华访问，然后由其撰写有关中国的图书。这种形式我也参与过。除非受邀者与我们的价值观、信仰相同，我们很难指望应邀而来的人写出令我们满意的作品。我们可以设想，普通人写不了，有思想的人会心甘情愿地抛弃自己的立场、观点，为我们"歌功颂德"吗？就算有，写好出版之后在什么地方发行？这样的书在作者祖国发行恐怕很难吧？选择只剩最后一个，那就是在我国发行，那样一来，我们的初衷还能实现吗？

写到这里，我想起了众所周知的《华尔街日报》。这是一张创刊于百多年前的财经报纸。虽然这张报纸以纽约一条小街——华尔街命名，却未能因此而阻止其成为国际知名报纸。这张报纸之所以能走出美国，影响世界，巧借美国这个经济强国之势，那是确信无疑的。如果说，只因美国经济强大，该报才闻名于世，那也很片面。读过这张报纸的人肯定知道，其报道定位准确，切中受众需求。我们可否从出生在美国一条胡同中的报纸经验中得到一些有益的启示呢？

首先，我们最好在出版定位上下功夫，我们要做的是为全人类提供精神食粮。想当初《老子》《论语》《孙子兵法》等问世时并未想着外国受众，在很长一段时间内也没什么国人费劲巴拉地去搞外文版。可是这几本书对世界文化发展的贡献却有目共睹，外国人主动将其译成外文更是水到渠成之事。据说，《老子》在世界上的传播仅次于《圣经》，《孙子兵法》与《论语》的译本也不止一两个。

其次，在品牌上多努力。品牌方面的努力包括诚信、魅力、可读性、服务、有益。诚信就是信守承诺，魅力是我们的经营活动对受众所产生的吸引力，不论是否读得懂中文——口口相传是很厉害的。可读性则是我们出版的文化产品能满足世界各国受众的基本或者共同需要。服务讲的是努力挖掘、满足受众需求。有益，顾名思义，就是要给受众以独一无二的帮助。

第三，懂得借力。这世界上做任何事情都要借力，不知道如何借力，暴虎冯河，瞎干一气，不仅产生不了预期效果，还会白白浪费难得一见的绝好机会。做一般的事情如此，做出版国际化更是如此——出版是文化，而文化是要改变人内心世界的。要想达到这个目标，就必须懂得而且善于借力。目前我们最要借的"力"，一个是传播规律，另一个是市场规则。

以上三点并不深奥。三点合一便是我们常说的意识。一旦这种为受众服务的意识得以强化、重复，成为习惯，不论机构设在什么地方，不论名称响不响亮，不论产品是不是用外文表达，我们的出版国际化都会取得意想不到的伟大效果。有关传播方式、手段问题，后文将有详细论述。

传播什么样的文化

出版是传播文化的，出版走向世界的最终目的是要将中国文化传播到世界受众当中，使其在最大程度上获益；受众获益，传播者获得回报乃至巨大回报是不言自明的。接下来有个问题我们必须先解决，那就是文化是什么。

在一般人眼中，文化就是历史、哲学、艺术。不错，这些的确是文化，然而面对世界受众，面对那些对我们的文化知之甚少的受众，以这些内容为题材的文化产品在多大程度上能起到有益他人的作用呢？为了把这个问题说清楚，我以大树打比方。我们走进森林公园，看到一棵枝叶繁茂的大树，最先想到的是炎热的夏季可以在树下纳凉。当然如果我们进一步研究，还知道这样的树还能通过光合作用为人制造氧气。树干，我们通常不去管它，尽管连同地下的树根能起到水土保持作用，可是多数人却常常对其视而不见，因为这种作用或者说这种益处十分隐蔽。中国人在日常生活中表现出来的修养、态度、审美观、行为方式能给世界其他国家的人民以美好的印象与启发，就像繁茂的枝叶能为人们提供纳凉之所一样。世界人民领略中国人的这些美好东西时，是不是会对中国文化油然升起一种敬佩之情呢？中国人身上表现出来的这些很平常的东西是不是中国文化的外在表现呢？

就普通人而言，我们在树下纳凉、尽享繁茂枝叶带来的好处，可是有谁想过要去研究这棵大树的树干？还有谁想过要去探索这棵大树的树根长得如何？当然不能完全排除，然而，即便是有，那也是极少数而且是有这个能力与兴趣的人。其实，对人也是如此，我们在领略西方文化中的先进部分给我们带来的好处时，有几个人去研究盎格鲁-撒克逊的历史？又有多少人兴致勃勃地学习德意志的哲学？就跟刨根挖地研究树一样，研究历史、哲学的人总是极少数。由此可以得出结论，文化传播的基本功能就是向世界受众讲述我们的日常生活，讲述我们的爱恨悲伤，讲述我们的奋斗过程，讲述我们的文化给我们带来的种种修养、态度、理念、行为方式等，告诉他们我们这棵大树有阴凉，以期彼此在思想上产生碰撞。

当我们讲述我们生活与情感的起承转合时，一定要用我们的亲身经历去讲述才行吗？西方国家的经验告诉我们，讲什么并不重要，传递什么价值观才是根本问题。在我看来，要讲的内容不过是一张皮，是牛皮还是羊皮无所谓，关键是牛皮或者羊皮底下是什么？关键是谁来编织这张皮下面的故事，重要的是这个故事传播了什么感情、观念和价值观。如果我们进一步探讨还会发现，我们要传播的东西无所不在，可是却没有一个地方铭文相刻。如果我们再细心一些，还会发现，我们的故事不仅深深吸引他人，还能弥补本民族文化中的不足之处，这样我们的文化对世界受众才会产生价值，一次又一次地给世界受众带来利益。也只有在这种情况下，这种文化传播的潜移默化作用才会逐渐显现出来。正如人民日报社社长杨振武 2015 年在纪念《人民日报》海外版创办三十周年的文章中所讲的，

"在选择中国故事时,更加注重人类共通的经验与思维,遵循共同的价值和情感,寻找文化的共性,激发人性的共鸣。""共"字是文化传播的第一要领,第一秘诀。

其实这并不仅仅是出版业的规律,凡是与人沟通,包括市场营销,无一不是基于这个原理,那就是沟通者一定要让接受沟通的人或者受众充分认识到你与他沟通会给他带来利益,会对其未来生活产生积极而又不可缺少的影响。那么有人会问,沟通者的利益又在哪里?在与人沟通过程中,什么利益最大?恐怕还是影响吧?只要受众觉得你的沟通对他有利,会给他带来实际利益,使他产生共鸣,这便是影响。在我看来,在这世界上,什么利益也比不过一个人对他人产生的影响大。

以什么人为参照物

知道了传播什么还不够,还要知道要传播给什么人,也就是还要知道我们的读者是谁。这本来是做文化传播或者出版的人必须掌握的基本功,无须我来讲解。实际不然,由于我们的出版多年以来是面对国内受众,计划经济年代延续下来的一些思维方式仍然没有退出舞台。我们在组织选题的时候总是假设一些不存在的情景早已存在。比如,我们出版一本有关肝病治疗方面的书,非要把有关肝脏的构造、功能、肝病病因、治疗方式等一大套东西放在书中。我真不知这本书是给谁写的?给解剖学家吗?——太肤浅!给医学家吗?——太简单!给病人吗?——没必要!不知道读者是谁,书该往哪里卖呢?其实这种情况非常普遍。有韩国出版商跟我要具有保健作用的茶方书,联系了几十家出版社,得到的图书信息基本上都是大而全——茶树分布在什么地方?如何采茶?如何制茶?喝茶有什么保健作用?这样的读者有吗?反正我是找不到。

我们的编辑面对国内市场时如此,面对国际市场时似乎也跑不出这个圈子。西方人对中国的什么东西感兴趣?是传统文化吗?是古代的文化还是少数民族的文化?好像外国人,尤其是西方人天生就向往我们国家似的。这种没有任何根据的假设不客气地讲都是闭门造出来的。只要稍微了解一下国外的情况，就不会有这样的假设。新加坡一家出版社出版了一本讲汉字的书，书名叫《趣味汉字》。这本书卖了至少有三十年了。有一次，这本书第一版出版时的出版社老板来到我的办公室，我问这位老板，这本书为什么会畅销不衰。老板回答既在意料之外，又在情理之中。他说，作者是外行。进一步追问才知道，作者不仅于汉字讲解是外行，于图书出版也是两眼一抹黑——他是新加坡一家报馆的美术编辑。他写此书只是为新加坡小孩学习汉字提供一个有趣的读物。真是无心插柳柳成荫呀！令我吃惊的是，出版社居然看上了外行人写的书；使我深受启发的是，读这本书的小孩在汉字这个问题上不也是外行吗？外行碰上外行，这不正合适吗？

我们的出版在走向国际过程中，总是喜欢找一些国内外专家来提供咨询。我觉得这些专家如果给我们提供一些思路或者介绍一些中外差异，那是很有价值的。如果请这些专家给我们的选题出主意，那兴许会是很糟糕的——用非所长。有一次我去参加一个版权研讨会，德国驻中国一个机构的负责人在大会上讲，20世纪90年代根据德国一些汉学家的建议，德国一些出版社出版了一些中国的文学作品，结果卖出去的很少，出版社赔钱的却不少。原因何在？细想起来就是一句话：专家碰上了外行。汉学家懂中文，对中国文化了解，对中国有感情，可是德国普通读者呢？我相信肯定比不上汉学家。用汉学家的眼光去选书，给完全不了解中国的读者读，结果如何不用说也能猜得到。不用说在德国，就说在我们国家，专家在某些方面的观点和说法与普通民众也是相去甚远——两者毕竟不在一个层次上嘛。

正确的做法是，不论是我们选择什么题材，务必要以普通读者为对象，选择那些少有或者没有障碍的题材，这样生产出来的产品才有可能为世界读者阅读。回想我国这些年"走出去"的作品，无一不是达到这个标准的，比如《狼图腾》《山楂树之恋》《青铜葵花》。还有多年前荷兰人高罗佩创作的《大唐狄公案》也是如此构思的作品。作品虽然讲的是中国唐代的故事，可是西方人阅读起来却毫无障碍。为什么？需要提前学习中国历史、哲学、语言才能搞懂的东西几乎没有。西方读者读完这套书，不仅娱乐了自己的身心，还拓展了自己的眼界，很有趣。正如我在前文所讲的，这些作品宛如一棵大树的枝叶给西方读者带去了益处，所以令人趋之若鹜。

说到怎么给外国人编书，我有个很通俗的讲法，那就是取天下料，用中国人的创意，给天下人做菜，端给天下人吃。

采用什么方式最妥帖

对我们而言，出版"走出去"光有合适的题材与主题还不行，还要有符合传播规律的方式方法。方法对了头，一步一层楼。

说到这个问题，我们不妨看看身边的生活。经常发现，很多父母在给孩子讲大道理，可是孩子却不听。领导在会上讲大道理，台下的员工窃窃私语，那意思是不值一听。为什么呢？是大道理不对吗？不是。是大道理过时了吗？也不是。大道理不是讲出来的，而是通过实际生活启发出来的，用现在的话讲就是受众自己悟出来的。

多年以前我看过一部电影叫《红色娘子军》。里面有个主人翁叫吴琼花，苦大仇深。参加红军以后，吴琼花时刻想着报仇。她见到党代表洪常青，要求单枪匹马，进城刺杀南霸天。洪常青没有立即回答，而是将吴琼花叫到办公室。吴琼花无意中看到桌子上的全国地图。洪常青要她找一找海南岛，吴琼花找不到；洪常青又要她找一找他们所在的椰林寨，吴琼花还是不知道在什么地方——椰林寨那么大，地图竟没有标出来。洪常青说："要是光靠个人的勇敢，能解放这么大国家吗？"如此引导，效果非常好。我们的出版要想走向国际，就必须采用这种启发式，而不是直接式。

古人在这方面其实早有心得。春秋时期的孔丘在《论语》中说到侍奉父母时有这么一句话，叫"事父母几谏"，意思是遇到父母有过错时，要委婉相劝。战国末期的荀况在其传世之作《荀子》中讲过教育孩子的方法。其中有这么几句:"君子之于子,爱之而勿面,使之而勿貌,导之以道而勿强"。这最后一句我要着重提示一下,那就是用道理去诱导孩子,但是不能强迫。明代的冯梦龙在《智囊全集》一书中讲述春秋时代齐国相国晏婴劝谏齐景公故事之后说过一句话,发人深省:"觉他人讲道理者,方而难入"。读者如果有兴趣,不妨找来《晏子春秋》好好读一读,看看晏婴是如何劝齐景公的,一定会得到不少启发。不论是给父母提意见,还是教育孩子、劝谏君主,都是一个意思,那就是说服对方接受你的观点,但是无一不是采用曲折蜿蜒的方式。古人在这个问题上的见解得到现代心理学的验证。心理学中有个心理抗拒理论。这个理论说,人对自己行为拥有控制权。当一个人的控制自由的权力受到限制时,这个人往往会采取对抗方式,以保护自己的自由。从心理抗拒联想到一个人的态度,我们马上会十分清楚这样一种结果:当你要求一个人不准这样、不准那样时,他会觉得他的自由行为被剥夺了,非但不会转变态度,反而愈发顽固。同样,当你要求他必须这样、必须那样时,对方同样会认为你剥夺了他的自由选择权,态度也就更加具有对抗性。当我们出版的作品直来直去地告诉人家我们如何如何,你要对我们如何如何时,对方不仅不接受,反而非常反感。这样一来,我们出版的作品在世界上什么积极作用也不会产生。

　　文化传播还有一个问题必须注意,那就是要悄悄地、一点一点地进行,否则就达不到目的。在这方面,古人也给了我们有益的启发。唐代诗人杜甫在《春夜喜雨》一诗中有这么两句:"随风潜入夜,润物细无声"。雨随风入,即使是在万籁俱寂的夜间,人们也听不到雨声,一则雨声本身就不大,二则雨声被风声淹没了。听不到雨声,人们就不用紧张了,也不用挖沟放水了。这样,雨水便有机会一点一点浸润大地,使大地得到滋养。倘若狂风暴雨来了,倘若山洪来了,人们还会让大地如此这般逍遥地得到浸润吗?搞文化传播也要随风入夜,也要润物无声。从当前国际局势来讲,我们也不可直来直去、高声呐喊地搞文化传播。本来人家就不停地炒作"中国威胁论",我们这样做不是授人以柄吗?如果这样做有价值,倒也罢了,问题是如此高调根本不起作用呀。

依靠什么力量最靠谱

跳高我们都知道，田径场上支上一个架子，放上一根横杆，运动员助跑之后起跳，越过横杆即告成功，这叫急行跳高。据我了解，如今的跳高世界纪录是古巴人保持的 2.45 米。还有一种跳高叫撑竿跳，借助竿子支撑来跳高，如今的世界纪录是 6.16 米，差不多是急行跳高的 3 倍。看来，借助力量做事可以取得事半功倍的效果，如果借力之时再使力，那效果恐怕就不止于此了。跳高讲究借力使力，做国际出版也是如此。

做国际出版最有效的借力使力方式是品牌，可是品牌不假以时日是很难立起来的。这就要求我们的出版业必须将品牌维护放在唯此唯大的位置上。这是因为品牌美誉度高，国际上的大公司就会与我们合作；品牌美誉度高，畅销书作者就会将作品交给我们出版；品牌美誉度高，中盘商、零售商就相信我们，卖我们的书就用力气；品牌美誉度高，读者就喜欢我们，书就卖得多。书卖多了意味着什么？我们的文化传播将会产生影响；如果读者反馈相当积极，我们的影响便真正产生了。

讲到这里，我们不得不提及国际上的一些大公司，他们的品牌美誉度高，给他们带来的经济效益极为可观。经济效益都可观了，文化影响还能小吗？有一家国际大公司从中国购买了一本文学作品的版权，签约之后，马上向其他国家推广版权代理，结果没用半年，代理版权的收入远远超过此前支付的版权购买预付款。所以，很多作者喜欢将版权委托给西方国家代理商，原因就在于这些代理商品牌响亮。品牌美誉度高带来的不仅仅是很高的经济效益，其辐射作用以及资产增值作用也非常大。这些目的都达到了，影响不是自然而然就有了吗？将经济效益与社会效益对立起来的讲法依我看就是玩弄辞藻的结果，也是自欺欺人的伎俩。

为什么把品牌美誉度摆得这么高？从生理学角度看，人们接受一个合作伙伴或者一个出版机构的作品大多仰仗着品牌如何。有谁有那么多时间去翻看你出版的每一本书来验证你的能力？有谁有那么多时间去同行之中调查你做的每一笔生意来验证你的诚信度？做不到又要合作怎么办？那就要看品牌美誉度如何。对此，俄国生理学家伊凡·彼德罗维奇·巴甫洛夫的条件反射理论可以给我们一定的启发。

讲究品牌美誉度至少要在如下几个方面下功夫。第一是诚信水平，第二是管理水平，第三是产品质量，第四是服务意识，第五，也是最重要的是创新能力。这些是对一个国际出版企业的基本要求。也许短时间内很难达到很高的水平，但是要想在这个行当中做事，就必须有耐心积累。万事开头难，但是不会总觉难。如果我们不注意品牌的建立与维护，即便我们在国际上做了几十年也是很难的——没人认你这个牌子。

当然，品牌美誉度提高了，很多其他事情跟着就好做了，大量的优秀作者就会投奔到你的旗下，你也就有了大量的版权。在市场经济年代，出版机构手中没有足够的版权、没有强大的版权吸引力是无法参加市场竞争的。不竞争便会止步不前，止步不前便意味着后退，而后退便是失败。

要知道如何讲故事

一提国际出版就离不开"讲故事"，什么要学会讲故事呀，什么要懂得"中国故事，国际表达"呀。可是我却极少看到有人告诉我们如何讲故事，如何讲故事才吸引人。

喜欢曲艺的人经常听到这样的段子：有十位英雄正在酒楼之上吃饭饮酒，忽听楼梯上噔噔噔几声响，上来一人，待来人站在楼口，直吓得十位英雄是茶呆呆发楞，要问来者何人？明天——啪，一拍惊堂木——再讲！观众中有一位买好了飞机票，第二天要去广州出差。回到家中纠结得不得了——明天去出差，就听不到结果，可是不去，就耽误一笔生意。掂量来掂量去，最后决定退票！第二天一早就来到书场，坐在头一排。演员进场，一拍惊堂木。先把上回书结尾重复一遍，然后说：诸位，您猜是谁啊？不是别人，原来是跑堂的上菜！

版/权/贸/易/经/略

古希腊哲学家柏拉图说过一句话:"谁会讲故事,谁就拥有世界。"何以见得?讲故事是聚拢人气的最好办法。故事讲得精彩,就会吸引很多人到你身边,从而为你团结更多的人创造条件。如果你的故事让听众深受感动,他们还会对你产生同情乃至敬佩之心,进而接受你的观点,甚至与你站在一边。我猜柏拉图的意思就在于此。既然讲故事如此重要,我们就要研究如何讲故事才能吸引人,对我们出版人而言,就是如何编书、出书才吸引人。

第一是故事与读者要有关系,这是最要紧的一件事。不论你立意多么高远,主题与读者无关,就不可能吸引人。那么什么主题才吸引人?就是与人有关讲人性的主题最吸引人。这便是我们常说的人性化。其实不只是图书,新闻报道、大会讲话等莫不如此。如果你讲的是读者或者听众的悲欢离合,你讲的是读者或者听众的坎坷经历,你就很容易与其产生共通的经验与共同的情感,进而令其对你的作品产生共鸣。这样一来,不仅读者或者听众获利,出版者或者说传播者也获益,与此同时传播者所特有的符号也会得到无形的回报。如果有一本书令美国读者十分感动,那人家会说那是中国的书,"中国"两个字便是传播者特有的符号。

第二是细节,那是感染人的核心要素。如果你表扬一个人,说他工作非常认真,如此抽象的表述能感染人吗?如果你说他发稿之前,将书中涉及的每一个事实都核实过,这样的表扬是不是才有说服力,才能令人感叹?其实,这方面我们完全可以从古人那里讨得经验。《旧唐书》卷八十九上说,唐代名相狄仁杰担任大理丞后"周岁断滞狱一万七千人,无冤诉者",如果我们说狄仁杰上任后多么勤勉,即便用一火车话,也顶不上这几个字顶用。这便是细节的威力。我们做国际出版也是如此,万万不可总是围着概念做文章,那样做是没有任何效果的,因为从心理学角度看,没有细节的东西是很难在人心中留下印象的。还有,缺少细节在西方人看来有时候甚至是假的代名词。事情有时候看着非常古怪,明明是真的,由于缺乏细节,人家就是不信;明明是假的,说得有鼻子有眼,人们就毫不怀疑。原因很简单,只有经历过的人才说得出细节——其实并非总是这样,如果碰到想象力丰富的"小说家",假的也会当成真的。你讲的故事人家不相信,还谈得上感染人吗？

第三是悬念。悬念在我们前面列举的评书段子中已经看到了。不论是什么题材的作品，缺少悬念，就缺少吸引力。这个悬念要设计得巧妙，就像钓鱼一般，既不能脱钩，又不能咬死。在这方面，高罗佩的《大唐狄公案》相当成功。一个故事有时候尽管很长，你都愿意看下去，因为故事里面环环相扣，知道了一个，便想知道第二个。如此这般，才能把读者牢牢吸引住，直到把故事看完。

第四是节奏。现在讲故事倾向于短小精悍。就像我们看刑侦电视剧，如果一集一个故事，显得很粗浅；如果几十集以后一个故事才见分晓，又没有耐心。做国际出版也是如此，如果向国际受众推荐文学作品，千万别推那些一个故事持续好几百页，那样的故事是没人看的。即便是长篇小说，也要有相对独立的故事单元，看完一个单元，休息一下，焕发一下兴趣，读者才有可能接着读下去。

第五是读者逻辑。搞出版的人总是情不自禁地按照自己的逻辑去编书，至于读者是怎么考虑的则基本上不管。前文提到的有关肝病与茶方的书就是这种逻辑的结果。再比如，中国人读一些书，喜欢先看结尾，知道结尾了，然后慢慢从头再去品味。可是西方人不同，如果你告诉了他结尾，他无论如何是不会看下去的。在他看来，知道结尾再去看书，简直是浪费时间。

第六是启发。不论是读什么书，读到最后总要有启发，这书读得才有价值。即便是很娱乐性的作品，也不能忘记在作品最后或者其他适当地方点上一两句有启发的句子，这样读者读起来不仅享受了快乐，还得到了教益。如果只有快乐，没有启发，你的作品在读者中就不会留下印象。如果以后提供的作品大同小异，作品价值便不断打折，直至最后归入垃圾堆为止。

行文到此，也该结束了。实际上本文讲了这么多内容，归结到最后就是一点，那就是文化到底是什么，什么是文化。如果这个扣解开了，文化概念不再拘泥于历史、哲学、文学等显而易见的"文化"，国际出版就好办多了。要我说，文化就是一个人、一群人的态度、风格、行为方式、生活中的酸甜苦辣、意志中的自强不息、关系中的爱恨情仇。如果我们选材得当，从中理出几个概念，把中

版/权/贸/易/经/略

国人的这些方面通过一个一个具体的形象表现好了,我们的文化便走向了世界。

(原载 2016 年 9 月上《中国出版》与 2017 年 5 月 22 日《国际出版周报》)

国际书展上的"三不要"

参加国际书展是广大出版商和代理商的传统节目,不论是本土承办的还是海外举行的,都是一样。而参加其中的主要目的是洽谈版权,这也是所有参加国际书展的人都是知道的。可是什么不谈,什么该谈,什么地方要花精力,什么地方无须下大力气,估计就不是所有人都能说清楚的事情了,更别说主动自觉地去做,就像庖丁解牛,顺其自然脉络。本文就聊聊这方面的话题。

请不要在书展上谈交易

所有参加国际书展的人都是奔着交易去的,可是真要是如此,交易恐怕还真不好做呢。问题何在?听了如下分析大概您就明白了。

第一,书展上不谈交易。书展上那么多客户,安排又很庞杂,临时起意的事情更多。此时谈交易很容易令人冲动,冲动的时候谈交易,您觉得可靠吗?再者说,一旦有不同看法,是直接反驳还是委婉诉说?有一次跟英国人谈一本书,人家把标价牌一推,就这价,爱谈不谈,我当时就像泥塑木雕一般。还有,一旦说错了,根本没有可能反悔——说过什么都想不起来,去哪儿反悔呢?

第二,电话中不谈交易。有的人书展上没见成面,回到家打电话谈。有的人特别喜欢电话谈交易,邮件只要回得慢一点,就急火火地打国际长途电话来。有的人打起电话来,五六分钟不给人插话的机会。有的人甚至要我当即表态"行"

还是"不行",这架势多少有点最后通牒的味道。有些事情,我需要调查;有些事情,我需要考虑;有些事情,我需要算账;有些事情,我需要请示。您让我拿着电话就表态,我怎么办?在我看来,电话里谈交易,尤其是与买家谈交易,说句难听话,有故意给人下套、引人入彀之嫌。

第三,吃饭时不谈交易。书展上老朋友见面,一起吃个饭是很常见的情景。因业务来往而相识,吃饭谈天时,有的人故意往交易上引,非要谈个明白不可。拒绝吧,很难堪;不拒绝吧,很难受。若是对方请客,就更不知如何是好。饭桌上谈交易与谈判桌上谈交易没什么区别,都不足取。轻易许诺,瞬间决策,结果殊难预料!

第四,活动时不谈交易。如今书展上的活动越来越多,与同行约在活动现场见面或者邂逅,很正常。如果没有别的时间,就在此时谈交易,效果如何,我不用说您也会猜个八九不离十。匆匆忙忙决定那些需要多个环节才能斟酌妥当、若干时间才能执行完毕的事项,是不是会留下很多意想不到的隐患?交易有隐患,能有好结果吗?

最后,在出版社会面不谈交易。国际书展是出版界的大事,各出版机构都是全力以赴进行准备,很多决策人也不在公司——即便在公司,也没精力考虑这么具体的事情。如果这个时间去出版社谈一些实质性的事情,相关人员不齐,想法一时难以统一,全看版权经理周旋,恐怕是极为不妥的。即便达成什么协议,多半也是一纸空文,毫无价值可言。

那书展期间谈什么呢?要我说只谈"情",那就是交情与友情。深入讨论这个问题,书展不仅是最佳时机,而且还是极好场合。可以设想一下,平时谁给您召集这么多人在几乎同一时间聚在一起,让您安排来安排去,还不用您为其掏路费,掏旅馆费,掏伙食费?与这么多人交流感情,增进友谊,您的收获该有多大?是不是物超所值?要知道,版权贸易是人与人之间的贸易,不是书与书之间的贸易,也不是人与书之间的贸易。只有与人打好交道,交易才会做得好,其他都是瞎扯。

至于交易本身，可留在平时通过电子邮件或者挂号信来谈。从从容容，轻轻松松，有何不好？再者说，说得对不对，有错没错，都有案可稽。一旦发现说错了，可以及时更正，不至于出现什么更大失误。充分利用国际书展提供的天赐良机，努力发展与海外出版商、代理商之间的关系，增进友情，拓展人脉，那才是您在国际书展期间最应该做的事情，也是最该应做好、做周全的事情。

一句话，书展上不谈交易，只谈交情，这便是我的忠告。

请不要在书展上卖版权

参加国际书展的主要目的是卖版权，这应该是毋庸置疑的。笼统地谈这个问题毫无价值；结合具体情形讨论，则有可能是另一幅景象。

首先要搞清楚的是什么人才会卖版权。有人说只要有作品就可以去卖版权，就像手中有货物就能顺顺当当卖掉一样。是那么简单吗？绝对不是。如果没有买主，我相信你喊破嗓子也卖不掉。君不见满街的餐馆为何经常有关张歇业的呢？还不是来吃饭的客人少嘛。从经济学角度看，是有效供给出了问题。您供应的饭菜，食客不买账。要想高朋满座，就得有拿得出手的东西，而且还得是人家非常渴望的。

懂了这个道理，诸位兴许就明白我的意思了，不是随便哪一个人只要会做菜就能开餐馆的——得有独家创意，得合食客心思。同样，不是随便哪一个人手里攥着两本书就可以卖出版权的。您手中的货色必须是市场上需要的，也是受市场青睐的，否则就不可能有买主，你这个卖主也就无从当起。

说到卖版权，文化产品的这种交易通常是以文化上强势一方为主角的。细细观察还发现，仅有文化强势还不够，还要有驾驭市场的丰富经验与娴熟技巧。版权交易毕竟是文化传播的一种形式，文化传播只有采用市场通行的规律才是自然的，也才是有效的。市场规律的特点是什么？一句话，那就是受众有需求，传播者有合适的货色，按照市场规律去操作，最终才可取得传播的最佳效果。

这样一来，问题就清楚多了。去书展卖版权是讲资格、讲能力、讲积累、讲需求的。只有具备相应的有需求的文化，具备高超的市场操作能力，具备深厚的文化基础，具备大量的受众需求，才有可能卖得出去。不仅要卖出去，还要在受众集中的地区广为传播，引起受众的强烈反应。正是这样一个原因，我们参加国际书展时才会见到西方一些出版商与代理商的展位上每每宾客盈门，而另外一些参展商的展位则常常是门可罗雀。这便是文化所处的地位、文化产品的适应性与市场的巨大需求经过融合之后产生的必然反应。

参加国际书展，外国出版商和代理商无一不是为了兜售版权，我国出版商和代理商参与其中也绝不是仅仅去展示一番。参加北京国际书展如此，前往法兰克福、伦敦等大型国际书展恐怕也没别的目的——只有销售版权才有可能赚到钱，只有通过销售版权拓展更多商业关系才有可能赚到更多的钱。参加书展虽说要有长远观点，但是经济因素也不能不考虑。

于是有趣的现象出现了，卖主与卖主坐在了一起，两个人谈什么呢？如果是谈版权销售，是客随主便还是喧宾夺主？是轮流坐庄还是互相谦让？我就发现，有的西方出版商只卖版权，而我国有些出版商也只卖版权。如果仅仅是为卖版权而来，一旦潜在客户有限，一旦准备达成的协议不多，不少参展商就会提前打道回府，这样一来参加国际书展的作用就大为减小，效果也会大打折扣。当然，可以借助书展畅谈友情，可是没有交易作依托，没有生意当基础，谈起交情来恐怕就会空空如也。

写到这里我想起了生活离不开的超市。我家附近有两个超市，不论哪一个，步行十分钟以内都可以到达，除了人多点，购买米面蔬菜还是很方便的。即便如此，我还是发现距离超市不足一百米的社区中，便有附近超市在给顾客送货。距离这么近的超市讲究送货上门，远处的商家就更不会放过这个服务顾客的好机会。什么外卖、购物统统都可以通过网络下单，由卖家或者快递公司送到顾客手中。可以这样说，现在的顾客多方便都觉得不方便，在"方便"这方面的要求可谓是永无止境。

古人讲，己所不欲，勿施于人。我们在购物时都讲究方便，为何在卖版权时却让买主跑那么老远？为什么不给人家行个方便？从另一个角度分析，能跑万里之遥参加国际书展的必定不是来买版权的——谁会有这样的动力？花着大笔的路费不说，还要花旅馆费、餐饮费等很多费用，而准备买回去的东西还不知道能不能卖掉，能不能把本钱赚回来，更别说获得什么利润。从生活道理上讲，如此做事说不通呀。

我有个新加坡朋友，做出版几十年。十几年前，我每次参加法兰克福书展，都会去这位朋友开办的出版公司展台叙旧。据我了解，每次法兰克福书展结束之后，他都会前往英国，一方面是拜访当地作者，另一方面是接触英国出版社和其他机构，为开辟英国市场探路。他的公司每年出书量只有 40 几本，几乎所有书的版权都可以卖掉。经过十年的经营，不仅取得了可观的经济效益，而且还有了知名度很高的品牌，最终为美国一家公司所收购。

有一年，我随着我供职的出版社组织的代表团访问日本、韩国。在日本期间，我们不仅拜访了六七家出版社，还参观了若干书店。在韩国逗留期间，我们不仅访问了韩国出版公司和代理公司，还与一家代理公司会谈并交换了签署完毕的合同文本。我发现，这趟日韩之行，虽然花费不菲，可是效果远比参加国际书展好得多。如果从投入产出比计算，组团出访邻近国家并不比专门参加一次世界大型书展昂贵多少。如果在参加法兰克福书展之前，能够去一些英国出版社和代理公司拜访，我相信效果会相当不错——因为我历来将英国作为优先考虑的版权销售市场。这两种做法都可称为"送货上门"。

所以我建议，务必弄清书展对我们这种在世界范围内文化并非强势的国度有何意义，那就是广交朋友。参加书展就是尽可能多地结识出版界、代理界的同行，尤其是这两个领域的名家和大家，使我们有机会跻身于世界出版精英行列。等我们有了这样的资源，我们再利用书展前的一段时间，分头前往这些大家、名家的府上拜访，这便是深交朋友。有了广度，再有深度，加上有的放矢，深入沟通，加深了解，版权交易就会容易得多，效果也会显著得多。

正是基于这样一种认识，我才主张不在书展上卖版权，送货上门卖版权才是应该采取的有效对策。

请不要为书展花费太多时间

书展即将举行之际，正是很多准备参加书展的单位最忙的时候。那么他们忙什么呢？书目、展品自不必说，横幅、招贴、易拉宝等也要一通准备，不仅如此，还要安排各种各样的活动，什么培训班、论坛、新闻发布会、签约仪式、赠书仪式，凡此种种，不一而足。

最近几年，书展——不论是在北京举行的书展还是在法兰克福抑或在别的地方举行的书展，活动之风似乎刮得越来越猛烈。就拿活动来说，参展商相互之间较上了劲，你搞一个活动，我搞两个，哪一家活动少了，好像就很没面子，就好像下不来台，就好像所有的工作没做好。丰富多彩的活动结束了，除了留下一堆照片、一些报道、一些纸面合同……，其他东西还有什么我就不得而知了。至于平时，该干什么还干什么，该怎么弄选题还怎么弄选题，只等下一个轮回的书展登场。

不论怎么讲，一年参加书展再多，也是有限的。就算一年参加5个书展，平均每个书展5天，也就25天。全年有365天，参加书展的天数还不及全年天数的零头。哪个多哪个少，一目了然；哪个重哪个轻，一看就懂。如果我们将精力放在平时，我想书展那几十天就有得可说，就无须着急。

首先要重视出版方向与潜在市场的建设。如果平时的工作方向、准备占据的市场与参展的目标相一致，我们就会有充分的时间进行安排、调整。比如选题，如果对出版方向确信不疑，对潜在市场充满信心，就会在选题策划阶段敲定与书有关的每一环节和每一细节。如果我们的出版方向是外向型的，那我们就要在选题策划阶段充分考虑到境外市场的需求与到达读者手中的渠道是否十分吻合。

其次是重视与西方出版商、代理商建立关系，从而实现相互提携、共同进步的目标。出版提供的是精神文化产品，精神文化产品的销售既有地域性，也有国际性。既然出版具有国际性这个特点，我们就不可避免地要与其他国家，尤其是文化发达国家的出版商、代理商打交道。打交道的目的不仅仅是卖几个或者买几个版权，而是相互促进，使我们的文化走入世界大家庭的怀抱，对世界发展产生积极影响。

再次是通过强化与西方国家出版商、代理商的关系与合作，不断优化我们的出版方向，不断调整我们的市场定位，最终形成我们自己独特的品牌。有了自己的品牌，有了在世界上响当当的品牌，我们的文化传播才会进入健康轨道，才会取得预期效果。这就需要我们在战略考虑上多动脑筋，在战略规划上多下功夫，唯此，我们才会有长久目标，才会作出长久安排。

最后是通过与西方国家出版商、代理商的往来，不断提高我们按市场规律办事的自觉性，不断提高娴熟驾驭市场的能力。我们这方面的意识增强了，驾驭市场的能力非同一般了，我们的很多美好想法才会付诸实施，才有可能变为现实。这不是一朝一夕就能学会的，也不是照猫画虎就能掌握的，所以我们要不断地推进与西方出版商、代理商的关系，经过长时间的观察、合作，便可充分汲取人家的有益的观念与经验，从而增强我们的实力与品牌。

简而言之，我们完全没必要为书展花费那么多时间。只要把功夫下在平时，用在细节与过程中，我相信我们绝对不会跑到书展上做一些事倍功半的事情。

书展上的"三不要"是我三十多年版权交易与对外传播生涯的切身体会，更有切肤之痛，讲出来仅供各位朋友参考。

（原载 2017 年《对外传播》第 10 期）

附录一

营销计划书样本

《游戏是个什么玩意儿》营销计划书

一、书名

游戏是个什么玩意儿？

二、内容梗概

本书是第一部专门论述游戏的著作。本书介绍了游戏在人类发展中的意义，即这种富有吸引力的东西所表现出来的人类心理学。本书还告诉我们如何寓教于游戏中以及用什么当作参照标准，以便我们在商业以及商业以外领域发挥自己的潜力。本书从若干前瞻性角度论述了游戏定义以及游戏机理等挑战性问题，继而通过神经科学使用的显微镜探讨这些想法。本书最后给出了有针对性的思路，描述了在不同情况下利用游戏基本机理的规律，诸如激发员工动力、鼓励孩子接触社会和自然。这样做的目的是让读者掌握开发游戏之道，从而解决自己日常生活面临的问题。

三、相关信息

文件：2 519 字节。
篇幅：226 页。
出版社：自由出版社。
出版年代：2011 年 3 月 8 日。
语言：英语。

四、作品价值

本书具有革命性，眼光独到，实用价值高且经过实践考验。本书讲了一个概念，那就是做事要有动力，奖励只能给人短暂满足，游戏才能让人产生长久动力——不论是小孩，还是成人，皆不例外。我们的口号是：摒弃对游戏的偏见，让游戏挖掘我们的潜力。

五、作者背景

本书作者阿龙·狄格南上小学一年级的头半年俨然成了一个超级英雄。从那时起，他便是一个反对崇拜偶像的人、一个善于观察的人、一个理论家、一个会表演的人。他现在是美国纽约的一家数码策略公司"潜流"的合伙创始人。他负责为全球性品牌公司的首席执行官提供咨询服务，诸如通用汽车、百事可乐和福特汽车都是他的客户。他帮助这些公司在这个越来越热衷于新工艺的世界中规划未来。《纽约时报》《华尔街日报》以及《福布斯》《名利场》《板岩》和《广告时代》杂志对其成就作过专题报道。

六、原地销售

本书的电子书销售曾进入付费亚马逊金读（Kindle）商店最佳畅销书前100名，在制订本营销计划书时销售数量突破10万个拷贝，在亚马逊网站最佳畅销排行榜中进入前100名。纸版书销售数据空缺。

七、读者定位

1. 幼儿园、中小学老师。
2. 企事业单位的人力资源部门与企业领导。

八、出版目标

通过改变一部分人的"游戏"观念，推动全社会的"游戏"观念革命，让社会运行更和谐、更轻松、更有朝气、更富有创造力。

九、直接成本

直接成本不超过总码洋的22%。

十、销售目标

本书预计定价29.99，首印3万册，三个月内铺货完毕，六个月内加印1万册，一年内销售5万册，两年内达到10万册，三年内销售不少于15万册。

十一、营销策略

出版之前赠送试读本：
1. 著名公众人物。
2. 国有大型企业领导。

3. 相关专家教授。
4. 在媒体上报道本书出版消息并择篇连载。

试读本赠送名单如下（略去）

出版之后推广活动：

1. 电视座谈会：教育、心理、传媒专家座谈"游戏"的意义。
2. 收费培训班：邀请作者来北京给大型企业管理人员培训，改变过去肤浅的奖惩制度，让游戏变成更有效的管理润滑剂。报名费每人 1 500 元，每 120 人为一期，免费名额 20 人，一共三期，时间为五天。作者从美国来中国以及从中国返回美国的交通费由其本人承担，在华期间食宿费以及交通费由预算支出，无出场费。
3. 在媒体上连载；

以上活动预算为 3.5 万元。

十二、推销策略

1. 与地面书店合作：购书五本，赠送一张购书优惠卡，可享受六折购买本社图书。
2. 与网络书店：购书五本，赠送电影票一张，总计 200 张。
3. 微博、微信推销：转发本书出版消息可参加抽奖送书，总计 100 本。

以上活动预算为 5 000 元人民币。

十三、公关活动

1. 选择一小学校赠书 50 本，媒体报道。
2. 选择一企业赠书 50 本，媒体报道。

以上活动预算为 5 000 元人民币。

十四、推广预算

以上各项推广活动预算为 4.5 万元人民币。

十五、盈亏临界点

27 800 册。

十六、效果评估

1. 地面书店和网店销售数量增加率。
2. 新闻媒体报道与评论转发频率。
3. 微博、微信转发次数。
4. 企业培训班参加人数。
5. 随机采访对本书的认知率。

附录二

版权购买合同汉语版样本

版权购买合同

××（版权销售方名称和地址）（以下称为"版权持有者"）与××（版权购买方名称和地址）（以下称为"出版者"）于××××年×月×日订立本协议。

第一条

版权持有者授予出版者专有出版权，授权其在中国出版发行上述作品的汉语译本纸本市场版，本协议自订立之日起×（×，阿拉伯数字表示）年有效。

作品名称：××

作者：××

（以下称为"出版者版本"）

第二条

版权持有者在此陈述并保证为上述所授权利的唯一持有人，且上述所授权利此前并未受此前任何协议、留置或者其他影响出版者行使上述权利之权利的约束。

第三条

出版者应在本协议订立之日起×（×，阿拉伯数字）个月内自费出版上述作品的出版者版本。如果届时未能出版，本协议将终止，版权持有者有权获得出版者已付和应付全部款项。

第四条

出版者同意向版权持有者给付下列款项：本协议订立后，给付预付款×美元（$×，阿拉伯数字）；按照百分之×（×%）给付所有售出副本的版税。上述款项一经给付，将不再返还。

（a）扣除预提税百分之×（×%）

（b）直接以美元汇款给版权持有者为百分之×（×%），其中包括银行手续费。

第五条

汉语译本将由称职的译者翻译，译者需根据原文提供有竞争力且地道的译文。版权持有者保留在汉语译本出版前批准译文的权利，但是不可无故拒绝批准汉语译本。

第六条

版权持有者同意尽快免费向出版者提供×（×，阿拉伯数字）册上述作品最新版本作为样书。

第七条

上述作品之出版者版本封面以及所有插图须经版权持有者事先批准，版权持有者收到相关资料后×（×，阿拉伯数字）天内给予回复。

第八条

出版者同意在上述作品之出版者版本书名页或者扉页上完全按照英语原版方式放置上述作品英语书名以及版权记录。出版者承诺，作者署名将出现在出版者版本每一副本书名页和书脊以及相关广告之显著位置上。

第九条

未经版权持有者书面同意，出版者不可将本协议中所授予之权利转授给他人。

第十条

如果上述作品的出版者版本（无论是原本、再版还是重印版本）售罄且脱销、出版者在收到书面通知后×（×，阿拉伯数字）个月内未能再版或重印，或出版者宣布破产，或出版者违反本协议条款且在收到版权持有者书面通知后×（×，阿拉伯数字）个月内未纠正上述行为，本协议授予出版者之权利将自动回归版权持有者，本协议自动终止，但不影响版权持有者对出版者提出的权利主张。

第十一条

如果上述作品出版者版本对原作进行了实质性或者其他改动，出版之后导致法律或者国家对其采取行动，出版者将免除版权持有者之责任。

第十二条

上述作品之出版者版本一经出版，出版者即免费赠送×（×，阿拉伯数字）本样书给版权持有者。

第十三条

上述作品现有以及以后将产生之权利，只要未予载明的，仍归版权持有者所有。

第十四条

出版者须在每年的××（日期）提出出版者版本的销售报告并在×（×，阿拉伯数字）个月内将其提交给版权持有者，同时给付应付款项。出版者还同意允许版权持有者或其指定代理人调查图书销售情况。

第十五条

双方签署本协议且版权持有者在签署日期之后×（×，阿拉伯数字）天内收到双方签署之本协议文本以及本协议第四（4）条所提及之预付款，否则本协议不予生效，版权持有者有权取消本协议。

第十六条

如果本协议根据第十五（15）条被取消，签约后应由出版者给付的预付款以及由于本协议取消给版权持有者带来的损失，由出版者向版权持有者给付赔偿款。

第十七条

本协议不论签署、执行于何地，均按中国法律解释。本协议将具备法律效力并保证双方各自的子嗣、协议执行人、管理人、继承人和受让人的利益。

第十八条

如果因战争、暴乱、罢工、火灾、洪灾、天灾、政府限制或材料供应短缺等不可抗力而造成出版者延误履行或无法履行本协议条款，出版者不承担责任。

第十九条

双方同意，××（代理人姓名）为协议双方的代理人。

双方以本协议最上端载明之日期正式签署本协议，特此证明。

版权持有者　　　　　　　　　　　　　　出版者
（签章）　　　　　　　　　　　　　　　（签章）

附录三

版权购买合同英语版样本

Copyright Licensing Contract

THIS AGREEMENT made this dated ×× by and between

×× (Proprietor's name)

×× (Address)

(hereinafter called "the Proprietor")

AND

×× (Publisher's name)

×× (Address)

(hereinafter called "the Publisher")

Where it is mutually agreed as follows:

1. The Proprietor grants to the Publisher the exclusive rights to publish and sell the Work for a period of × (×, Arabian numeral) years from the date of this Agreement, in volume form in a trade edition in the Chinese language in China (hereinafter called "the Publisher's edition of the Work").

×× (Book title)

By ×× (Author's name)

(hereinafter called "the Work")

2. The Proprietor represents and warrants that it is the sole owner of the rights herein granted and the said rights are not subject to any prior agreement, lien, or other rights which may interfere with the Publisher's exercise thereof.

3. The Publisher agrees to publish the Publisher's edition of the Work at its expense within × (×, Arabian numeral) months of the date of this Agreement, and, upon failure to do so, the rights herein granted to the Publisher shall revert to the Proprietor and this Agreement shall terminate except that the Proprietor shall be entitled to all payments made by, or due from the Publisher.

4. The Publisher agrees to make to the Proprietor the following payment on a non-returnable basis: A total advance of × US dollars (US$ ×, Arabian numeral) payable upon the signature of this Agreement against royalty rate of × percent (×%) for all copies sold.

(a) × (×%) for required Chinese withholding tax

(b) × (×%) in USD (US dollars) currency paid for remittance directly to the Proprietor, including bank fees.

5. The translation of the Work will be made by competent translators who will work with the original text to achieve a competent and idiomatic translation. The Proprietor reserves the right to approve the translation prior to publication (such approval not to be unreasonably withheld).

6. The Proprietor agrees to supply to the Publisher without charge as soon as available × (×, Arabian numeral) copies of the Proprietor's current edition of the Work.

7. The Proprietor shall have approval over the jacket/cover design and all illustrations of the Publisher's editions of the Work and shall be given × (×, Arabian numeral) days from receipt of material to respond.

8. The Publisher agrees to print the original English title and copyright notice on the title page or reverse thereof of every copy of the Publisher's edition of the Work exactly as it appears in the original English language edition. The Publisher undertakes that the name of the author shall appear in due prominence on the title page and on the binding of every copy produced of the Publisher's edition of the Work and on all advertisement issued.

9. The rights herein granted shall not be transferred by the Publisher without the written consent of the Proprietor.

10. If the Publisher's edition of the Work (whether in the original edition, new edition or any reprinting thereof) goes out of print and off the market and the Publisher fails to publish a new edition or a reprinting within × (×, Arabian numeral) months thereafter (giving prior notice in writing to the Proprietor of the publication of such new edition or reprinting), or should the Publisher be declared bankrupt, or become insolvent, or violate any of the terms of this Agreement and not rectify such violation within × (×, Arabian numeral) month of having received written notice from the Proprietor to do so, then all rights herein granted to the Publisher shall revert to the Proprietor and this Agreement shall terminate, without prejudice, however, to any claims which the Proprietor may have against the Publisher.

11. The Publisher herein absolves the Proprietor of any responsibility for any legal or state action arising from the publication of the Publisher's edition of the Work, if such publication has materially changed the meaning or otherwise altered the original text.

12. On the publication date of the Publisher's edition of the Work, the Publisher will send × (×, Arabian numeral) free copies of the translated title to the Proprietor.

13. All rights now existing or which hereafter come into existence and which are not specifically mentioned in this Agreement are hereby reserved to and by the Proprietor.

14. Account of sales of the Publisher's edition of the Work shall be made by the Publisher up to × (Date) in each year and shall be delivered to the Proprietor, together with payment of any sums due, within × (×, Arabian numeral) months thereafter. The Publisher further agrees to permit the Proprietor or his designated agent to inspect his books of account.

15. This Agreement shall not be effective, and the Proprietor shall have the right to cancel this Agreement, unless a copy hereof, signed by both parties, together with payment of the advance stipulated in Article Four (4) hereof is received by the Proprietor within × (×, Arabian numeral) days from the date first above written.

16. Should this Agreement be canceled, according to the provisions of Article Fifteen (15), the advance due upon signature and whatever resulting damages incurred to the Proprietor by this cancellation will be payable by the Publisher to the Proprietor.

17. This Agreement shall be interpreted according to laws and statutes of China regardless of the place of its execution or performance. It shall be binding upon, and ensure the benefit of, the respective heirs, executors, administrators, successors, and assigns of the parties hereto.

18. The Publisher shall not be responsible for delay or failure in performance caused by war, riot, strikes, fires, floods, acts of God, governmental restrictions, shortage or interruption of manufacturing facilities or materials supply or other similar or dissimilar circumstances beyond its control.

19. It is understood and agreed that × × (Agent's name) shall act in all capacities as the agent of both the Proprietor and the Publisher under this Agreement.

In Witness Whereof the parties hereto have duly executed this Agreement the day and year first above written.

Agreed for the Proprietor by: Agreed for the Publisher by:

附录四

版权销售合同汉语版样本

版权销售合同

××（版权持有者姓名和地址）（以下称"版权持有者"）与××（出版者姓名和地址）（以下称"出版者"）于××××年×月×日达成本协议，主题：××（作者名）的××（作品名称）（以下称"上述作品"）。版权持有者与出版者本着合作的精神协议如下：

第一条

1. 所授予的权利和地区。版权持有者根据本协议规定授予出版者独家将上述作品翻译成×语并以贸易平装和精装本的形式在××（国名或者地区名）自费印刷、出版以及通过零售渠道销售上述作品的权利。

2. 期限　权利许可期限为×（×，阿拉伯数字）年，自合同签字之日起至××××年×月×日止，条件是出版者不违反授权协议的条款和条件。授权到期时，根据本协议授予的权利无须书面通知返回版权持有者。

第二条

权利的保留　本协议没有具体载明授予出版者的权利一律归版权持有者所有。

第三条

保证　版权持有者保证拥有授予出版者的所有权利，并有权作为作者签署本协议。

第四条

1. 版税和预付款　出版者一经签约即应付给版权持有者××（×，阿拉伯数字）人民币的版税预付款，签约后×（×，阿拉伯数字）天内付清。预付款不退还，版税以人民币给付，按照下列实际销售价全价的百分之×（×%，阿拉伯数字）计算。首印数为×册。实际销售价每一本不低于×（×，阿拉伯数字）（相当于×（×，阿拉伯数字）人民币）。

2. 税款　出版者保证根据本协议付给版权持有者的费用不包括任何税款、代理费以及汇出行和中转行的手续费。

3. 不计版税的图书　免费送给新闻界和用于宣传的样书不付版税，破损调换书也不付版税。但是，此类免付版税的册数不得超过所销售册数的百分之×（×%）。

4. 结账　出版者每半年向版权持有者提供销售报告，说明印数、销售和收入情况，结账日期为每年的×月×日和×月×日，并在其后的×（×，阿拉伯数字）天内完全结清版税。出版者应向版权持有者准时给付版税。如果未能提供销售报告、结清版税，本协议将根据第十条的规定自动终止。版税报告应详细说明每次的印数、累计印次、破损册数以及送给新闻界、用于宣传的册数、销售册数、累计销售册数及何时脱销。

5. 银行信息　所有给付给版权持有者的费用汇往下列账号：

名称：××

账号：××

银行名称：××

银行地址：××

Swift Code：××

6. 审计　如有需要，出版者同意允许版权持有者审计与上述作品有关的图书记录以便确认版税的给付账目和印制单据。

7. 降价销售　出版者如降价销售上述作品的出版者版本，收入的百分之×（×%，阿拉伯数字）付给版权持有者，除非销售收入与成本持平或者低于成本，没有任何版税可付。自首次出版之日算起，出版者×（×，阿拉伯数字）年内不得降价销售上述作品。

第五条

1. 出版　出版者应在本协议生效之日起×（×，阿拉伯数字）个月内出版上述作品的翻译本（任何情况下都不能迟于××××年×月×日）。如果出版者未能在这一期限内出版上述作品的翻译本，本协议授予的所有权利立即返回版权持有者，根据第四条第一款的规定预付款不予退还。

2. 出版日期　出版上述作品的当天，最迟不得晚于×（×，阿拉拉伯数字）或者×（×，阿拉伯数字）天以上，出版者应书面通知版权持有者出版日期。

3. 赠书　合同签订后版权持有者免费为出版者提供×（×，阿拉伯数字）册样书。出版者版本一俟出版，出版者应向版权持有者航空寄送样书×（×，阿拉伯数字）册。版权持有者有权以×（×，阿拉伯数字）折扣另外购买若干册，以供自己使用。

第六条

1. 翻译　出版者同意上述作品的译稿忠实、准确，不改变上述作品的主题和实质内容。出版者同意，未经版权持有者书面授权不对上述作品删节、压缩或者简编。版权持有者有权出版上述作品的翻译本摘录或者摘要或者删节本供自己使用，篇幅不超过×（×，阿拉伯数字）万字，用于上述作品的电影宣传。

2. 不合法的内容　　出版者免除版权持有者因出版上述作品的翻译本而产生的任何责任。如果出版者认为上述作品含有诽谤性或者违法内容，或者侵犯现有版权，出版者可以书面告知版权持有者，请求从上述作品翻译本中删除上述内容。如果出版者接到版权持有者对上述请求的书面授权，上述内容可以从上述作品翻译本中删除。

3. 广告　　在上述作品出版者版本中不可印有或者插入广告，与上述作品有关的广告除外。

4. 允许　　除非另有约定，本协议不包括上述作品中的插图和照片以及封面、护封上的插图和照片的使用权。出版者负责从相关版权持有者获得这种第三方材料的版权。出版者要自行设计上述作品×（文种）版的封面和护封并在上述作品×（文种）版出版前寄给版权持有者审阅。

第七条

1. 翻译本的版权保护　　出版者将不从事，也不允许任何侵犯版权持有者权利的行为，同样也不允许上述作品翻译本在所发行的任何国家进入公共领域。如果有人侵犯版权持有者的版权，出版者同意立即通知版权持有者，并将竭力终止这种侵权行为。

2. 书名　　出版者保证上述作品自己版本每一本册封套和封面以及有关广告中以醒目的汉×（文种）两种文字印上作者名字和作品名称。

3. 版权声明　　出版者需要在上述作品的自己版本中印上英语版权声明。

Copyright © × (Year) by × (Author's name)

× × ×

Published by arrangement with × × (Agent's Name)

ALL RIGHTS REVERVED

第八条

脱销　　如果出版者的版本脱销，版权持有者可以通知出版者。如果出版者×（×，阿拉伯数字）月内不予改变，版权持有者将进一步通知出版者取消本协议。版权持有者保留收取应收版税和其他费用的权利，版权持有者没有义务退还出版者给付的版税预付款。

第九条

协议的有效性　　本协议在双方签字、版权持有者根据第四条第一款收到预付款后方可生效。

第十条

终止　　如果出现下列情况，本协议中授予出版者的权利将自动返回版权持有者：（a）出版者破产、重组或者被其他公司收购；（b）出版者违反本协议中的任何条款、接到版权持有者通知后×（×，阿拉伯数字）个月内不予纠正。这种权利返回将视为本协议的终止，出版者必须向版权持有者给付全部版税并根据各项条款的要求赔偿各种损失。

第十一条

通信　向版权持有者的代理人××（代理人姓名）发出的通知都必须用航空或者其他适当的方式寄至下列地址：
　　×××（代理人地址）

第十二条

完整协议　本协议中规定的所有条款和条件构成双方的完整协议并取代以前任何口头或者书面通信和承诺。未经版权持有者和出版者书面签字，对本协议的任何变动和修改一律无效。出版者收到本协议后×（×，阿拉伯数字）天内签署、退回。

第十三条

管辖法律　本协议的制订和执行受中华人民共和国法律管辖，协议双方因本协议产生的纠纷由北京仲裁委员会仲裁决定，双方必须遵守其裁决。

版权持有者和出版者的授权代表签字盖章：

版权持有者　　　　　　　　　　出版者
（签章）　　　　　　　　　　　（签章）

附录五

版权销售合同英语版样本

Copyright Licensing Contract

THIS AGREEMENT made this dated × (Date) by and between

 ×× (Proprietor's name)

 ×× (Proprietor's address)

(hereinafter called "the Proprietor")

AND

 ×× (Publisher's name)

 ×× (Publisher's address)

(hereinafter called "the Publisher")

 ×× (Work's title)

 ×× by (Author's name)

(each title hereinafter called "the Work").

IN THE SPIRIT OF MUTUAL COOPERATION, PROPRIETORS AND PUBLISHERS AGREE AS FOLLOWS:

1.1 RIGHTS GRANTED & TERRITORY: The Proprietor hereby grants to the Publisher the exclusive right to translate into the × language, print, publish, and sell, at the Publisher's own expense, the Work in Trade Paperback and Hardback forms in × (Language), subject to all the terms and conditions of this Agreement:.

1.2 TERM: This license is for a period of × (×, Arabian numeral) years from the date of this Agreement date and terminates on × (Date), providing the Publisher does not breach the terms and conditions of the license. On expiration of this license, all rights granted herein revert to the Proprietor without written notice.

2. RIGHTS RESERVED: All rights not specifically granted to the Publisher herein, without limitation, are reserved to the Proprietor.

3. WARRANTY: The Proprietor warrants that he controls all rights granted to the Publisher and has full author's authority to make this Agreement.

4.1 ROYALTY AND ADVANCE: The Publisher shall pay to the Proprietor a non-refundable advance of × (× , Arabian numeral) China Yuan Renminbi payable to the Proprietor within × (× , Arabian numeral) working days upon signing, in China Yuan Renminbi against the royalty rate of × percent (×%) on a first print run of × (× , Arabian numeral) copies and any more print runs that come out thereafter, based on all copies sold at full prices no less than the following retail price limit:

× (× , Arabian numeral) local currency ((× , Arabian numeral) China Yuan Renminbi)

4.2 The Publisher promises that any sums due to the Proprietor under this Agreement will be net income from which no tax, agent's commission or any bank fees will be deducted.

4.3 Damaged copies: No royalties are payable on copies distributed free to the Press or for publicity or for the replacement of damaged copies but the number of such copies free of royalty shall not exceed × percent (×%) of all copies sold.

4.4 ACCOUNTING: The Publisher shall account to the Proprietor on printings, sales, and earnings SEMI – ANNUALLY as of × (Date) and × (Date) in each year and will make full settlement of the royalty account × (× , Arabian numeral) days thereafter. All payments required to be made by the Publisher to the Proprietor shall be made promptly to the Proprietors. Failure to render such accounting and settlement shall cause automatic termination of this Agreement as detailed in Article Ten (10). Royalty reports shall note in detail: the number of copies printed; and the cumulative total printings; the number of copies spoiled; and the number of copies given away for Press and publicity purposes; the number of copies sold; and the cumulative total sales; when the Publishers' edition is out of print.

4.5 BANK INFORMATION: All sums due to the Proprietor shall be remitted by T.T.R to the following account:

Account Name: × ×
Account Number: × ×
Bank Name: × ×
Bank Address: × ×
Swift Code: × ×

4.6 AUDIT: If requested, the Publisher agrees to allow the Proprietor to audit the Publisher's books of recording relating to the Work in order to verify royalty accounting and printing statements.

4.7 REMAINDERING: The Publisher may remainder their edition of the Work and shall pay to the Proprietor × percent (×%) of the amount received except that no royalties shall be paid on any copies sold at or below cost of manufacture, provided, however, that no such remainder copies of the Work shall be sold within a × (× , Arabian numeral) year period from the date of first publication by the Publisher.

5.1 PUBLICATION: The Publisher shall publish the translation of the Work within × (× , Arabian numeral) months of the date of this Agreement (in no event later than × (Date)). If the Publisher fails to issue the translation of the Work within the period detailed all rights granted in this Agreement shall revert to the Proprietor forth with and the advance payment provided for in Article

Four (4), Section One (1) shall be forfeited.

5.2 PUBLICATION DATE: Promptly on the date of publication of the Publisher's translation of the Work, but in no event later than × (×, Arabian numeral) days thereafter, the Publisher shall notify the Proprietor in writing of said date of publication.

5.3 COMPLIMENTARY COPIES: The Proprietor shall provide the Publisher × (×, Arabian numeral) free working copies upon signing. On publication the Publisher shall dispatch to the Proprietor × (×, Arabian numeral) free copies of the Publisher's edition via airmail. The Proprietor shall have the right to purchase further copies for their own use at a discount of × percent (×%).

6.1 TRANSLATION: The Publisher agrees that the translation of the Work is to be faithfully and accurately made, without change in the theme or substance of the Work. The Publisher agrees not to delete material, condense or abbreviate text without the written consent of the Proprietor. The Proprietor shall have the right to publish extracts from or synopses or abridgments of the translation of the Work not exceeding × (×, Arabian numeral) words in length for use with the exploitation of cinematographic films of the Work.

6.2 UNLAWFUL CONTENTS: The Publisher absolves the Proprietor from any liability arising from the publication of the translated Work, but if in the opinion of the Publisher the Work contains any matter which is at any time libelous or otherwise contrary to law, or which infringes upon any existing copyright (s), then the Publisher may submit to the Proprietor a written request to remove said matter from the translation of the Work. If the Publisher receives from the Proprietor a written consent to said submitted request, said matter may be removed by the Publisher from the translation of the Work.

6.3 ADVERTISEMENTS: Advertisements other than those regarding the Work may not be printed or inserted in the Publisher's edition of the Work.

6.4 PERMISSIONS: No rights to print illustrations or photos contained within the Work, on its covers or jacket are conveyed in this Agreement unless specifically stated. The Publisher is responsible for obtaining the rights in such third – party materials from the relevant copyright owner. The Publisher shall prepare cover and jacket designs for their editions of the Work and send them to the Proprietor for approval before his edition is published.

7.1 COPYRIGHT PROTECTION OF TRANSLATION: The Publisher will not do or permit any act to be done which will cause infringement of the Proprietor copyright or which will cause the translation of the Work to vest in the public domain in any country in which the Publisher's edition will be circulated. In the event any party infringes the Proprietor's copyright, the Publisher agrees to immediately notify the Proprietor and will make every effort to terminate the copyright infringement.

7.2 TITLES: The Publisher undertakes to print on the jacket and title page of every copy of their edition (s) of the Work and in associated advertising the author (s) names and title of the Work in Chinese and English prominently.

7.3 COPYRIGHT NOTICE: The Publisher is required to print the following copyright notice in both English and × (Language) in every copy of his edition (s) of the Work.

Copyright © × × (Year) by × × (Author's name)
× × ×
Published by arrangement with × ×
ALL RIGHTS REVERVED

8. OUT OF PRINT: If the Publisher's edition goes out of print or off the market, the Proprietor may notify the Publishers. If the Publisher does not cure such defect within × (×, Arabian numeral) months, the Proprietor may, by further notice to the Publisher, cancel this Agreement without prejudice to any royalties and/or other moneys due to the Proprietor and without obligation to repay any royalty advance (s) received from the Publisher.

9. VALIDITY OF AGREEMENT: This Agreement is not valid until both parties have signed it and the Proprietor is in receipt of the advance payment detailed in Article Four (4), Section One (1).

10. TERMINATION: All the rights granted to the Publisher herein shall automatically revert to the Publisher if: (a) the Publisher be declared bankrupt, or be reorganized, or be purchased by another company, or (b) should the Publisher breach any of the terms of this Agreement and not rectify such breach within × (×, Arabian numeral) month of having received written notice from the Proprietor. Any such reversion shall be considered a termination of this Agreement and the Publisher shall remain obligated to effect payments to the Proprietor for royalties and damages as required under the terms set forth herein.

11. COMMUNICATION: All notices shall be sent by airmail or other suitable means to the agent × × (Agent's name) at the following address:

× × (Agent's address)

12. ENTIRE AGREEMENT: The terms and conditions set out in this contract constitute the entire Agreement between the parties and supersede any and all previous communications and understandings, whether oral or written. No change or modification of this Agreement shall be valid unless in written form and signed by both the Proprietor and the Publisher. The Publisher is required to sign and return this Agreement within × (×, Arabian numeral) days of receipt.

13. GOVERNING LAWS: This Agreement is made subject to the laws of the Peo-

ple's Republic of China and any disputes or differences arising between the parties in respect of the construction or otherwise of this Agreement shall be referred to the Beijing Arbitration Commission and the decision of the Commission shall be final and binding on both parties hereto.

The authorized representatives of the Proprietor and the Publisher execute this Agreement as follows:

Agreed for the Proprietor by   Agreed for the Publisher by

附录六

买方代理协议汉语版样本

买方代理协议

甲方（委托人）：××（姓名）××（地址）
乙方（被委托人）：××（姓名）××（地址）
委托事项：××（下称"上述事项"）
作品名称：××
委托事项版本：××
委托区域：××

1. 甲乙双方有权就上述事项签署本委托代理协议（下称"本协议"）。
2. 甲方同意委托乙方全权代表甲方就上述事项与版权持有者联系、洽谈、起草授权或者转让协议（下称"授权协议"）、转交版税和授权版本的样书并监督授权协议其他条款的执行事宜。
3. 乙方同意按照本协议的条款履行乙方承担的义务，其中版税、授权版本的样书以及销售报告需在收到后 30 天内转交给版权持有者。
4. 乙方同意，就上述事项达成的任何授权协议需由甲方签署后方具法律效力。
5. 甲方同意，上述事项的任何版税汇入乙方账号，乙方根据本协议第 3 条的约定将版税汇入版权持有者指定账号。
6. 甲方就上述委托事项向乙方给付委托费×（×，阿拉伯数字）元人民币。
7. 甲方同意在本协议有效期内不将本协议中授予乙方的权利授予任何第三方使用。
8. 甲乙双方本着互利互惠原则合作，如就本协议的执行发生争执，应以和睦沟通原则解决。
9. 本协议由××××年×月×日起至××××年×月×日终止，期限×（×，阿拉伯数字）年。

甲方（委托人）：　　　　　　　　乙方（被委托人）：
（签章）　　　　　　　　　　　　（签章）

　　××××年×月×日　　　　　　　　××××年×月×日

附录七

买方代理协议英语版样本

Purchaser's Agency Contract

THIS MEMORANDUM OF AGREEMENT made this ×× (Date) by and between

×× (Principal's name)

×× (Principal's address)

(hereinafter called "the Principal") of the one part and

×× (Agent's name)

×× (Agent's address)

(hereinafter called "the Agent") of the other part,

WHEREAS the Principal hopes to be the Publisher of the ×× (Language) edition of ×× (Book title) by ×× (Author's name) (hereinafter called "the Work")

NOW IT IS HEREBY MUTUALLY AGREED BETWEEN THE PARTIES AS FOLLOWS:

1. The Principal and the Agent both warrant that they have full authority to make this Agreement.

2. The Principal entrusts the Agent with full authority to contact the copyrights holder of the Work and to negotiate and sign an agreement on behalf of the Principal concerning the licensing of the × (Language) rights in the Work with the copyrights holder, to transmit any advance payment and royalties the Principal shall pay to the copyrights proprietor and to supervise the implementation of any agreement to be signed between the Principal and the copyrights holder in respect of the said × (Language) translation rights in the Work.

3. The Principal agrees to fulfill any obligations as specified in this Agreement and among other things shall arrange to have royalties, sales statements and complimentary copies of the × (Language) translation of the Work transmitted to the copyrights proprietor within × (×, Arabian numeral) days of receipt by the Agent.

4. The Agent agrees that any agreement concerning the said × (Language) translation of the Work will not be valid without the signature of the Principal.

5. The Principal agrees that any advance payment and royalties due to the copyrights holder to be paid by the Principal will be remitted to the bank account of the Agent, and the Agent will have them forwarded to the copyrights proprietor in respect of the Work undertaken under the terms of Article

Three (3) of this Agreement.

6. The Principal shall pay the Agent × (×, Arabian numeral) China Yuan Renminbi for the above Work as commission due to the Agent.

7. The Principal agrees that the rights granted to the Agent hereunder will not be granted to any third party during the valid term of this Agreement.

8. The Agreement will be signed in a spirit of mutual benefit and any difference or dispute arising between the Principal and the Agent in respect of the interpretation and implementation of the Agreement will be solved through consultation.

9. The Agreement will be valid for a period of × (×, Arabian numeral) years from this date to × (Date).

Signed

For and on behalf of the Principal

× ×

Signed

For and on behalf of the Agent

× ×

附录八

卖方代理协议汉语版样本

卖方代理协议

甲方（委托人）：××（姓名）××（地址）
乙方（被委托人）：××（姓名）××（地址）
委托事项：××（下称"上述事项"）
作品名称：××
委托事项版本：××
委托区域：××

1. 甲乙双方有权就上述事项签署本委托代理协议（下称"本协议"）。
2. 甲方同意委托乙方全权代表甲方就上述事项与第三方联系、洽谈、起草授权或者转让协议（下称"授权协议"）、收取版税和授权版本的样书并监督授权协议其他条款的执行事宜。
3. 乙方同意按照本协议的条款履行乙方承担的义务，其中版税、授权版本的样书以及销售报告需在收到后×（×，阿拉伯数字）天内转交给甲方。
4. 乙方同意，就上述事项达成的任何授权协议需由甲方签署后方具法律效力。
5. 甲方同意，上述事项的任何版税汇入乙方账户，乙方根据本协议扣除代理费后根据本协议第三条的约定汇入甲方指定账户。上述事项所得的百分之×（×%）作为乙方的代理费。
6. 甲方同意在本协议有效期内不将本协议中授予乙方的权利授予任何第三方使用。
7. 甲乙双方本着互利互惠原则合作，如就本协议的执行发生争执，应以和睦沟通原则解决。
8. 本协议由××××年×月×日起至××××年×月×日终止，期限×（×，阿拉伯数字）年。

甲方（委托人）：　　　　　　　　　乙方（被委托人）：
（签章）　　　　　　　　　　　　　（签章）
　　××××年×月×日　　　　　　　　　××××年×月×日

附录九

卖方代理协议英语版样本

Seller's Agency Contract

THIS MEMORANDUM OF AGREEMENT made by and between

×× (Author's name)

×× (Author's address)

(hereinafter called "the Author") of the one part and

×× (Agent's name)

×× (Agent's address)

(hereinafter called "the Agent") of the other part,

WHEREAS the Author is the author and copyright owner of a work by ×× (Author's name) currently entitled ×× (Book title)

(hereinafter called "the Work")

NOW IT IS HEREBY MUTUALLY AGREED BETWEEN THE PARTIES AS FOLLOWS:

1. The Author and the Agent both warrant that they have full authority to make this Agreement.

2. The Author entrusts the Agent with full authority to contact potential licensees and to negotiate and sign an agreement on behalf of the Author concerning the licensing of the × (Language) rights in the Work with any third party, to collect any advance payment and royalties due to the Author and to supervise the implementation of any agreement to be signed between the Author and any third party in respect of the said × (Language) translation rights in the Work.

3. The Agent agrees to fulfill any obligations as specified in this Agreement and among other things shall arrange to have royalties, sales statements and complimentary copies of the × (Language) translation of the Work transmitted to the Author within thirty days of receipt by the Agent.

4. The Agent agrees that any agreement concerning the said × (Language) translation of the Work will not be valid without the signature of the Author.

5. The Author agrees that any advance payment and royalties due to the Author will be remitted to the bank account of the Agent, and the Agent will have them remitted to the Author after deduction of × percent (×%) of all such payments as the Agent's commission in respect of the Work undertaken under the terms of Article Three (3) of this Agreement.

6. The Author agrees that the rights granted to the Agent hereunder will not be granted to any third party during the valid term of this Agreement.

7. This Agreement will be signed in a spirit of mutual benefit and any difference or dispute arising between the Author and the Agent in respect of the interpretation and implementation of this Agreement will be solved through consultation.

8. This Agreement will be valid for a period of × (× , Arabian numeral) years from this date to × (Date) .

Signed

For and on behalf of the Author

× ×

Signed

For and on behalf of the Agent

× ×

索　引

A

阿拉伯通史　130

奥特曼　236

B

百病信号　160

百年小平　121，124，133，134

百万小富翁　091

彼得·巴菲特　060

彼得·巴克曼　004

病榻杂记　115，116

柏拉图　288

勃朗特·夏洛蒂　266

C

财富传奇——他们的第一桶金　054，275

菜根谭　053，274

曹操秘史　089

长安乱　168

撑竿跳　100，286

成大事的十五套学问　048，274

成吉思汗　065

冲出亚马逊　185

出版者周刊　263

楚留香传奇　258

传播学　121，122，135，136

春秋研究院　064

春夜喜雨　285

D

大红灯笼高高挂　055

大唐狄公案　086～088，283，289

大预言——未来五百年　082

狄仁杰　086，288

第四只手　059

读经典实验 悟人生哲理　048

读史有计谋：5000年最有价值的阴谋与阳谋　048，274

毒3　209

独特的销售主张　226，227

杜甫　285

杜拉拉升职记　267

对话：中国模式　050，270

多丽丝·奈斯比特　024

E

额尔古纳河右岸　267

F

菲利普·科特勒　061

冯梦龙　285

佛陀妙喻　167

富爸爸，穷爸爸　100

G

改进你的视力 091
肝病居家调养及食疗 081
感谢那些让你不开心的事儿 091
高光 049
高罗佩 086，088，283，289
功夫熊猫 269
光以东暗以西 052
鬼马星 037

H

哈利·波特 102，267
孩子为什么发怒 092
韩国人对自行车的态度值得学习 069
HSK 汉语水平考试 273
HSK 听力关键词 273
HSK 听力惯用语 273
汉字的故事 113，158
好父母胜过好老师 018，062
好姓名好人生 053，167
红色娘子军 284
洪常青 284
胡雪岩圆融人生的处世智慧 048
花木兰 269
黄善美 094
会有天使替我爱你 052，076，129，274
货币战争 050

J

加里·乔吉·弗库卡纳 266
加西亚·马尔克斯 208
简·爱 266
江边对话——一位无神论者和一位基督徒的友好交流 143，144，236，276
教保文库 049，120
旧唐书 288

K

克劳德·霍普金斯 226
孔丘 284
孔子 049

L

莱内特·欧文 177
蓝戒之谜 037
狼图腾 267，276，283
廊桥三部曲 266
浪费的都是利润 274
老师永远不教的五十堂课 091
老师，这地方我不懂是什么意思 089
老子 275，279
老子图典 053
理查德·保罗·伊文斯 263
烈火如歌 052
领导四书 020，021
刘墉 067，068
路易·帕罗博士 144，145
论语 275，279，284
论语图典 053，275
论语心得 100
罗切斯特 266
罗瑟·雷斯 227

M

妈妈，你在哪里？ 266
马小跳作文 214
迈克尔·法斯本德 266
米娅·瓦西科夫斯卡 266
秘密 100
民以何食为天——中国食品安全调查 044，055，276

N

男人来自火星，女人来自金星 091

索　引

你身边的心理学　048，274
挪威的森林　093

P

泡沫之夏　274
普希金诗选　207

Q

七天读点管理心理学　048
妻妾成群　055
期权　185，191
汽车故障快速排除手册　217
千门公子　168
亲历历史　178
青春小说　045，046，052，120，170，274
青铜葵花　188，267，276，283
趣味汉字　002，193，283

R

人类灭绝的十种可能　050
人生哲理枕边书　048

S

塞莱斯廷预言　263
三十六计：说话的能力与办事的
　　技巧　048，150
山居笔记　205，247
山楂树之恋　266，276，283
山寨　251～254
商道与人道　048
上帝的指纹　174
舌　267
申京淑　266
神奇的气功　275
生活中的心理战术　048，176
圣诞盒　263
十二属相起名宝典　167

实用汉语常用成语一千例　053
实用汉语会话二百幕　113，273
实用汉语口语五百句　113，273
实用汉语语法三百点　113，273
说英雄，谁是英雄　116
宋庆龄传　019，146，185，191
苏童　055
孙子兵法　279

T

塔纳差·桑蒂差古　052
唐·金　177，181，182，184
天蓝色彼岸　002
条件反射理论　287
跳高，急行跳高　286
托笔·伊迪　004
托笔·伊迪文学代理联合有限公司　004

W

玩的是心理战术　274
温瑞安　116
温州人财富真相　092，274
蜗居　267
沃尔特·迪士尼公司　154～156
沃克尔出版社　004，188，268
五十二周脑力魔法书　091
物质儿童：在消费者文化中成长　091

X

希拉里·克林顿　178
喜立兹　226，227
细节决定成败　048
小熊维尼　059，128
兄弟　055
徐小斌　054
许三观卖血记　049
荀况　284

323

荀子　284

Y

晏婴　285
晏子春秋　285
一百个中国人的梦：百姓生活实录　232
一口气读懂经济学　274
1Q84　043
伊凡·彼德罗维奇·巴甫洛夫　287
伊斯雷尔·爱泼斯坦　019
以诈止诈　068
英雄无名　263
余华　049，055
渔夫与管理学　048
羽蛇　054，276
语林趣话全集　158
约翰·格里沙姆　084
约翰·奈斯比特　024

Z

责任病毒　090
曾国藩　088
赵京兰　267
赵启正　024，050，144，145，180，236
这个用汉语怎么说　090
治愈系心理学　274
智囊全集　285
中国八零后调查——社会深刻变革下一代人的七情六欲　063
中国古代建筑　165
中国机械设计大典　198，199
中国人上智　053，167
中国商道——从胡雪岩到李嘉诚　048，274
中国文明的形成　275
中医养生图典　275
诛仙　274
追梦　204，240，241
字海拾趣　125
走出院子的母鸡　094
最精彩的中华智慧故事　167
最新实用英汉拼音词典　032，053，275

参 考 书

[1] 大卫·福斯特，莱内特·欧文. 国际出版与版权知识［M］. 佚名，译. 北京：外文出版社，1992.

[2] 李建国.《中华人民共和国著作权法》条文释义［M］. 北京：人民法院出版社，2001.

[3] 陶然，君华. 中华人民共和国著作权法实务问答［M］. 北京：法律出版社，2002.

[4] 孙新强，于改之. 美国版权法（附英语文本）［M］. 北京：中国人民大学出版社，2002.

[5] 刘稚. 著作权法实务与案例评析［M］. 北京：中国工商出版社，2003.

[6] 方葆青. 如何进行合同管理［M］. 北京：北京大学出版社，2004.

[7] 汤宗舜. 著作权法原理［M］. 北京：知识产权出版社，2005.

[8] 吴江水. 完美的合同：合同的基本原理及审查与修改［M］. 北京：中国民主法制出版社，2005.

[9] 佚名. 合同纠纷实用法律手册［M］. 北京：中国法制出版社，2007.

[10] 王辉. 英文合同解读：语用、条款及文本范例［M］. 北京：法律出版社，2007.

[11] 范文祥. 英文合同阅读与分析技巧［M］. 北京：法律出版社，2007.

[12] 范文祥，吴怡. 英文合同草拟技巧［M］. 北京：法律出版社，2008.

[13] 李响. 美国版权法：原则、案例及材料［M］. 北京：中国政法大学出版社，2004.

[14] 李响，陆文婷. 美国集团诉讼制度与文化［M］. 北京：武汉大学出版社，2005

[15] 李响. 美国民事诉讼法的制度、案例与材料，中国政法大学出版社，2006

[16] 李响. 美国合同法要义［M］. 北京：中国政法大学出版社，2008.

[17] 叶再生. 编辑出版学概论［M］. 武汉：湖北人民出版社，1988.

[18] 菲利普·科特勒，加里·阿姆斯特朗. 营销学原理［M］. 陈亚男，译. 上海：上海译文出版社，1996.

[19] 李海崑. 现代编辑学［M］. 济南：山东教育出版社，1996.

[20] 刘锡庆，马增芳，王魁京，等. 浅文言文书信写作［M］. 北京：中国对外翻译出版公司，1997.

[21] 洪应明. 大中华文库·菜根谭［M］. 北京：新世界出版社，2003.

[22] 侯玉波. 实用心理学［M］. 北京：中国人民大学出版社，2005.

[23] 冯梦龙. 智囊全集［M］. 北京：中华书局，2007.

[24] 菲利普·津巴多，迈克尔·利佩. 影响力心理学［M］. 北京：人民邮电出版社，2008.

[25] 白岩松. 白说［M］. 武汉：长江文艺出版社，2015.

[26] Rosalie Maggil, How to say it – choice words, phrases, sentences, and paragraphs for every situation［M］. Upper Saddle River：Prentice Hall, 1990.

[27] ROBERSON C. The complete book of business forms and agreements［M］. New York：McGraw Inc., 1994.

[28] CATHCART J. Relationship selling［M］. Thousand Oaks：Cathcart Institute, Inc., 2002.

[29] COLE D. The complete guide to book marketing［M］. New York：Allworth Press, 2003.

[30] GRECE A N. The book publishing industry［M］. 2nd ed. Mahwah：Lawrence Erlbaum Associates, Publishers, 2005.

[31] KREMER J. 1001 ways to market your books［M］. 6th ed. Taos：Open Horizons, 2006.

后 记

本书即将付梓,在此之际我非常激动,准备跟读者说几句知心话。

各位阅读的这本书差不多两三年换一版。首次出版时是作为一家研究机构的研究成果问世的,销售自然不是重点。没想到市场有需要,而且还很迫切,我只好另选出版社出版。世界图书出版公司北京分公司的总编辑郭力女士力邀我把书拿到他们公司出版——还是朋友了解我。最新这一版,却是我主动接洽的结果。不过选题通过后,编辑对我说,她曾经听过我的讲座,还跟我作过短暂交流——看来名声还是有作用的。

本书在编辑、出版之前的准备过程中,得到了知识产权出版社知识产权编辑室主任卢海鹰女士以及编辑可为女士的悉心指导。卢主任与可女士为本书最后以现在这个面貌出版可谓是付出了大量的心血,对此我深表谢意。

希望这个新版本能得到更多朋友的厚爱与支持,也希望这个新版本能为我国版权贸易的进一步发展,为知识产权事业的进一步繁荣贡献一点绵薄之力。

姜汉忠

2017 年 11 月 1 日